Gärten gestalten

Gärten gestalten

Herausgegeben von
Karlheinz Rücker

90 Farbfotos
18 Zeichnungen

E.U.
VERLAG
EUGEN
ULMER

Redaktionelle Bearbeitung: Agnes Pahler, Aichtal
Das Titelfoto zeigt einen Gartenhof, geplant von Horst Schümmelfeder, Düsseldorf
(Foto: Rücker)

Die Deutsche Bibliothek – CIP-Einheitsaufnahme

Gärten gestalten / hrsg. von Karlheinz Rücker. – Stuttgart :
Ulmer, 1993
ISBN 3-8001-6522-8
NE: Rücker, Karlheinz [Hrsg.]

Wollgrasweg 41, 70599 Stuttgart (Hohenheim)
Printed in Germany
Lektorat: Agnes Pahler
Herstellung: Ursula Stammel
Einbandgestaltung: Alfred Krugmann, Freiberg am Neckar
Satz: Typobauer Filmsatz GmbH, Ostfildern
Druck und Bindung: Passavia Druckerei GmbH, Passau

Vorwort

Hohe Anforderungen haben unsere Gärten zu erfüllen: Sie sollen das Erleben der Natur in unmittelbarer Nähe des Wohnbereiches ermöglichen, die Pflanzungen sollen – einmal angelegt – von Dauer sein, möglichst wenig Pflegearbeit und damit Zeit in Anspruch nehmen, und vor allem soll der Garten „schön" sein. Das grüne Stück rund um den Wohnbereich soll Vielfalt bieten, und dies nicht nur im Sinne vieler verschiedener Pflanzen. Die Vielfalt zeigt sich für die Bewohner am unmittelbarsten, wenn sie unterschiedliche Nutzungsbereiche vorfinden. Denken wir nur an den Gartensitzplatz, die Spielecke, die Gemüse- und Kräuterecke, die Liegewiese. Aus gestalterischer, gärtnerischer und ökologischer Sicht aber wird ein Garten erst interessant, wenn er verschiedene Lebensbereiche birgt, etwa einen Teich, Rasen oder Wiese, Steingarten, Staudenbeet, Gehölze und Gehölzsaum. Dem gegenüber stehen die in unseren Siedlungsgebieten so häufigen monotonen Gärten, deren Erscheinungsbild durch einige Koniferen, *Cotoneaster*-Bodendeckungen und sterile Rasenflächen bestimmt ist. Meist zeugen einige Rosenbüsche und kleine, mit Sommerblumen bepflanzte Beete vom Bemühen um etwas mehr Farbigkeit. Ideenlos angelegt, fehlt solchen Gärten jegliche Ausstrahlung. Sowohl aus ästhetischer als auch aus ökologischer Sicht sind sie abzulehnen. Hier gedeihen nur wenige Pflanzenarten, und in der Folge leben hier weder Tiere, noch bewohnen die Menschen den Garten.

Auch das Gegenteil – nämlich den Garten völlig sich selbst zu überlassen, mit dem Ziel, daß darauf „ein Stück Natur" erwächst – führt zu keinem Ergebnis. Auf dem begrenzten Areal eines Hausgartens läßt sich kein Abbild der Natur, weder als Kopie noch als Miniatur, verwirklichen. Wir können bestenfalls versuchen, auf kleinerem Raum natürliche Situationen nachzuempfinden, wenn wir unsere Pflanzungen naturnah gestalten. Im Idealfall greift die pflegende Hand nur lenkend in die Pflanzenentwicklung ein, doch ohne sie würden bald einige dominante Arten alle Konkurrenz verdrängen, so daß mit der Zeit wieder ein an Arten verarmtes Gelände übrig bliebe.

Allein mit ökologischen Prinzipien läßt sich kein Garten gestalten. Wer würde gerne auf die Vielzahl der reizvollen Gartengehölze, Stauden und Sommerblumen verzichten, die von anderen Teilen der Welt als Zierpflanzen zu uns gekommen sind? Wir wünschen uns innerhalb einer Pflanzung schöne, prächtige und farbenfrohe Blüten, lange Blütezeiten, interessante Wuchsformen und besondere Blattfarben. Dazu benötigen wir die Züchtungen, die in dieser Hinsicht von den Wildformen abweichen und aus eben diesem Grund ausgelesen, weitergezüchtet und vermehrt wurden. Wer einen Garten anlegt, sollte sich von der Illusion befreien, sich selbst erhaltende Biotope zu errichten. Allerdings trägt die Auswahl der Pflanzenarten und -sorten für die einzelnen Gartenstandorte und die Art und Weise, wie sie vergesellschaftet werden, dazu bei, daß sich eine Pflanzung als dauerhaft erweist und wenig Pflege benötigt. Ein abwechslungsreich gestalteter Garten birgt viele ökologische Nischen, und eine geordnete Pflanzenvielfalt leistet einen bewußten, realistischen Beitrag zur Umwelt; zum Beispiel finden dort viele Kleintiere Nahrung und Lebensraum.

Selbstverständlich führen viele Wege zum Ziel, aber diese Wege bedürfen einer Richtung, einer Zielsetzung. Nur eine sorgfältige und überlegte Planung hilft Fehler und kostspielige Fehlschläge zu vermeiden. Ihr aber geht die Überlegung voraus, welche Erwartungen die späteren Nutzer an den Garten stellen. Das Sammeln und Ordnen von Informationen und Ideen bildet den Ausganspunkt der Planung. Ein Beratungsgespräch bei einem Garten- und Landschaftsarchitekten kann helfen, die Möglichkeiten und Wünsche einzugrenzen (sofern man ihm die Gartenplanung nicht ohnehin ganz überläßt). Auch gut ausgebildetes Personal der Verkaufsgärtnereien und Gartencenter berät gern bei der Pflanzenauswahl. In jedem Fall aber wird die Fachliteratur unentbehrlich.
Fragen rund um die Gartengestaltung und Pflanzenverwendung werden seit rund zwanzig Jahren in der Zeitschrift „Gartenpraxis" diskutiert. Es äußern sich Garten- und Landschaftsarchitekten, Staudenkenner und Gehölzfachleute zu grundsätzlichen Problemen der Gartenausstattung und zur Pflanzenverwendung, ebenso werden Detaillösungen vorgeschlagen, einzelne Pflanzengruppen (seien es nun Pflanzen einer Gattung, einer Sortengruppe, eines Lebensbereiches oder ein und desselben geographischen Ursprungs) beschrieben, und immer wieder werden vorbildlich gestaltete Gärten vorgestellt.
Der Verlag Eugen Ulmer, in dem die „Gartenpraxis" erscheint, nahm die Internationale Gartenbauausstellung (IGA) 1993 in Stuttgart zum Anlaß, Beiträge aus dieser Zeitschrift nach Themen zusammengefaßt, in Buchform herauszubringen. Aus 37 Beiträgen von 17 Autorinnen und Autoren zum Thema Gartengestaltung setzt sich das vorliegende Buch zusammen. Zwangsläufig kann es nicht den Anspruch erheben, den Themenkomplex vollständig zu behandeln, und doch findet sich hier ein gebündeltes Expertenwissen, das für Laien wie für Fachleute wertvolle Anregungen liefert.
Das erste Kapitel setzt sich mit dem Gartengeschmack unserer Zeit auseinander. Danach geht es um allgemeine Gestaltungsprinzipien, Mittel, wie man einen Gartenraum gliedert, und um die Bedeutung der Farben bei der Zusammenstellung von Pflanzungen. Im Anschluß an die unbelebten Gartenelemente werden einzelne Gartenteile und Gartenstandorte näher betrachtet. Gerade diese Abschnitte enthalten ausführliche Angaben zu den geeigneten Pflanzen. Und zu guter Letzt belegen die Porträts von sieben Gärten mit sehr unterschiedlichen Voraussetzungen, Zielvorgaben und dementsprechend konträrem Charakter, daß sich der Traum vom vollendeten Garten verwirklichen läßt.
In gleicher Ausstattung sind erschienen: „Gehölze und Stauden pflegen", „Gestalten mit Stauden" und „Gärten und Parks in Stuttgart". Den beiden zuerst genannten Titeln liegen wiederum Beiträge aus der „Gartenpraxis" zugrunde.

Inhaltsverzeichnis

Autoren

Werner Dittrich (Ein Heidegarten auf kalkhaltigem Boden)

Horst Ehsen (Das Blatt als Gestaltungskriterium)

Traut Graeber (Der Vorgarten)

Winfried zur Hausen (Das Kunstwerk als Kontrapunkt, Der Brunnen an der Wand, Grün bis ins Haus)

Reiner Herling (Von der Verführung des Auges in der Gartenkunst, Der Senkgarten – Zeitgemäße Gartennostalgie, Farbkompositionen und Farbwirkungen, Die gelbe Gartenecke, Graulaubige und Weißblühende)

Peter Kluska (Ein Haus mit vielen Gartenteilen)

Gottfried Kühn (Bodenmodellierung im Garten)

Tony Lord (Wie Pflanzen Strukturen schaffen)

Jürgen Milchert (Aktuelle Tendenzen in der Gartengestaltung)

Gabriella Pape (Ein moderner englischer Garten)

Karl Plomin (Die Farbgebung als Detaillösung)

Albert Sammer (Ein kleiner Reihenhausgarten)

Hans Schiller (Schwierige Partner – die Panaschierten, Wohin mit dem Kräuter- und Gemüsegarten?)

Horst Schümmelfeder (Ein Garten mit Atrium)

Hans Simon (Pflanzen im Regenschatten)

Urs Walser (Der Gartenhof)

Peter Wirth (Farbige Pflanzungen im Hausgarten, Die Pergola, Grüne und doch belastbare Wege und Plätze, Wasserflächen für kleine und große Gärten, Ein Reihenhausgarten wandelt sich)

Josef Wohlschlager (Natursteinmauern einmal ganz anders, Kiesel im Garten, Der Findling, Platten, Brocken, Bruchsteine und sonstiger steinerner Zierat, Der Garten am Hang, Die Böschung im Garten, Der Garten im Kalk).

Die teilweise veränderten Beiträge erschienen in der Zeitschrift »Gartenpraxis«.

Aktuelle Tendenzen in der Gartengestaltung

Die besondere ästhetische Funktion der Hausgärten liegt darin, daß hier für den Gartenbesitzer – jedenfalls für den, der seinen Garten selber anlegt – die Herstellung und der Genuß von Ästhetik zusammenfallen. Anders als in der Haus- und Wohnungssphäre, wo das eigene Schönheitsempfinden hinter den vier Wänden verborgen beziehungsweise dem Architekten überlassen bleibt, spielt sich die Gartengestaltung im öffentlichen Raum ab, kaum zu verbergen vor Nachbarn und neugierigen Straßenpassanten. In einer modernen Industriegesellschaft, in der die Produktion von Schönheit und Kunst immer mehr den Spezialisten überlassen wird, ist dies eine bemerkenswerte Ausnahmeerscheinung. Deshalb läßt sich beim Gang durch die Klein- und Hausgartengebiete viel über das Schönheitsempfinden jener Bevölkerungsschichten lernen, die sich normalerweise zu Fragen der Stadt- und Umweltgestaltung kaum äußern. Dies ist um so wichtiger, weil die Art der Gestaltung der Gärten zugleich ein untrüglicher Gradmesser vom Stand des Verhältnisses des Menschen zur Natur ist und sich interessante Veränderungen hier hautnah ablesen lassen.

Besonders wichtig für den kreativen Prozeß „Gartengestaltung“ ist das selbstbestimmte Arbeiten. Im Gegensatz zur vorherrschenden berufsmäßigen Arbeit sind hier nicht nur bestimmte Fähigkeiten und Kenntnisse gefragt, sondern der Gartenliebhaber ist in seiner Ganzheit gefordert. Das „Gärtnern“ ist eine zukunftsbezogene Tätigkeit, die einen planvollen Umgang mit der Umwelt voraussetzt. Alle Aspekte des Arbeitsprozesses bleiben überschaubar. Die Ergebnisse der Arbeit sind sichtbar und können relativ leicht korrigiert und verändert werden. Im Gegensatz zu Bauwerken ist ein Garten niemals ganz fertig, sondern immer ein Zwischenprodukt, das in stetigem Veränderungsprozeß immer wieder optimiert wird. Damit kommt der Charakter der Gartengestaltung dem kreativen Bedürfnis vieler Menschen entgegen, ihre gestalterischen Phantasien in bestimmten abgegrenzten Bereichen ausleben zu können. Der Garten ist traditionell der Lebensraum, wo sich das Nützliche mit dem Schönen verbindet, wo Arbeit und Entspannung, Phantasie und Handwerklichkeit miteinander einhergehen. Der Garten ist somit ein idealer alltäglicher Kunst- und Lernort; Gartengestaltung ist in diesem Sinne eine echte Volkskunst.

Unterschiedliche Einstellungen zur Gartenbewirtschaftung

Drei Tendenzen in der Gartenbewirtschaftung haben sich in den letzten Jahren herauskristallisiert und wirken umfassend auf die Gartenästhetik: der pflegeleichte Luxusgarten, dann der genormte, unveränderliche Garten, in dem so natürliche Vorgänge wie Werden und Vergehen oder der Wechsel der Jahreszeiten nahezu ausgeschaltet sind, und schließlich der Garten als Ort der Naturerfahrung.

Der pflegeleichte Luxusgarten

Für immer größere Bevölkerungsteile scheint der Garten nicht mehr vor allem eine Erweiterung des Wohnraumes oder Hobbyraum für einen aktiven Umgang mit der vegetativen Natur zu sein, sondern in erster Linie ein Statussymbol für das erreichte Maß an Wohlstand, das man sich, seinen Nachbarn und Freunden vorzeigen möchte. Man läßt sich die Ausstattung und Möblierung des Gartens etwas kosten und dokumentiert mit teurem Gartenzubehör seine Professionalität im Umgang mit dem Garten. Nicht aus Freude am Gärtnern wird der Hausgarten angelegt und gepflegt, sondern als notwendiger Bestandteil des Statussymbols Einfamilienhaus. Deshalb richtet sich die Intention dieser Gartenbesitzer vor allem auf die, wie es doch so verräterisch heißt: „Begrünung". Man ist bereit, eher Geld denn Arbeit in die Gartenbewirtschaftung zu stecken, ohne sich allerdings einen Gartenarchitekten zu leisten.

Der Hausgarten wird nicht als naturbezogener Experimentierraum mit seinen eigenen Gesetzen des Wachsens, das heißt als spannendes Improvisationsfeld angesehen, sondern als notwendiger Bestandteil einer möglichst aus sich selbst heraus funktionierenden sauberen Wohnumwelt aus Einfamilienhaus, Garage, Koniferenvorgarten und Rasengarten. Der Garten soll eine gut geölte Maschine sein, die möglichst aus sich selbst heraus funktioniert. Nicht mehr der einfache Rasenmäher, die mechanische Heckenschere oder Spaten und Harken sind gefragt, sondern elektronisch gesteuerte Gerätschaften und ein Zauberkasten voll Chemie. Der Gartenschriftsteller Jürgen Dahl beschrieb diese für die Gartenkultur verheerende Entwicklung 1984 so: „So nähert sich denn die Gartenwirklichkeit ganz langsam und unauffällig der Vision der Zubehörfabrikanten an, und nach allem, was man aus dem bisher Geleisteten und Angebotenen interpolieren kann, sieht diese Vision vom Garten der Zukunft so aus, daß ein ausgeklügeltes System von Reservoirs, Mischbatterien, Zuleitungen, Zeitschaltuhren, Spritzdüsen und Sickerschläuchen die Einhandbedienung der vollautomatischen Anlage ermöglicht, zweckmäßigerweise von einem in der Kellerbar angebrachten Armaturenbrett aus: der pflegeleichte Garten in seiner wahren Vollendung, mit Gangschaltung, Programmwahltasten und Ersatzteilservice."

Der unveränderbare Garten

Der Trend zum pflegeleichten Garten verstärkt sich noch durch ein verändertes modernes Zeitgefühl, durch eine Art „Angriff der Gegenwart auf die restliche Zeit". Das heißt Vergangenheit und Zukunft eines Gartens als langandauernder Prozeß werden negiert. Viele Menschen haben das Bedürfnis, alles jetzt, hier und heute in seiner vollen Blüte erleben zu wollen. Vom Gartenarchitekten wird erwartet, daß er ein fertiges Gartenbild, einen fertigen Zustand entwirft und produziert, daß er also die Zukunft in der Gegenwart vorwegnimmt. Keine gärtnerische Ästhetik des Wachsens ist gefragt, und die Ästhetik des Vergehens wird stets verdrängt. Statt dessen soll das Alte unverändert bleiben und das Neue schon endgültiger Zustand sein.

Die Zeit, einen Garten schön wachsen zu lassen, billigt man sich und der Natur nicht mehr zu. Am liebsten würde man – wie Asterix – Zaubereicheln säen, aus denen die Bäume über Nacht wachsen. Anstelle des Wundersamens haben nicht nur im öffentlichen Grün Großbaumverpflanzungen Hochkonjunktur. Daß man damit den Bäumen auch ein Stück Würde raubt – nämlich langsam an ihrem Platz wachsen zu dürfen –, wird übersehen oder in Kauf genommen.

Für die Gartengestaltung bedeutet dies, daß zunehmend unveränderbare Gärten entstehen, denen man weder Vergangenheit noch Zukunft, ja nicht einmal mehr – wie in vielen Koniferengärten – den Wechsel der Jahreszeiten ansieht. Das Bild eines bestimmten Gartens soll erhalten bleiben, und wenn es nicht mehr der Gartenmode entspricht, wird, wie beim Bilderwechsel an der Wand, wieder schnell ein neues Gartenbild erzeugt. Die Containerpflanzen aus dem Gartencenter machen es möglich. Damit vergibt man sich die Chance, eine besondere Qualität des Gartens als Ort mit einem anderen, einem natürlichen Lebensrhythmus zu erleben, das heißt im Garten einen verlangsamten Lebensrhythmus genießen zu können, der in wohltuendem Kontrast steht zur sich stetig beschleunigenden zivilisatorischen Hektik. Der Garten verliert auf diese Weise eines seiner wichtigsten Elemente, wird nur noch rein dekorativ wahrgenommen.

Der Garten als Ort der Naturerfahrung

Im Gegensatz zu den beiden zuvor beschriebenen Trends steht die gesellschaftliche Aufwertung und Neuinterpretation des Gartens als Ort alltäglicher Naturerfahrung. In dem Maße, wie die Naturentfremdung voranschreitet und das globale Ausmaß der Umweltvernichtung deutlich wird, bildet sich als Gegenbewegung eine neue emotionale Beziehung zur außermenschlichen Natur. Sie kann in einer Art sentimentalem Mitleid mit der ausgebeuteten und beherrschten Natur stehen oder die Achtung vor der natürlichen Umwelt fördern, Erkenntnis und Interesse an natürlichen Vorgängen erweitern, ja sogar zu einer ausgeprägten Sehnsucht nach einer neuen Harmonie im Umgang mit der Natur führen.
Als alltägliches räumliches Experiment für einen bescheideneren Umgang mit den „Dingen der grünen Natur“ kann der Hausgarten angesehen werden. Aus Interesse an der Natur erwachsen Kenntnisse, und aus den Kenntnissen entsteht über den Gartenzaun hinweg umweltschützendes Engagement. Der Garten als miniaturisierte Landschaft, für die man persönlich verantwortlich zeichnet, wird damit in immer stärkerem Maße ein Meßinstrument unseres aktuellen zivilisatorischen Umgangs mit der Natur. Im Garten und in der Gartengestaltung kann damit ein Stück positiver gesellschaftlicher Utopie gelebt werden, das der Naturphilosoph Meyer-Abich (1984) so umschreibt: „Ich halte den Garten für die Keimzelle einer Erneuerung unserer Kultur. In einem Garten hat ja auch einmal alles angefangen. Hier gilt es, heute erneut vom Baum der Erkenntnis zu essen, der dann zum Baum des Lebens wird. Die im Garten erneuerte Naturwahrnehmung kann in einer neuen Ästhetik des Alltags Gestalt gewinnen und für das Industriesystem den Weg zur Umkehr zum Leben weisen.“

Die emotionale Aufwertung des wohnungsnahen Grüns, die den gesellschaftlichen Wunsch wachsen läßt, über Privatgärten zu verfügen, führt zu unterschiedlich ausgeprägten Veränderungen in der Art der Gartengestaltung und -bewirtschaftung. Beispielsweise wird wieder an die materialschonende Wiederverwertungstradition angeknüpft, Bauernhoftiere, Nutzpflanzen und Komposthaufen finden Eingang in Großstadtgärten, Wildkräuter erhalten einen Platz, und mit ökologisch angepaßten Formen der Gartenbewirtschaftung wird experimentiert.

Gartenbilder unserer Zeit

Während sich die Gestaltungstrends im öffentlichen Grün durch das höhere Maß an Professionalität deutlich abzeichnen, prägen sie sich in den Hausgärten meistens nicht so extrem aus. Für die konkrete Hausgartengestaltung, die ja meistens nicht vom Gartenarchitekten gemacht wird, spielt immer noch die jeweilige persönliche Gartenerfahrung eine bedeutsame Rolle, und die Vielzahl familiärer und nachbarschaftlicher Kompromisse mildert die Eindeutigkeit der Gartengestaltung. Über Gartenschauen, Film, Fernsehen und Gartenzeitschriften finden die neuen Trends der Gartenästhetik jedoch auch Eingang in die Hausgartengestaltung, zumal sie ja oft Ausdruck tiefgreifender Bewußtseinsänderungen im menschlichen Verhältnis zur Natur sind.

Der Postmoderne Garten

Unter diesem Begriff lassen sich aktuelle Gartengestaltungen zusammenfassen, die ein bestimmtes Gartenbild der historischen Gartenkunst (wieder) entstehen lassen möchten. Dabei kann die Gartengestaltung aufgrund ihrer bescheideneren Materialmöglichkeiten selbstverständlich nicht mit der trendbestimmenden Architektur konkurrieren. Parkanlagen wie der Parc de la Villette in Paris oder kleinere postmoderne Plätze und Stadtgärten dürften in zunehmendem Maße angesichts des gesellschaftlichen Trends der „Nachmoderne“ auch die private Gartengestaltung beeinflussen.

Eine postmoderne Gartengestaltung findet sich im Parc de la Vilette in Paris.

Allen postmodernen Ansätzen, so unterschiedlich sie im einzelnen sind, ist gemein, daß sie die Interpretation ihres Werkes durch die Besucher als wichtiges Element ansehen. Die Gestaltungsideen der postmodernen Gartengestaltung sollen sich im Kopf der Besucher zusammenfügen. Nicht die Funktionalität oder ökologische Wirkung des Grüns, sondern seine repräsentative Räumlichkeit ist gefragt. Die postmodernen Grünanlagen setzen sich aus den verschiedenen Gestaltungszitaten (beispielsweise Rasenparterres, Rousseau-Inseln, Wasserfälle, Blickachsen und Erdpyramiden) und Traditionen der historischen großen Gartenkunst zusammen und besitzen zudem oftmals noch futuristische Elemente. Die Zitate werden in sinnbildlicher, aber meist leicht verfremdeter Weise verwendet. Eine meist klare axiale Gliederung der Gärten wird aus der architektonischen Gartentradition übernommen. In den guten Beispielen werden die historischen Gestaltungszitate neu arrangiert, in den schlechten lediglich kopiert.

Postmoderne Grüngestaltungen sind weniger auf die Pflanzenausstattung denn auf die raumwirksame formale Präsenz der Gärten ausgerichtet. Deshalb kommen sie dem Repräsentationsbedürfnis entgegen und scheinen sich bisher vor allem auf das öffentliche Grün und auf Verwaltungs- und Museumsanlagen zu beschränken. Im Vergleich zum oft bewußtlosen elektrizistischen Einheitsbrei vieler Gartenschöpfungen der sechziger und siebziger Jahre stellt dieser Gartenstil eine deutliche handwerkliche wie ästhetische Verbesserung dar. So schreibt W. Richard in der Zeitschrift „Garten + Landschaft" (Heft 1, 1986): „Klare Formgebung, die den Außenraum als bewußt angelegten, urbanen Bereich im Spannungsfeld der Architektur sieht, bestimmt diese Gestaltung. Leitideen der Postmoderne, wie geschichtliche Identität, vielfältige Formsprache und allegorische Zitate, werden hier umgesetzt. Fast vergessene ästhetische Kategorien, mit denen Grünflächen wieder als räumliche Strukturen erlebt werden, kommen zum Tragen. Dies sind Raumbildung, Geometrie, Rhythmik, Harmonie und Materialethik".

Postmodern gestaltete Hausgärten wird man kaum irgendwo finden. Trotzdem läßt sich auch in der Gartengestaltung breiterer Bevölkerungsschichten ein Trend zur Verwendung von historischen Gestaltungszitaten feststellen, verbunden mit einem großen Interesse an gartenhistorischen Zusammenhängen. Diese Entwicklung führt von der detailgetreuen Rekonstruktion älterer repräsentativer Hausgärten im Zuge der Gartendenkmalpflege über den oft hilflosen Versuch, andere Gartentraditionen zu kopieren (beispielsweise die ostasiatische Gartenkunst), bis hin zu rührenden Bemühungen, der eigenen Gartengestaltung durch die Aufnahme klassischer Gartenbauelemente (Figuren, Säulen, Springbrunnen, Wasserfälle) etwas mehr „Stil" zu geben.

Ökologisch motivierte Gärten

Wer das ökologisch motivierte Gärtnern immer noch als bloßes „Verwildern" ansieht, das weitgehend der „Faulheit" des Gartenpächters entspringe, verkennt, daß es sich hierbei tatsächlich um die Herausbildung einer neuen Form des Gärtnerns handelt — um eine Hobbytätigkeit, deren Sinn darauf gerichtet ist, auch auf kleinster Ebene neue Lebensräume für Tiere und Pflanzen zu schaffen. Mit einem veränderten Garteninteresse geht ein verwandeltes Schönheitsempfinden in bezug zum Grün einher. Ähnlich wie der historische Landschaftsgarten im 18. und 19. Jahrhundert als Kritik an der herrschaftsbewußten Geometrie des französischen Gartens eine befreite arkadische Landschaft schaffen wollte, scheint bereits das Schönheitsempfinden vieler Gartenbesitzer darauf gerichtet zu sein, eine überall verplante und geradlinige Landschaft mit Hilfe geeigneter biotopgärtnerischer Maßnahmen im kleinen zu renaturieren und damit in ästhetischer Hinsicht zu „verzaubern".

Daß sich diese ökologische Wende in bezug zur Gartengestaltung nicht nur aus handfesten naturwissenschaftlich-ökologischen, sondern auch aus ästhetischen Gründen vollzieht, wird bisher kaum gewürdigt. Während früher Gärten mühsam der Wildnis abgerungene umfriedete Bereiche waren, existiert heutzutage keine Wildnis mehr: „Wildnis" wird für viele zum positiv besetzten Begriff, und die Gärten sollen nun ökologische Nischen sein.

Eine ökologisch orientierte Gartengestaltung gibt es in den verschiedensten Ausprägungen. Sie spiegeln jeweils die besondere Motivation des Gartenliebhabers wider. Gartengestaltung ist hier oftmals zugleich Zivilisationskritik. Während die von Urs Schwarz („Der Naturgarten", 1980) propagierten „Naturgärten" neue Biotope für wildlebende Pflanzen und Tiere sein sollen, wird der „wilde Garten" des Luis le Roy („Grün einschalten – Grün ausschalten", 1978) als Gleichnis für ein neues herrschaftsfreies Verhältnis zur Natur gesehen: „Im Garten muß die Natur der Meister sein, und der Besitzer ist der Lehrling." Le Roys Konzept sieht vor, aus dem Zivilisationsmüll einen wilden Garten wachsen zu lassen, der kaum durch gärtnerische Eingriffe beeinträchtigt wird. Demgegenüber wollen die Theoretiker der Spontanvegetation die selbstwachsende Natur als bestmögliche pflanzliche Anpassung an die Nutzungsansprüche der Menschen.

So unterschiedlich die Motivation der Gartenbesitzer ist, so unterschiedlich bleiben auch Art und Ausmaß der Ökologisierung. Sie kann von der Akzeptanz eines bestimmten Maßes an Verunkrautung bis hin zu einer völligen Umgestaltung der Hausgärten reichen. Typische Gestaltungsmerkmale ökologisch motivierten Gärtnerns sehe ich vor allem in zweierlei Hinsicht: Zunächst versucht der Biotopgärtner, seine gärtnerischen Maßnahmen visuell weitgehend zu verbergen, um sich und den Besuchern eine wildnishafte Landschaft zu suggerieren. Außerdem wird der ästhetische Kunstgriff der „Miniaturisierung" angewandt, die in der Gartenkunst eine lange Tradition besitzt und nicht nur auf die einzelne Pflanze, sondern auch auf das Landschaftsbild bezogen ist. Während beispielsweise im historischen Landschaftspark aus dem Bild der englischen Weide „freie Rasenbereiche" und aus den Wäldern „Baumgruppen" wurden, werden im Naturgarten in einer nächsten Stufe der Verkleinerung Seenlandschaften zu kleinen Teichen und Auenlandschaften zu Feuchtwiesen. Damit drückt sich aber zugleich ein neues umfassendes Maß der Naturbeherrschung aus, denn der Naturgärtner inszeniert auf wenigen Quadratmetern (s)eine Ideallandschaft.

Gartenteiche erfreuen sich großer Beliebtheit. Im Naturgarten dürfen sie nicht fehlen. Interessanterweise setzen viele Laien den Begriff Biotop mit Teich gleich, so als ob es keine anderen Biotope gebe. Der Gartenteich ist zum Sinnbild für die Aufgeschlossenheit der Besitzer für aktuelle Umweltfragen geworden.

Die Renaissance des Nutzgartens

Im engen Zusammenhang mit dem Bedeutungszuwachs des Grüns steht die Renaissance des Nutzgartens oder ländlichen Gartens. Insbesondere in den Großstädten halten

Ein Schrebergarten eifert dem Vorbild des „pflegeleichten Luxusgartens" nach. Koniferen und Rasen dominieren.

Nutzpflanzen und Bauernhoftiere wieder Einzug in die urbane Wohnumwelt: von Balkonkräutern und -tomaten über Kartoffel- und Gemüsebau im Kleingartengebiet, neue Schulgärten bis hin zu den Kinderbauernhöfen, die den Nutzgartenbau mit umweltpädagogischen Motiven verbinden. Ein Ausdruck der Attraktivität des ländlichen Gartens sind die Vielzahl von Buchneuerscheinungen im Bereich der Bauerngärten, deren Anzahl längst die Zahl der heute tatsächlich noch existierenden Bauerngärten zu übersteigen scheint!

Letzteres macht deutlich: Die neue Lust am hobbymäßigen Nutzgarten dient nicht dazu, die geschmälerte Haushaltskasse zu entlasten, sondern soll mit der Einrichtung ländlicher Gärten und dem als Hobby betriebenen Nahrungsmittelanbau ein Stück ländliche Natur in die Städte zurückholen. Während der bäuerliche Garten auf dem Land von einer agrarindustriellen Anbauweise weitgehend verdrängt ist, scheint das ästhetische Bild einer kleinteiligen und vielfältigen bäuerlichen Agrarlandschaft für den Städter an Attraktivität zu gewinnen. Mit der Einrichtung ländlicher Gärten sucht man ein ideales Stück „Land" in die Stadt zurückzuholen. Verstärkend wirkt hier noch der Wunsch vieler Menschen, Ernteerträge zu erzielen, sich gesunde Nahrungsmittel selbst zu ziehen und mit Hilfe von Kleintierhaltung und Gemüseanbau einen wichtigen umweltpädagogischen Effekt bei den Kindern zu erreichen.

Eine zunehmende Anzahl insbesondere städtischer Hausgärten wird ganz oder teilweise wieder zu Nutzgärten umgestaltet. Dabei versucht man entweder an eine kleinbäuerliche Tradition anzuknüpfen, die in vielen Familien noch lebendig ist, oder man experimentiert mit neuen Modellen der Nutzgarten-Bewirtschaftung. Die neuen Nutzgartenmodelle sind sehr stark ökologisch motiviert: Hügelbeete werden angelegt, um optimales Pflanzenwachstum ohne Chemieeinsatz zu gewährleisten, organische Abfälle kompostiert und auf traditionelle Formen der Schädlingsbekämpfung zurückgegriffen. Der ländliche Garten kann sich auf das einzelne Hügelbeet beschränken und bis hin zu utopischen Modellen der Gartenbewirtschaftung reichen, die beispielsweise in Form der Permakultur eine weitgehende Selbstversorgung auf kleinster Fläche gewährleisten sollen.

Rasen-Koniferen-Gärten

Ein großer Anteil unserer Hausgärten muß als Koniferengärten bezeichnet werden. Diese Gärten lehnen sich völlig an die landschaftliche Gartenmode der fünfziger und sechziger Jahre an und sind reine Ziergärten. Hier dominiert ein nach dem Vorbild des englischen Gartens kurzgeschnittener Rasen mit einzelnen immergrünen Gehölzen oder Koniferen- beziehungsweise Rhododendrengruppen. Meistens ist die Formensprache dieser Gärten – ähnlich dem typischen Gestaltungsmuster der fünfziger Jahre – organisch; geometrische Strukturen beschränken sich auf Gartenabgrenzungen und Wegeführungen. Durch immergrüne Gehölze und grüne Rasenflächen wird also versucht, ein weitgehend konstantes Gartenbild, eine möglichst unveränderliche Landschaft im kleinen zu erzeugen. Die gärtnerische Tätigkeit besteht darin, den einmal erreichten Zustand des Gartens zu erhalten oder zu optimieren und einen pflegeleichten Garten ohne Laubanfall zu bewirtschaften. Das Gärtnern wird also zum Ordnungshandeln. Derartige

Gärten sind im gärtnerisch-ästhetischen Sinne nicht alterungsfähig und unterscheiden sich kaum nach jahreszeitlichen Zyklen, der Garten sieht im Sommer nicht viel anders aus als im Winter.
Zwischen Motivation und tatsächlichem Ausmaß der Gartenarbeit besteht oftmals eine Diskrepanz, die den Gartenbesitzern kaum bewußt wird. Es wird zwar argumentiert, man habe seinen Garten bewußt so angelegt, „um keine Arbeit zu haben". Tatsächlich führen die übertriebenen Sauberkeitsnormen, die vielleicht in die Wohnung, nicht aber in einen naturnahen Raum passen, dazu, daß das „In-Ordnung-halten" (Rasenmähen, Heckenschneiden, Laubentfernen) eines Gartens einen beträchtlichen Arbeitsaufwand erfordert.

Der Hollywoodgarten

In engem ästhetischen Zusammenhang mit dem Rasen-Koniferen-Garten steht ein Gartentyp, den man etwas provozierend als „Hollywoodgarten" bezeichnen könnte. Dieser Gartentyp besteht wie der zuvor genannte ebenfalls aus einer Rasen-Koniferen-Mischung, anders als beim vorhergehenden Gartentyp scheint die Hauptmotivation nicht in der Sauberkeit und Pflegeleichtigkeit, sondern vor allem in dem erwünschten Repräsentationscharakter zu liegen. Seine ästhetische Leitlinie schöpft dieser Hausgartentyp womöglich aus der Film- und Fernsehkulisse zwischen Dallas, Denver und der Schwarzwaldklinik (überhaupt kann der Einfluß der Filmkulissenarchitektur für die Hausgartengestaltung kaum überschätzt werden).
Der „Hollywoodgarten" ist im Vergleich zum normalen Rasen-Koniferen-Garten wesentlich aufwendiger und kostspieliger ausgestattet, insbesondere was die Gartenmöblierung betrifft. Der Swimmingpool gehört hier ebenso dazu wie große, luxuriös möblierte Terrassenbereiche (man denke an teure englische Teakholzmöbel) mit offenen Kaminen, die Kopie einer Plastik oder einzelne seltene Exoten zum Vorzeigen.

Der gärtnerische Hobbygarten

Der gestiegene Bedarf an Hausgärten läßt sich nicht nur auf soziale Gründe und eine neue Emotionalität im Umgang mit der „grünen Natur" zurückführen, auch die traditionelle Motivation des Gärtnerns scheint immer mehr an Bedeutung zu gewinnen, und zwar nicht nur im allgemeinen Sinne. Die Hobbygärtnerei hat sich bereits besonders stark ausdifferenziert; man kann heutzutage kaum noch von dem Gartenliebhaber an sich sprechen, sondern von speziellen Spielarten gärtnerischen Interesses: So gibt es heutzutage Hausgärten als Staudengärten, Steingärten, Rosengärten, Rhododendrengärten, Wassergärten und andere mehr. Kleine Gewächshäuser bestimmen heutzutage das Aussehen vieler Hausgärten. Die Hobbygärten führen zu einer größeren Vielfalt in dem doch recht eintönigen gärtnerischen Erscheinungsbild vieler Einfamilienhausgebiete. Angesichts des steigenden gesellschaftlichen Interesses an Hobbytätigkeiten, zunehmender Freizeit und starken Gesundheitsbewußtseins und gestiegener gartenbautechnischer Möglichkeiten auch für den Laien scheint eine weitere Ausdifferenzierung der Lust am gärtnerischen Umgang mit Pflanzen vorprogrammiert. Damit wird das Aussehen vieler Gärten prägnanter und das Gesamtbild der Hausgärten bunter und damit ästhetisch interessanter.

Man kann gegenwärtig nicht von einem einheitlichen Trend der Gartengestaltung sprechen, sondern teilweise gegenläufige Entwicklungen führen zu unterschiedlichen Formen der Gartengestaltung. Die Privatgärten spiegeln im besonderen Maße die sich wandelnden Entwicklungen, Sehnsüchte und Erkenntnisse in unserem Verhältnis zur Natur wider. Dazu muß sich die Gartenästhetik nicht nur mit dem realen Garten, sondern auch mit der idealen Vorstellung vom Garten befassen. Der sich abzeichnende Pluralismus in der Gartengestaltung ist auch deshalb zu begrüßen, weil nicht Einheitlichkeit, sondern Vielfalt unsere räumliche Umwelt interessanter werden läßt.

Grundsätzliches zur Gartenplanung

Die Gartenkunst bedient sich seit jeher verschiedener Stilmittel, um bestimmte Effekte zu erzielen. Ausblicke schaffen eine Verbindung zur umgebenden Landschaft und lassen einen Park oder einen Garten größer erscheinen. Andererseits gliedern Hekken einen Garten in Räume auf und spielen als Strukturbildner eine wichtige Rolle. Für die Glaubwürdigkeit einer Gestaltung und die Funktion und das Aussehen eines Gartens kommt außerdem der Bodenmodellierung eine wichtige Aufgabe zu. Die einzelnen Aspekte werden im folgenden immer erst aus gartenhistorischer Sicht beleuchtet, um daraus Empfehlungen für die heutigen Gärten abzuleiten.

Von der Verführung des Auges in der Gartenkunst

Die Geschichte der Gartenkunst zeigt, daß Architekten und Gärtner einen großen Aufwand betrieben haben, um den Blick des Betrachters zu lenken, um Interesse und Begeisterung zu wecken. Die Zentralachse der großen Architekturgärten in der Barockzeit beweist eine derartige Dramaturgie des Blickes. Sie wird zusätzlich unterstützt durch eine entsprechende Verwendung von Hecken, Durchblicken und Blickfängen unterschiedlichster Art. Die besondere Struktur der Parterres gehört ebenso dazu wie die Verwendung des Wassers. Mittelachse und Symmetrie der Anlage tragen wesentlich zur Entstehung eines Gesamtkonzeptes bei. Die zentrale Achse nennt der Kunsthistoriker Gombrich einen „Magneten für das Auge“; sie gibt der Anlage einen unausweichlichen Tiefenzug. Die Symmetrie „... scheint unser Gesichtsfeld, unsere visuelle Spannweite auszudehnen. Wir haben das Empfinden, daß wir die vielen spiegelgerechten Einzelheiten zu beiden Seiten des Blickpunktes erfassen können, ohne sie prüfen zu müssen. Durch die ornamentale Ordnung entsteht ein überzeugender optischer Zusammenhalt“ (Gombrich).

In keinem Barockgarten fehlt das Gestaltungselement Wasser. Meist bildet ein Kanal die Zentralachse, in dem sich Gebäude, Bäume und Himmel spiegeln. Sich spiegelnde Wolken bringen ein Moment der Bewegung in den sonst leicht statisch wirkenden Garten. Wasserspiele ziehen das Interesse auf sich. Denn „... die verschwenderisch anmutende Fülle der rauschenden, stürzenden und springenden Strahlen und Wellen der Brunnenanlagen spielte im weiten Raum als ein beständiges Geschehen, Handeln und Wirken mit“ (Schnack).

Die historische Entwicklung des Gartenverständnisses in England

Der Landschaftsgarten ist die englische Antwort auf den geometrischen Garten der Franzosen. Ihn empfand man als Sinnbild einer er-

Der Blickfang am Ende einer Achse macht neugierig und verführt, auf ihn zuzugehen. ▷

starrten feudalen Ordnung, pompös und ohne wirklichen ästhetischen Reiz. Das Natürliche war wieder gefragt. Gegen die geraden Linien der Geometrie setzte man die geschwungene Schönheitslinie, an die Stelle der gestutzten Bosketts traten Baumgruppen mit herrlichen Kronen. Buchsumrandete Parterres wurden durch Rasen ersetzt, und statt der Kanäle, Kaskaden und Fontänen legte man natürlich wirkende Seen an.

Aus der Sicht des Gartengestalters galt es den „Geist des Ortes" aufzuspüren und die vorgefundene Natur einfühlsam mit „ein paar Kunstgriffen" zu veredeln. Für das Auge blieb die nicht bearbeitete Natur der umliegenden Landschaft mit einbezogen. Der Übergang vom Park in die Landschaft geschah unmerklich mit Hilfe eines versenkten Grenzgrabens, dem sogenannten Ha-Ha.

Die Idealisierung der Natur durch den Landschaftsgärtner fand in der ersten Phase der Entwicklung des englischen Gartens Vorbilder und Anregungen in der Malerei von Claude Lorrain und Nicolas Poussain. Sie gaben mit ihren idealisierten Landschaftsdarstellungen Bildvorlagen für eine Reihe von Landschaftsparks ab, von denen Stourhead als einer der eindrucksvollsten gelten kann. Abgesehen von einer leichten Überfremdung (man hat im 19. Jahrhundert damit begonnen, den Baumbestand mit Blütengehölzen zu unterpflanzen), ist er sehr gut erhalten geblieben.

In diesem von Henry und Richard Colt Hoare geschaffenen Garten sollte der Besucher bei seinem Rundgang Szenen aus Vergils Aeneis nacherleben. Aber schon damals werden die wenigsten Besucher alle literarischen Anspielungen verstanden haben und sich ganz dem Auge anvertraut haben. „An einzelnen Stellen entfernt sich der Pfad etwas vom Ufer, und der ganze Spaziergang wird bereichert durch eine bezaubernde Folge von Ausblicken auf den See, wo sich hier und da klassische Tempel im stillen Wasser spiegeln" (Clifford).

Aber der Landschaftsgarten entwickelte sich weiter. Der humanisierende Anspruch der Veredelung des Menschen durch antike Versatzstücke wurde aufgegeben.

Das neue Ziel war die rein ästhetische Veränderung der Landschaft. Es ist die Zeit von Lancelot Brown. „Capability" nannte ihn seine Auftraggeber, weil er mit sicherem Spürsinn erfaßte, wo Möglichkeiten einer ästhetischen Verbesserung der Landschaft lagen. Gebäude wurden als Blickpunkte nur sehr sparsam verwendet. Er arbeitete mit Baumgruppen und Gehölzgürteln, mit Rasenflächen und Wasser. Mit Hilfe der Gehölzgürtel schuf er wechselnde Perspektiven; Licht und Schatten vertieften die Eindrücke.

„Kontraste im Ton, Licht und Schatten wurden von ihm niemals dazu verwendet, um Gefühle zu erwecken, sondern immer nur, um die harmonische Führung der Linien hervorzuheben. Seine Landschaften waren lineare Kompositionen in drei Dimensionen" (Clifford).

Mit Anbruch des viktorianischen Zeitalters geht die Epoche des Landschaftsgartens in England endgültig zu Ende. Das Ideengut lebt in neu entstehenden Volksparks in abgewandelter Form weiter.

Überhaupt scheint damit die große Zeit der Gartenideen vorbei. Die Viktorianer schufen sich Gärten, mit denen sie ihre gesellschaftliche Macht und ihren Reichtum demonstrieren konnten.

Beide Kriege haben gerade auch in Großbritannien dazu geführt, Gartenanlagen den ökonomisch reduzierten Verhältnissen anzupassen. Das bedeutete unter anderem, daß die Zahl der im Garten Beschäftigten rapide sank.

Vielleicht war man aber auch der ausgedehnten Parks und Parterres einfach überdrüssig und sehnte sich nach verschwiegeneren, intimeren Gartenräumen. Die seit Beginn dieses Jahrhunderts entstandenen Gärten haben eines gemeinsam: eine klare Struktur und voneinander deutlich getrennte Gartenräume, die jeweils besonderen Themen vorbehalten sind. Das gilt für Hidcote, Sissinghurst, Crathes und Great Dixter, um nur die bedeutendsten zu nennen. Es ist interessant zu sehen, wie die wichtigsten Gestaltungselemente der vorangegangenen Epochen wieder auftauchen, wenn auch in anderem Verwendungszusammenhang: Alleen und Hecken, Mauern und Treppen, Durchblicke und Blickpunkte. Der englische Garten des 20. Jahrhunderts ist ohne Frage ein eklektischer Garten, ein Garten also der Stilmischung.

Der Blickfang (focal point)

Allein dem Thema Blickfang (englisch point of view, focal point) könnte man ein eigenes Kapitel widmen. Aus dem jeweiligen Standort in einem Garten erklärt sich die ihm zugedachte Aufgabe. Anders als bei den Achsen Le Nôtres, die ins Unendliche hineinlaufen, wird die Begrenzung einer Anlage nicht kaschiert, sondern betont. Gleichzeitig macht man die Grenzen aber auch interessant, so daß der Besucher, von der Neugier getrieben, auf den ihm zugeordneten Punkt am Ende der Allee zuläuft.
Bei genauerem Hinsehen haben diese unterschiedlichen „Focal points" natürlich ganz verschiedene Aufgaben. Während Vasen und Urnen lediglich Schmuckfunktion übernehmen, bieten antike Skulpturen ein mythologisches Programm an, das der heutige Besucher kaum mehr versteht.
Auch in den heutigen Gärten trifft man, dank der Sammelleidenschaft der Briten, auf Figuren aus der Mythologie. Von Bacchus bis Pan mit den Nymphen ist in Repliken und Originalen vieles vertreten. In einer passenden Gartensituation in Szene gesetzt, wird eine solche Skulptur zum Genius loci und unübersehbaren Blickfang für den Besucher.
Eine weitere Verwendung von Focal points betrifft die Kennzeichnung der Mitte eines Raumes. Das können Sonnenuhren sein, die natürlich ursprünglich nicht nur eine ornamentale Funktion haben. Vielmehr zeigen sie an, daß dieses von Menschenhand geschaffene Paradies ein nur endliches ist. Auch Pflanzen können den Mittelpunkt eines Raumes markieren, wie in Crathes Castles Gardens, wo ein Kirschlorbeer *(Prunus laurocerasus)* zum Drehpunkt eines Achsenkreuzes wird. Der sogenannte Arbor dient gleich mehreren Aufgaben. Nicht nur kennzeichnet er architektonisch die Mitte des Gartens, sondern gibt Kletterrosen und anderen schlingenden Pflanzen Halt und spendet Schatten an heißen Tagen.
Ruinen sind ein nicht wegzudenkender Bestandteil der englischen Landschaft und der Gärten. In der Ästhetik des Landschaftsparks waren sie als Element des Malerischen fest verankert. Der von ihnen ausgehende Hauch von Vergänglichkeit wurde bewußt genutzt,

Einen auffälligen Blickfang bildet in jedem Garten die Skulptur. Figuren aus der griechischen Mythologie findet man häufig in britischen Gärten.

um das ästhetische Vergnügen in ein moralisches Angerührtsein (im Sinne von „Vergänglichkeit allen Seins") zu überführen. Ruinen sind als Blickfang auch in den heutigen Gärten noch zu finden. Und wo es sie im Original nicht gibt, da hilft man mit künstlichen nach.
Die verschiedenen Funktionen des Blickfangs sind damit sicher nicht vollständig abgehandelt. In jedem Fall handelt es sich um ein traditionelles Stilmittel, durch das, in eine Situation eingebunden, eine komplexere ästhetische Struktur entsteht, die dem Betrachter nicht immer bewußt wird.
Alle genannten Stilmittel – Achsen, Durchblicke, Bauliches, Skulpturen und andere Blickfänge – sind Bestandteile der Struktur des englischen Gartens unserer Zeit. Nur hat sich der Verwendungszusammenhang geändert.
Eigentlich sollte bei der Frage nach der Verführung des Blickes durch die Gartenkunst die

Farbe nicht übergangen werden. Dies um so weniger, als sie in vielen englischen Gärten mit wahrhaft künstlerischer Finesse eingesetzt wird. Im nächsten Kapitel wird davon die Rede sein.

Wie Pflanzen Strukturen schaffen

Im Garten erfreuen wir uns an attraktiven oder seltenen Pflanzen, wir genießen ihn jedoch auch in seiner Gesamtwirkung als ein räumliches Erlebnis. Dieses Erlebnis wächst mit der strukturellen Klarheit und Vielfalt des Gartenraumes.

Der britische Thronfolger Prinz Charles formulierte Anfang 1990 seine Vision von Großbritannien und seine zehn Grundsätze für eine angemessene Architektur – einfache Regeln, die ebensogut auf die Gestaltung von Innenräumen wie die von Landschaften angewendet werden können. Regeln, die sich mit der Begrenzung eines Raumes, mit der Manipulation von Räumen, Maßstäben und Rangordnungen beschäftigen, sind im Garten ebenso wichtig wie in der Architektur. Prinz Charles stellt fest, daß „ein gutes Bauwerk, das diese Regeln beherzigt, sich selbst in Formen und Räumen offenbart und uns sagt, wohin wir gehen müssen und was wir dort zu erwarten haben". Anstelle von „Bauwerk" könnte man ebensogut „Garten" verstehen; es trifft dasselbe zu, außer daß die Formen und Räume gewöhnlich nicht durch das teure und relativ schwer zu bändigende Medium Stein, Ziegel und Mörtel festgelegt sind, sondern im immer wechselnden, plastischen Medium der wachsenden Pflanzen.

Alle Gärtner erkennen, daß die mehr formalen Elemente dieser strukturellen Bepflanzung einfach lebende Architektur darstellen, und wir freuen uns über die Herausforderungen und Möglichkeiten, die Pflanzen eher bieten als Stein. Selbst die mehr formalen Pflanzungen, die Rabatten und einzelnen Beete, die Einzelpflanzen, die Strauch- und Baumgruppen helfen, den Raum zu definieren und zu manipulieren – die einzelnen „Zimmer" des Gartens – in einer Art und Weise, die wahrhaft baulichen Charakter hat.

Im Garten von Sissinghurst schaffen und gliedern geschnittene Hecken den Raum.

In Hunting Lodge wirken neben den Hecken geschnittene Bäume als Raumbildner.

Wie ein Garten im Winter aussieht, ist häufig ein Test für gute Planung. Gärten mit einem guten „Gerüst“ können ohne die Schmuckwirkung und Farbe von Pflanzen und grünem Laub ebenso zufriedenstellend wirken, vielleicht sogar besser, wenn der Winter klar die geschickte und attraktive Struktur und den Umgang mit Räumen enthüllt.
Die Gartenschriftstellerin Margery Fish äußerte einmal: „Wann immer man von einem guten Garten spricht, besuche ich diesen im Winter, und wenn er mir dann gefällt, komme ich im Sommer nochmals zurück.“ Vielleicht wirkte sich der Einfluß ihres Mannes Walter aus, der sich stets überzeugte, daß das Gerüst in Ordnung war, bevor der Garten durch kunstfertige Bepflanzung seiner Frau weitere Gestalt erhielt. Das gilt auch für Sissinghurst, wo Harold Nicolson einen einfachen Rahmen – jedoch mit Ausstrahlung – lieferte für die nachfolgende Bepflanzung durch seine Frau Vita Sackville-West. Sieht man auf den Garten von Sissinghurst Castle vom Turm herab, so wird deutlich, daß niedrige und hohe Hecken den größten Teil der Struktur des Gartens ausmachen. Die große Eibenhecke des Rondells – einer „Dekompressionskammer“ von Grün in einem Garten, der ansonsten voll ist mit den Reizen von Blumen und Farben – ist von grundlegender Wichtigkeit. Sogar die Einfassung mit Zwergbuchs im „Weißen Garten“ hat einen wertvollen strukturbildenden Zweck, indem sie offenes Gelände in ein attraktives Muster von Beeten aufteilt und so ein bemerkenswert gutes Gefühl für die Maßeinteilung beweist.
In der Lindenallee geht der Besucher durch einen Säulengang von geschnittenen Bäumen, die zu beiden Seiten von Frühlingsblumen begleitet und im Hintergrund von Eibenhecken unterstützt werden. Die vertikalen Akzente der Lindenstämme finden ihr Echo in einer entfernten Reihe von italienischen Pappeln.
Wie in allen Gärten sind die Strukturelemente nicht auf Hecken, auf die Wände des Gartenraumes, beschränkt. Im „Cottage-garden“ fügen vier große beschnittene Irische Eiben dem Raum einen vertikalen Akzent hinzu, der ohne diese ziemlich flach und nackt aussehen würde. Die Eiben wirken um so schrulliger und bezaubernder, als sie ziemliche Übergröße haben.

Sissinghurst ist ein besonders gelungener moderner Garten, der in all seinen Teilen eine Harmonie von Material und Pflanzen finden läßt und an die historische Vergangenheit anknüpft. Vor allem das unfehlbare Maßempfinden verleiht für jeden Teil dieses Gartens das Gefühl, daß er kaum besser proportioniert sein könnte. Die Einteilung wird durch eine disziplinierte Struktur geschaffen, deren großer Teil durch die Bepflanzung gebildet wird. Dieses Prinzip empfiehlt sich für die meisten Gärten.

Hecken und Formschnitt (Topiary) sind die augenfälligsten Beispiele einer strukturellen Bepflanzung. Ihre Geschichte und Verwendung werden klar und unterhaltsam in Patrick Taylors Buch „Planting in Patterns" besprochen. Einige der Beispiele sind rein architektonischer Art, wie beispielsweise Biddulph Grange in Staffordshire, einem National-Trust-Garten, der gerade umfassend restauriert wird: Der „Ägyptische Hof" besteht aus einem Tempel, der aus Eiben geformt ist und von zwei steinernen Sphinxen bewacht wird.

Trotz aller Beliebtheit von Hecken, Topiary und „Cabinets de verdure" (grünen Räumen) in den Gärten des 17. Jahrhunderts scheinen einige Beispiele des 20. Jahrhunderts sie in ihrer meisterhaften Verwendung von Mengen und Formen von Buchs und Eibe, von Hainbuche und Buche zur Manipulation von Räumen und der Schaffung von Effekten zu übertreffen. Der berühmte Innenraumdesigner John Fowler zeigte, daß es möglich ist, Hecken, Topiary und geschnittene Hainbuchen zu verwenden, um einen Garten in großer Vielfalt und immenser theatralischer Ausstrahlung auf einem relativ begrenzten Raum zu kreieren. Sein eigener Garten in Hunting Lodge, Odiham in Hampshire, ist ein atemberaubendes Beispiel, wie man mit einer guten Struktur und relativ wenigen Blumen einen wunderbaren Garten schaffen kann. Die abstrakte Skulptur von Blöcken aus Hecken, Domen aus Portugiesischen Lorbeerkirschen *(Prunus lusitanica)*, einem Rhythmus sich wiederholender Stämme von Hainbuchen und eine Vielfalt von sorgfältig geplanten Anblicken sorgen für eine Abfolge von Bildern, die sich in unendlicher Vielfalt mit dem Lauf der Sonne und der Jahreszeiten ändern in einem Garten, der so viel Erfüllung gibt, in dem die Ausschmückung durch Blumen nur wenig mehr ist als das Vergolden einer Lilie. Es ist schwer vorstellbar, wie man einen kleinen Raum noch wirkungsvoller nutzen könnte.

In York Gate, Adel bei Leeds, findet man ein weiteres Beispiel eines Gartens, der so vielgestaltig ist auf knapp 4000 m^2, wie es die meisten Gärten mit zehnfacher Größe nicht sind. Geschaffen wurde er von Robin Spencer und seiner Mutter, Sybil Spencer. Er besticht durch seine disziplinierte Struktur, wobei das meiste aus Hecken und Topiaries gestaltet ist.

Hecken müssen nicht präzis geometrisch sein, um die Form des Gartens wirkungsvoll zu definieren, wie ein Beispiel der prächtigen, etwas holprigen alten Eibenhecken in Montacute, Somerset, zeigt. Sie brauchen noch nicht einmal formal zu sein: in Plas-yn-Rhiw, dem winzigen Cottage garden auf der Halbinsel Lleyn, sehen einige der Einfassungen so gerundet und gemütlich aus wie ein altes Sofa; dennoch legen sie die Struktur des Gartens fest.

Diese Betrachtung über formale Elemente könnte den Anschein erwecken, daß es keine strukturelle Bepflanzung in der informellen Gestaltung oder im informellen Garten gibt. Dem ist allerdings nicht so: In den Landschaften von Capability Brown geben allein die Pflanzen dem Entwurf Form. Brown verwendete wenig mehr als eine Handvoll vorwiegend einheimischer Arten und erhöhte die Täler, indem er hängende Wälder entlang ihrem Wall pflanzte. Er setzte Akzente, indem er Gruppen auf kleinen Erdhügeln anordnete, schaffte Anblicke und begrenzte Ausblicke, die man am besten von der Fahrspur und den Spazierwegen aus genießen konnte. Wo immer man hinsah, war die Pflanzung strukturiert, um die Geländeform zu unterstützen und ein Bild zu schaffen.

Mit Beginn des 19. Jahrhunderts kamen Landschaftsgestalter zu der Einsicht, daß Browns Stil zu einfach, zu streng und von zu glatter Schönheit sei, und bevorzugten das mehr zerklüftete, natürlich Malerische („picturesque"). Aber selbst dieser neue Stil der englischen Gartengestaltung hing von der Verwendung der Pflanzen ab, um dem Garten Struktur zu verleihen.

Hecken in unterschiedlichen Wuchshöhen und kleinere Formschnittbäumchen stehen im reizvollen Gegensatz zueinander. Dieser Gartenausschnitt wurde wiederum in Hunting Lodge aufgenommen.

Was ist langweiliger als ein Arboretum, in dem jeder Quadratmeter mit einem Muster von Bäumen in gleichmäßigem Abstand gefüllt ist? Bei dieser Bepflanzung können wir, um mit den Worten Browns zu sprechen, die Bäume vor lauter Wald nicht sehen, um ihre individuelle Schönheit zu würdigen. Das geschieht nur, wenn gegliedert wird, sich öffnende Lichtungen, Blicke geschaffen werden und die natürliche Lage der Landschaft verstärkt wird, so daß wir den Garten genießen können und zurücktreten, um jedes der verschiedenen Pflanzenindividuen zu genießen. Landschaften auf dieser Grundlage profitieren von einer Struktur, die „uns sagt, wohin wir gehen sollen und was wir zu erwarten haben“, die uns ermutigt, von einem Standpunkt zum nächsten zu gehen, durch verführerische, flüchtige Blicke und Ausblicke.

Eine große Gartengestalterin sagte einmal, die gewöhnlichen Leute würden niemals nach oben sehen. Gewöhnlich oder nicht, es ist wahr, daß wir alle mehr daran gewöhnt sind, uns grüne Wände statt grüner Dächer vorzustellen. Wir können nicht alle nach der gewölbten gotischen Kathedrale einer Buchenallee streben. In vielen Gärten läßt sich aber ein Tunnel von Eiben unterbringen, der die verschiedenen Teile des Gartens verbindet und einen Kontrast schafft in der Art von tiefer Düsternis, die die Herzen der Damen des 17. Jahrhunderts zutiefst erschreckt hätte. Die Lauben in den vier Ecken des Gartens in Castle Drogo in Devon, begrünt mit *Parrotia persica*, dem Persischen Eisenholz, zeigen eine andere Möglichkeit. Mit ihrem herrlichen Rindenmuster und ihrer prächtigen scharlachroten Herbstfärbung erhält man mit diesen Gehölzen den doppelten Wert für sein Geld, vorausgesetzt, man schaut nach oben.
In Calke Abbey in Derbyshire bepflanzt der National Trust den „Pleasure Ground“ wieder, er ersetzt die Sträucher, von denen manche durch

Rotwild vernichtet wurden. Entlang der Vorderseite eines Felsens, einem Gesims von West Felton, wurden Eiben gepflanzt, um horizontal nach außen zu wachsen und den Weg herab so in mysteriöse Dunkelheit zu hüllen. Es gibt weitaus mehr Möglichkeiten für den wagemutigen Gestalter, um die Kronen aus Blättern und Zweigen in einer strukturbildenden Weise zu verwenden.

Selbst der kleinste Garten kann durch eine Bepflanzung verbessert werden, die die Notwendigkeit einer guten Struktur anerkennt. Das Haus kann mit der Erde „verankert" werden, durch eine passende „Fundamentbepflanzung" an der Basis; der Garten kann von demjenigen der Nachbarn abgegrenzt werden durch begrenzende Hecken oder pflanzliche Schirme. Räume können geschaffen werden, jeder mit einem eigenen Thema, Farbschema oder Pflanzensortiment. Ein flacher, offener Raum kann aufgebrochen werden und weniger langweilig wirken, wenn Einzelbäume, Sträucher oder Formschnittgehölze Akzente setzen. Immergrüne sind besonders wertvoll, weil sie das ganze Jahr über eine Art Gediegenheit ausstrahlen.

Strukturelle Bepflanzung ist die wichtigste Vorbedingung für die Schaffung eines neuen Gartens oder die Verbesserung eines alten. Für einen geringen Teil der Kosten von Ziegel oder Stein kann sie einen funktionalen Rahmen schaffen für alles, was wir vom Garten erwarten: sei es nun ein Platz, wo Blumen wachsen, Früchte oder Gemüse gedeihen, oder einfach einen Platz, um unsere Freizeit zu verbringen.

Bodenmodellierung im Garten

Die Rechnung ist einfach: Die Oberfläche nimmt bei gleicher Grundfläche zu, wenn sie nicht eben, sondern gewellt gestaltet ist. Doch die kühle Mathematik sagt nichts aus über die gestalterische Wirkung der Bodenmodellierung. Geschickt angeordnete Hügel lassen – so, wie es die Mathematik beweist – ein Grundstück größer erscheinen. Der routinierte Gestalter kann jedoch mit Hilfe der gleichen Hügel die Fläche so kleinräumig erscheinen lassen, daß genau das Gegenteil bewirkt wird.

Bei den derzeit geradezu in Mode gekommenen Bodenbewegungen kann man verschiedene Arten unterscheiden: zum einen die künstlichen und zweckbestimmten Aufschüttungen oder Ausmuldungen, unter anderem Ingenieurbauten, und zum anderen die künstlerischen Formen, die der Raumbildung oder dem Nachempfinden von Landschaften dienen.

Zu den ersten zählen Dämme und Erdwälle, Terrassierungen oder künstliche Erhebungen, von denen aus der Beschauer sich eine Aussicht über das übrige Gelände verschaffen kann. Zur anderen Kategorie gehören die Bodenmodellierungen, die räumlich zueinander abgestimmt sind und dem jeweiligen Maßstab des zu formenden Geländes angepaßt wurden, also kleine und große Kunstlandschaften darstellen.

Historische Vorbilder

Hermann Fürst von Pückler schuf solche künstlichen Erhebungen in seinen Parks in Muskau und Branitz mit jeweils unterschiedlichen Voraussetzungen und Motiven. Der Muskauer Park war vor allem durch den Durchzug des Neißebettes stark bewegt und bedurfte nur leichter Korrekturen und Verdeutlichungen der bereits vorhandenen Geländemodellierungen. Der später entstandene Branitzer Park lag dagegen in einer ebenen Landschaft. Zur besseren Akzentuierung ließ Fürst Pückler Erdpyramiden erstellen, Tumuli sollte man sie besser nennen, denn unter einer von ihnen, die auf einer Insel liegt, befindet sich die Grabstätte der Fürsten.

Das Spiel mit dem Auf und Ab im Gelände wurde in den zwanziger und dreißiger Jahren besonders von der Arbeitsgemeinschaft Karl Foerster in Potsdam-Bornim als Kunstform herausgestellt. Die Ideenträger dieser Arbeitsgemeinschaft waren Hermann Mattern und Herta Hammerbacher. Diese beiden Landschaftsarchitekten übertrugen auch die Idee von Modellierungen der Landschaft auf den kleinen Maßstab der Hausgärten. Als Hermann Mattern nach dem Kriege zögernd forschend wieder anfing, Gärten zu bauen, schienen ihm diese Bodenbewegungen besondere schöpferische Freude zu bereiten.

Die optische Wirkung

Tatsächlich lassen sich durch herausgearbeitete Hügel und dazwischengelegte Talmulden optische Erweiterungen erreichen. Mit der räumlichen Wirkung und einer gezauberten Vergrößerung geht auch eine tatsächliche Flächenverkleinerung einher, weil mehr Grundfläche entsteht, auf welcher ein zahlenmäßig größeres Pflanzenangebot angesiedelt werden kann.
Bodenmodellierungen unterstützen aber auch zum weiteren die in der Garten- und Landschaftsgestaltung so wichtige Kulissenbildung, die zuvor im englischen Garten jeweils nur mit pflanzlichen Mitteln, Bäumen und Sträuchern, erzielt wurde.
Bodenmodellierungen geben jedoch auch den Sichtschutz, der in unseren kleiner geschnittenen Hausparzellen zum Bewahren der Wohnruhe immer wichtiger wird, und bieten dem Garten und seinen Bewohnern zugleich Windfang und Sonnenschutz. Bodenbewegung gibt dem Garten über Zaun und Grenzpflanzung hinaus eine räumliche Geschlossenheit und Ausgewogenheit.
Wir beobachten, daß Kinder in solchen modellierten Gärten schneller Hemmungen überwinden, sich ausgelassen geben, ungestüm sich den Rasenhügel hinabkullern, und unwillkürlich denken wir an eigene Kindheitserlebnisse zurück, als wir noch in den Ferien an der See Sandburgen bauten. Aber sind nicht doch vielleicht die Sandburgen und der heutige Hügelrasen gleiche Ausgangspunkte zu Spiel und Fröhlichkeit? Was das Kind natürlich und ungezwungen zum Ausdruck bringt, bewegt älter Gewordene in gleicher Weise, auch wenn es mehr ins Unterbewußtsein verdrängt wird.

Die Abmessungen

Welche tatsächlichen Höhen sind nun bei einer Hausgartenplanung anzusetzen? Bei einer Hauseingangs- und Wohnterrassenhöhe von 0,00 sind +0,30 (= 30 cm Höhenzunahme) schon eine wahrnehmbare Höhenstufe, die sich auf +0,60 als Rahmenwall zu +0,90 und einer größten Hügelkuppe von +1,20 hinaufschwingt. Die Höhe −0,30 empfinden wir als

Eine stark herausgearbeitete Erdmodellierung läßt in diesem Wohngarten von rund 800 m² Größe den Eindruck einer Landschaft in kleinem Maßstab entstehen. Die ebenfalls in Erde modellierten und überhöhten Grenzen zu den Nachbargärten tragen Pflanzenbewuchs aus Kleinbäumen, Blütensträuchern, Immergrünen und Stauden.

Senke, die −0,60 als Talmulde, und ein Teich an tiefster Stelle bekommt mit einem Aushub von nochmals zusätzlich −1,20 nach dem Einarbeiten der Folientragschicht eine Wassertiefe von −0,80.
Was tun gegen Erosion? Der Schwachpunkt jeder Modellierung ist ihr nackter und unbegrünter Zustand. Ein plötzlicher Gewitterregen gräbt Furchen in die Berge und verwandelt die Mulden in Seen – ein Vorgang, der in der Landwirtschaft auf jedem umgepflügten oder abgeernteten Ackerboden zu beobachten ist. Zu diesem Zeitpunkt setzen die Alarmrufe von Bauherren und Bauämtern ein, und jeder hat dann vorher schon gewarnt und die Folgen dieser „unsinnigen Bodenmaßnahme“ vorausgesehen. Tatsache ist, daß die modellierte Rasenfläche mit zunehmender Verdichtung ihres Teppichs und die Pflanzen mit zunehmender Aufnahmebereitschaft ihres Wurzelwerkes in die Lage

versetzt werden, auch größer anfallende Wassermengen zu schlucken, Erosionen ebenso wie Stauwasser kommen gar nicht erst auf.
Ebensooft wird zwischen Planer und Auftraggeber ein zäher Kampf um die festzusetzenden Höhen der Modellierung ausgefochten, ein Kampf oftmals um Zentimeter, so, als ob das neue Haus von einem 80 cm hohen Hügelchen geradezu erdrückt werden könnte. Wenn aber alles fertig eingesät und angepflanzt ist, geben die Gegner der Modellierung freimütig zu, daß die Hügel gern noch etwas höher hätten gezogen werden können.
Künstlich aufgetragene Hügel setzen sich sowieso im Laufe der Zeit, und man tut gut daran, den inneren Kern mit festerem Material, also nicht nur mit Lehm, sondern sogar mit Steinboden oder Schutt aufzubauen. Wichtig ist es auch, daß man die spätere Entwicklung der Pflanze mit in Betracht zieht. Mit höherwachsenden Gehölzen wird jede Modellierung in ihrer räumlichen Wirkung mehr und mehr erdrückt, um schließlich gar nicht mehr wahrgenommen zu werden.

Welche Art von Bepflanzung?

Von Bedeutung ist auch die Vorentscheidung, ob die als Akzente gesetzten Hügelhöhepunkte als Rasenfläche ausgeformt oder mit höherem Pflanzenwuchs überzogen werden. Hier gilt ein unumstößliches Gesetz, nämlich daß hohe Pflanzen oben, mittelhohe Pflanzen zur Verbindung und niedrige polsterbildende Pflanzen in den tiefer liegenden Regionen angesiedelt werden. Ebenso trifft aber die räumliche Beobachtung zu, daß ein nur mit Rasen überdeckter Hügel die Höhenillusion unmittelbar zum Ausdruck bringt, während im Gegensatz dazu die Pflanzung die Hügelung überspielt und mildert.
Ein gutes Beispiel hierfür gaben in einem Großversuch die Hügellandschaften, die sich um das Olympiastadion in München gruppieren. Die Kuppen dieser künstlichen Berglandschaft wurden zunächst bepflanzt, dann aber hatte man die Pflanzung größtenteils wieder entfernt, weil der Aufwuchs den „unendlichen Maßstab“ verdarb, so daß die Hügel heute in ihrer Rasensilhouette grandios gegen den Himmel stehen und sogar, bei weiter Sicht, Blickverbindung und Raumbeziehung zum Horizont der Alpenberge haben. Für den Hausgarten ergibt sich die Variante des Rasenhügels oder die Betonung der Höhe durch Pflanzung. Hundertprozentig gelingt ein Pflanzgarten, wenn sich der Bauherr entschließt, einen Garten ohne Rasen zu haben. Dann ist nämlich die Bodenmodellierung eine Landschaft schlechthin, ohne künstliche Begrenzung eines Rasenrandes. Die Pflanzen durchdringen sich in naturhafter Weise. Die hohen Gehölze außen vom Grenzbereich und die niedrigen Pflanzen und Polster von der Gartenmitte her vereinen sich zu einem landschaftlich natürlichen Raum.
Anders verhält es sich jedoch mit einem zu mähenden Rasen, der einen Bodenhügel mit seinem Teppich wie eine abstrakte Kunstform überzieht. Hier kann der Garten zu einem graphischen Gebilde geraten. Die Hügel und Talmulden sind in ihren Differenzierungen ablesbar. Hier genügen einige Markierungspunkte als Zutaten: ein einzeln gesetztes Gehölz, Großgräser oder gar nur Findlingssteine.

Der Senkgarten – zeitgemäße Gartennostalgie

Eine Bodenmodellierung geht ebenfalls der Anlage eines Senkgartens voraus. Das Motiv des Senkgartens taucht im Verlauf der Gartengeschichte immer wieder auf. Zur Zeit der Renaissance verstand man darunter schlicht ein etwas tiefer gesetztes Rasenstück mit rechteckiger Grundfläche und gleichmäßig ansteigenden Böschungen. Auch die barocken Anlagen bargen Senkgärten, die sich mit Ornamenten, geformt aus Kieselflächen und niedrigen Buchseinfassungen, schmückten.
Zu Beginn unseres Jahrhunderts lebte die Idee vom Senkgarten wieder auf. So schreibt Marie-Luise Gothein in ihrer „Geschichte der Gartenkunst“ (1914) über jene Modeerscheinung in den englischen Gärten der Jahrhundertwende, über die „Rückkehr zu kleineren Gärten. . ., die Renaissancegewohnheit. . ., auch große Gärten in kleine Abteilungen, hauptsächlich mit Hilfe einer Hecke, zu zerlegen. Der kleine Pondgar-

Die Randbeete des Senkgartens in Packwood House (Warwickshire) sind mit Sommerblumen und Stauden farbenprächtig bepflanzt. Sie unterstreichen dadurch die Geländemodellierung.

ten in Hampton Court war jetzt ein viel nachgeahmtes Vorbild."

Die Wiederentdeckung des Senkgartens stand mit einem Ruf nach dem architektonischen Garten im Zusammenhang, dessen Wortführer Reginald Bloomfield war („The formal garden in England", 1892). Seine Grundüberlegung war, wie Haus und Garten in eine harmonische Beziehung zu bringen seien.

Durch Muthesius, der englische Landhausarchitektur und Gärten vor Ort studierte, gelangte dieses Diskussionsthema auf den Kontinent. Es war gekoppelt mit einer Kritik des am Landschaftspark orientierten Hausgartens. Avenarius machte diesen Gartentyp mit seinen nierenförmigen Rasenstücken und „Brezelwegen" in der Zeitschrift „Kunstwart" lächerlich und verhöhnte ihn als „Piepenbrinkgarten". Architekturgärten setzten sich allmählich durch und fanden im Jugendstil ihre reinste Ausprägung, zum Beispiel auf der Mathildenhöhe in Darmstadt.

Senkgärten wurden aber auch noch viel später gebaut. Eines der bekanntesten deutschen Beispiele gab es bei Karl Foerster in Bornim. Seine Affinität zum Senkgarten läßt sich vielleicht damit erklären, daß dieser in gewisser Hinsicht der formale Typus eines Steingartens ist.

Die Seitenwände, meistens Trockenmauern, erlauben die Kultur von Pflanzen, die einen geringeren Bedarf an Feuchtigkeit haben, vielleicht sogar Trockenheit im Bereich des Wurzelhalses fordern. Alle Halbsträucher wie Lavendel, Rosmarin, Sonnenröschen *(Helianthus)*, aber

auch Ein- und Zweijährige, die sich unter Umständen selbst aussäen, fühlen sich hier wohl, weil zur gut funktionierenden Dränage ein günstiges Kleinklima hinzukommt, bewirkt durch Wärmespeicherung und Windschutz.
Einer der schönsten Senkgärten liegt im Südosten Englands. Er wurde 1923 in Great Dixter angelegt. Er ist Teil einer Gartenanlage, die alle stilistischen Merkmale der englischen Gartenkunst dieser Zeit in sich vereinigt: eine interessante Struktur mit klarer Binnengliederung (Gartenräume!) und einer reichen Bepflanzung.
Das Areal des Senkgartens ist von Gebäudeteilen und Mauern so eingefaßt, daß ein nur nach oben hin offener Raum entstand, der von zwei Seiten her zugänglich ist. Die Mauern und Wände werden von verschiedenen kletternden oder rankenden Gehölzen bedeckt. Von den Rändern her fällt das Gelände zum eigentlichen Senkgarten in der Mitte leicht ab. Die Form ist ein Achteck, in dessen vertieftem, bepflastertem Zentrum ein ebenfalls achteckiges Seerosenbecken liegt. Die Seitenwände bestehen aus Trockenmauern, in die Treppen und Steinbänke eingelassen sind.
Während die Ränder dieses Gartenraumes einen üppigen Pflanzenbewuchs aufweisen, ist der Senkgarten selbst nur sparsam bepflanzt. Ein Rasenstreifen bildet einen ruhigen Übergang von einem Bereich zum anderen.
Die Treppen werden beiderseits von Duftblüte *(Osmanthus delavayi)* flankiert, einem Gehölz, das durch jährlichen Schnitt in Form gehalten wird. Durch Selbstaussaat verbreiten sich in den Fugen der Mauern *Campanula portenschlagiana* und *Geranium dalmaticum*. Das grazile *Erigeron mucronatus* übersteht im Schutz des Kleinklimas sogar den Winter.
Am Boden bilden leuchtend karminrote Flekken von Stachelnüßchen *(Acaena zelandiae)* zusammen mit Hornklee *(Lotus corniculatus)*, einen kostbaren Teppich. *Iris* ('Gerald Barberg') und Seerosen bedecken sparsam die Wasseroberfläche, in der sich die Wolken und die Türme der Hopfendarre spiegeln.
Ein Reiz dieses Architekturgartens resultiert aus der Spannung zwischen der formalen Strenge der Struktur und ihrer teilweisen Auflösung durch die sich den Raum erobernden Pflanzen. Es sind dies vor allem Arten, die quasi eine natürliche Verbindung zum Stein haben, teppichbildende oder zierlich bleibende Pflanzen, also keine Prachtstauden.
Vieles spräche angesichts der immer kleiner werdenden Gärten für eine Wiederentdeckung des Senkgartens. So könnte der Pflanzenfreund trotz räumlicher Beschränkung statt eines Alpinums im herkömmlichen Sinne sich eine Art formalen Steingarten zulegen, der gestalterisch sicher oft eher zu Terrasse und Haus paßte als aufgetürmte Gesteinsbrocken, deren Einbindung in die Gartengestaltung eigentlich immer problematisch ist. Zudem bringt der Senkgarten eine tatsächliche Vergrößerung der Fläche, abgesehen von seiner optischen Wirkung.
Daß man durch die Anlagen eines Senkgartens einen ebenen Garten dynamischer gestalten kann, sollte ein Grund mehr sein, seine Vorteile auch im modernen Garten zu nutzen. Eine Voraussetzung wäre allerdings anzuerkennen, daß der Garten zum Haus gehört und damit ein Stück Architektur ist.

Farbe im Garten

Auf Gartenschauen zeigen sich die Besucher immer wieder beeindruckt von harmonisch wirkenden, farblich meisterhaft abgestimmten Staudenpflanzungen. Die ordnende Hand des Gestalters offenbart sich besonders in dem harmonischen Eindruck, den Ton-in-Ton-Pflanzungen hinterlassen. Dem gegenüber steht die bunte, zufällige Ansammlung von Stauden und Sommerblumen in den Rabatten der allermeisten Hausgärten. Das mag fröhlich wirken, befriedigt aus ästhetischer Sicht aber einfach nicht.

Um die Farbwirkungen und um mögliche Farbkombinationen drehen sich die folgenden Abschnitte. Dabei wird nicht nur von Blütenfarben zu reden sein, die Färbung und die Ausprägung des Blattwerks bei den Stauden und Gehölzen hat ebenso Einfluß auf das Gesamtbild. Und weiter ist zu beachten, daß eine übermäßige Pflanzenfülle meist keinen überzeugenden Eindruck hinterläßt. Die bessere Wirkung erzielen weniger, aber sorgsam aufeinander abgestimmte Arten und Sorten.

Die Auswahl der Pflanzenarten und -sorten kann sich jedoch nie ganz allein nach dem Kriterium der Farbe richten. Jeder Versuch, Pflanzen ungeachtet ihrer Standortansprüche, lediglich aufgrund ihrer Farbwirkung zu kombinieren, ist von vornherein zum Scheitern verurteilt. Eine Gartenpflanzung hat sich zunächst an den Standortbedingungen zu orientieren. Die Abstimmung der Blütenfarben zueinander bildet eine zweitrangige Aufgabe innerhalb der Entwicklung eines Bepflanzungsplans.

Doch lange vor der Pflanzenauswahl ist zu klären, wie groß oder wie zahlreich die farbigen Blumenbeete im Garten überhaupt sein dürfen, damit die Gartenbesitzer den Pflegeaufwand noch bewältigen. Denn die Zuchtformen verlangen nun einmal eine intensivere Betreuung als etwa Wildstauden. Auch die zukünftige Lage der buntblühenden Beete innerhalb des Gartengrundrisses ist mit Bedacht zu wählen.

Farbige Pflanzungen im Hausgarten

Wenn der Garten- und Landschaftsarchitekt einen Hausgarten planen soll und den Auftraggeber nach dessen Vorstellungen fragt, so steht meist „üppiges Blühen“ auf der Wunschskala ganz oben, und das möglichst im ganzen Garten, ununterbrochen vom zeitigen Frühjahr bis zum ersten Frost. Und selbstverständlich soll alles pflegeleicht gedeihen.

Analysiert man die Gartensituation, so ergeben sich beispielsweise durch Schattenlagen, durch die Wurzelkonkurrenz großer Bäume, durch eine extreme Hangneigung oder ungünstige Bodenverhältnisse, aber auch aufgrund der künftigen Pflegeunlust fast immer mehr oder weniger starke Einschränkungen bei der Anlage von Blumenbeeten. Aber selbst wenn nur eine kleine Fläche geeignet ist, bleibt das Problem der richtigen Zuordnung und formalen Einbindung in den Gesamtgarten. Um diesen gestalterischen Sachverhalt und weniger um die detaillierte Pflanzenauswahl und -zusammenstellung soll es im folgenden gehen.

Das Blumenbeet aus historischer Sicht

Die Suche nach einer angemessenen „Fassung“ von Blumenbeeten ist ein altes Thema. Das bekannteste Beispiel bildet der Bauerngarten mit einfacher Teilung durch das Wegekreuz und den Buchsbaumeinfassungen. Diese Gartenform wird heute immer noch praktiziert. Das Teppichbeet dagegen mit seiner künstlichen Pracht ging in Deutschland mit dem 19. Jahrhundert zu Ende, während es in Frankreich heute noch beliebt ist. Vom englischen Cottage-garden kennen wir die langen „gemischten Rabatten“ (Mixed borders) mit Hekken oder Mauern als Hintergrund, aber auch die „Inselbeete“ im Rasen.
Die strenge Rabattenform mit neutralem Hintergrund war in den architektonischen Gärten Deutschlands am Anfang unseres Jahrhunderts lange Zeit der bevorzugte Rahmen für Staudenpflanzungen. Parallel dazu entwikkelte sich eine Pflanzenverwendung nach natürlichen Vorbildern, die im spannungsvollen Gegensatz zur streng regelmäßig gebauten

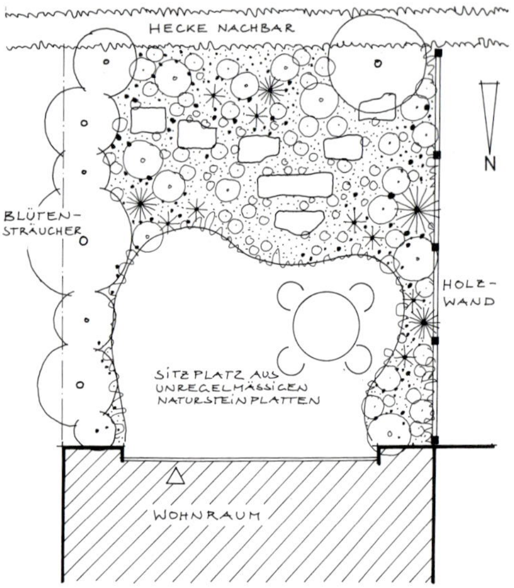

Oben: Die Fläche ist so klein, daß neben der Terrasse und wenigen Blütensträuchern die verbleibende Vegetationsfläche ein einziges Staudenbeet geworden ist. Vor dem Hintergrund einer nachbarlichen streng geschnittenen Hecke und einer seitlichen Holzwand ergibt sich damit ein räumlich wirkendes „blühendes Gartenbild“ direkt gegenüber dem großen Wohnraumfenster. Einzelne Schrittplatten erschließen die Pflanzfläche für die Pflege.

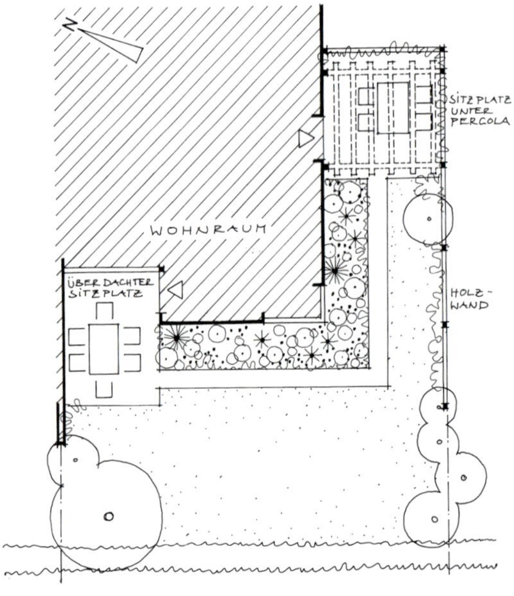

Gartenform stand. Beide Formen – die streng geometrisch umgrenzte und die locker angeordnete mit geschwungener Linienführung und weichen Übergängen – bestehen für Blumenpflanzungen bis heute fort.

Pflanzplätze und Pflegebereitschaft

In Hausgärten ergeben Sitzplätze, Wasserbekken, aber auch Blickpunkte aus dem Haus heraus bevorzugte Schwerpunkte für farbige Pflanzungen mit Stauden oder Einjahresblumen. Wir haben allerdings in den heutigen kleinen Gärten nicht mehr den Platz für großflächige Blütenstaudenrabatten oder Sommerblumenbeete, wie man sie in früheren Zeiten anlegte. Auch wollen wir den daraus resultierenden Pflegeaufwand nicht mehr im großen Umfang leisten, denn die züchterisch hochentwickelten Gartenpflanzen des Lebensbereiches Beet verlangen einen offenen, unkrautfreien und lockeren Boden sowie regelmäßige Düngung in der Wachstumszeit und zusätzliches Wässern bei anhaltender Trockenheit. Wenn wir die Pflege vernachlässigen, verabschieden sich manche Arten recht schnell wieder. Einige Stauden müssen häufig umgepflanzt werden, wenn sie langjährig weiter existieren wollen. Beetrosen verlangen ebenfalls intensive Betreuung, und Einjahrespflanzen sind jährlich neu zu setzen.

Folglich ist es vernünftig und zweckmäßig, die unerläßliche intensive Pflege auf kleinere und möglichst ebene Flächen zu beschränken. Meist genügen wenige Pflanzen in Hausnähe, dem Sitzplatz zugeordnet, möglichst an einer Windschutz bietenden Wand oder Hecke angelehnt, um den Wunsch nach intensiver Farbig-

◁ Links (Plan): Eine schmale Staudenrabatte umschließt den Haussockel, den hohe Stauden gleichzeitig verdecken. Ein Pflegeweg bildet die Grenze zum Rasen. Von hier aus läßt sich das 80 cm breite Beet problemlos pflegen. Die Blüten liegen im Blickpunkt der beiden Gartensitzplätze, und auch der Blick aus dem Fenster fällt darauf. Die Abbildung links außen zeigt ein Detail dieses Gartens.

Die Staudenböschung aus oben gezeigtem Plan bildet die einzige Blumenpflanzung im engen Reihenhausgarten.

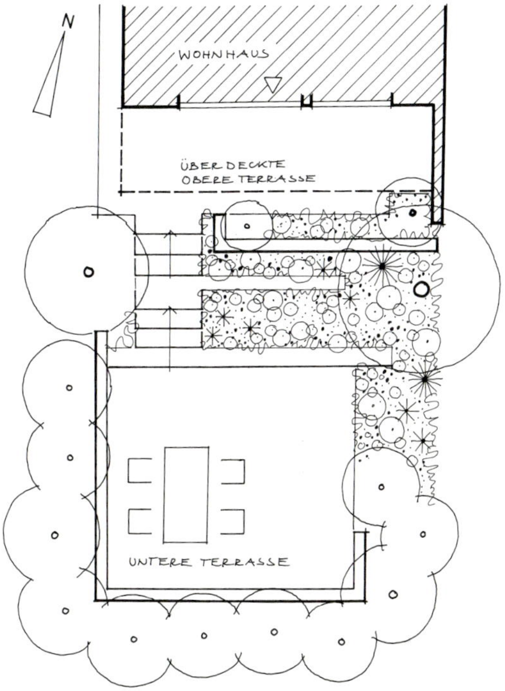

Oben: Die kurze Böschung, die den Höhenunterschied zum Hausausgang überwindet, wirkt in das Blickfeld des unteren Sitzplatzes. Sorgfältig abgestimmte Stauden mit höchstens drei Exemplaren einer Art vermitteln das „Blühen im Garten". Von der Terrasse und dem seitlich verlängerten Treppenpodest aus gelangt man an die Pflanzung.

keit zu erfüllen. In sehr kleinen Gärten oder Innenhöfen stellt dies oft die einzige Möglichkeit dar, die minimalen Pflanzflächen mit üppiger Pracht auszustatten und ein befriedigendes Gartenbild herzustellen.
Ein jährlich neu ausgedachtes Blühkonzept aus Sommerblumen stellt eine Möglichkeit dar, intensive Farbigkeit zu bewirken. Vorteilhaft ist aber eine ausdauernde Pflanzung auf der Grundlage einer Kombination verschieden hoher Stauden. Damit läßt sich den unterschiedlichen Ausbreitungsbedürfnissen Rechnung tragen, und die Pflanzen werden optimal besonnt, was beides für eine günstige Entwicklung unerläßlich ist. Verwendet man jeweils nur wenige Stückzahlen einer Art, erhöht sich dabei die Vielfalt der Blühzeitpunkte auch auf kleiner Fläche. Besondere Pflanzenkenntnisse verlangt allerdings die Kombination mit Beetrosen.
Üppiger Staudenflor erfüllt gleichzeitig den häufigen Wunsch nach einer dekorativen Blütenfülle, die nahe dem äußeren Aufenthaltsbereich liegen soll. Mit wachsender Entfernung in den Garten hinein kann das „Natürliche“ wieder zunehmen. Dafür stehen uns dann die Wildstauden zur Verfügung.
Blumenzwiebeln sind zwischen Beetstauden problematisch. Kleinblumenzwiebeln scheiden sowieso aus, weil sie sich nur in absolut ungestörten, also unbearbeiteten Böden ausbreiten können. Die Wildstaudenumgebung mit geschlossener Pflanzendecke am sommertrockenen Gehölzrand sagt ihnen mehr zu. Aber auch Tulpen und Narzissen stört sowohl die notwendige Bodenbearbeitung als auch das Wässern und Düngen während der Ruhezeit der Zwiebeln im Sommer. Folglich halten sie nicht lange aus, vor allem, wenn die Böden dazu noch sehr wasserhaltig sind, wie zum Beispiel Lehmböden.
Im neuangelegten Staudenbeet verbleibt zwischen den weit auseinander stehenden Einzelpflanzen anfangs noch viel Platz. Hier können Einjahresblumen die Lücken füllen. Niedrige Arten sind dabei zu bevorzugen, um die Stauden vor Bedrängnis oder gar Überwucherung zu bewahren. Spätestens im dritten Jahr geht das nicht mehr, wenn die Stauden den ihnen zugewiesenen Platz ausfüllen. Dann übernehmen ohnehin die Beetstauden ihre Aufgaben, Blütenfülle hervorzubringen. Um auch zukünftig auf die Einjährigen nicht verzichten zu müssen, bietet sich die Bepflanzung von Kübeln und Schalen an. Die Mobilität der bepflanzten Gefäße erlaubt es, die besten Standorte im Garten herauszufinden.

Beetform und Beetzuschnitt

Bei der Entscheidung über die angemessene Beetform werden Pflanzplätze in Haus- und Terrassennähe in der Regel einen strengeren, geometrischen Rahmen erhalten. Damit wird gleichzeitig eine eindeutige gestalterische Zuordnung zum Gebauten deutlich. Hier konkurriert starke Farbigkeit nicht mit den oft blassen Blütenfarben und filigranen Erscheinungsformen naturnaher Pflanzungen. Sie bilden eher zu den oft großen Steinflächen ein kräftiges Gegengewicht.
Ob die geometrischen Formen rechtwinklig, dreieckig, viereckig, rund oder oval sind, hängt natürlich von der formalen Gesamtgestaltung des Gartens ab. In der Regel wird man aber nach einfachen, ungekünstelten Formzuschnitten suchen.
Immer ergibt sich das Problem der Rasenkante, die einen weichen Übergang vom Rasen zur Pflanzung nicht zuläßt, sondern stets exakt definiert sein muß. Aus Pflegegründen ist ohnehin ein baulicher Rand zum Rasen sinnvoll, um das Hereinwachsen des Grases in das Beet zu verhindern. Dafür bietet sich das Material der Terrassen und Wege an. Ein geländebündiges Verlegen ist zu bevorzugen. Niemals sollten hohe Rabattensteine eingebaut werden, denn damit wird das Beet ungünstig aus der Fläche herausgehoben.
Wichtig ist weiterhin, daß eine möglichst ebene Pflanzfläche entsteht, um die erforderliche Pflege ohne große Mühe durchzuführen.
Lange und schmale Flächenzuschnitte erleichtern die Betreuung. Breite Beete sind durch Schrittplatten in kleinere Einheiten aufzuteilen, um den Zugang zu erleichtern. Frei geformte, unregelmäßige Pflanzflächen sind schwierig zu bepflanzen, weil der Beetstaudencharakter nicht unbedingt einer naturnahen Pflanzweise gemäß ist. Das hängt sehr von der

Pflanzenauswahl ab, das heißt, ob mehr steif-aufrecht wachsende oder lockere Pflanzenformen dominieren.
Als schwierig erweisen sich Staudenbeete vor Gehölzen oder in Kombination mit diesen. Die Wurzelkonkurrenz kann bei flachwurzelnden Arten so groß sein, daß Wasser- und Nahrungsentzug kein befriedigendes Wachstum der Stauden zulassen. Der Schattendruck führt bei Sonnenpflanzen zu dünnen Trieben, und die Blüte fällt dürftig aus.

Blumenbeete in Hanggärten

Bei größeren Hangflächen sind ebene Mauerterrassen unerläßlich, sonst führt das Wässern und Düngen bei dem erforderlichen offenen Boden zu Erosionserscheinungen. Terrassierte Beete können sehr reizvoll sein. Wenn die Zugangspfade entlang niedrigen Mauern verlaufen, ist die Pflege leichter, und es ergibt sich eine selbstverständliche Gliederung.
Ist der Gartenboden sehr wasserdurchlässig und damit die Abschwemmungsgefahr geringer, können sich auch flache Böschungen noch eignen. Diese sollten dann aber schmal sein, damit man bei der Pflege stets vom Böschungsfuß aus arbeiten kann und nicht in der Schräge herumsteigen muß.
Auch neben Gartentreppen können Beetstauden stehen, wenn beispielsweise einzelne Stufen in die seitlichen Pflanzflächen hinein verlängert werden. Damit erhält man kleine Pflanzeinheiten, die gut zugänglich sind. Überhaupt sind Mauern gute Blütenstauden-Standorte, weil wir den Beetstauden auch noch die überhängenden Polsterstauden, auf der Maueroberfläche wachsend, zugesellen können. Von den Gärten am Hang wird ab Seite 86 noch ausführlich die Rede sein.

Farbkompositionen und Farbwirkungen

In vielen Liebhabergärten dominiert das Motiv des Sammelns von Pflanzen. Zur Blütezeit brennt in diesen Gärten ein wahres Feuerwerk an Farben ab. Das läßt kleine Gartenräume noch winziger erscheinen, als sie tatsächlich sind. Daß sie darüber hinaus oft unruhig wirken, bemerken Besucher meist eher als der mit Betriebsblindheit geschlagene Besitzer. Die Bereitschaft, das ungezügelte Sammeln von Pflanzen zu kontrollieren, wäre eine erste Voraussetzung, um zu einem ausgewogeneren Farbenspiel zu kommen.

Regeln für die Farbverwendung

Welche Farbkompositionen führen zu befriedigenderen ästhetischen Ergebnissen? Kontrast und Harmonie sollen dabei zwei mögliche Effekte sein, die wir zunächst untersuchen wollen.
Farbkontraste existieren im Garten beispielsweise in der Kombination von Rot und Grün, sogenannten Komplementärfarben, die sich im Farbkreis gegenüberliegen. Im Garten ist dies häufig zu finden: Zu den Grünschattierungen des Laubes gesellt sich das Rot der Blüten. Das Zusammenführen von Komplementärfarben erzeugt starke Kontraste. Blau und Orange oder Blauviolett und Orangegelb wären eine weitere Kombination von Komplementärfarben. Der Reiz solcher Kombinationen liegt in der Spannung zweier gegensätzlicher Farben. Solche Farbklänge sind leicht zu realisieren. Kontraste sollte man aber als Gestaltungsprinzip nicht allzu häufig verwenden. Der Reiz

Ein Beispiel für kräftige Kontraste: Blaue *Geranium* und rote *Lychnis*, umgeben von gelbgrünen *Alchemilla*.

eines solchen Farbenspiels nutzt sich schnell ab. Als gelegentliche Höhepunkte jedoch sind Farbkontraste willkommen. Bei der Zusammenstellung sollte man allerdings darauf achten, daß die kombinierten Farben von der Masse her etwa gleichgewichtig sind.
Um Gegensätze nicht zu unvermittelt aufeinanderstoßen zu lassen, empfiehlt sich die Verwendung von Weiß, Grau und Silber, sowohl als Blüten- wie als Blattfarbe.
Eine harmonische Wirkung entsteht dann, wenn Pflanzen **Ton in Ton** kombiniert werden, sich also Nachbarn im Farbkreis zueinander gesellen, wobei die Farben des linken Halbkreises mit Zentrum Blau und die des rechten mit Zentrum Gelb voneinander getrennt gehalten werden sollten.
Bei der Ton-in-Ton-Verwendung fügt man einem Hauptfarbton weitere Schattierungen hinzu, was sowohl in Richtung Aufhellung wie in entgegengesetzter Richtung möglich ist. Ein Farbenspiel beispielsweise von Hellviolett bis zu Purpur wäre durch eine Pflanzung folgender Stauden und Gehölze leicht zu erzielen: diverse Glockenblumen, vor allem die hohe *Campanula lactiflora*, Clematis in unterschiedlichen Farbnuancen, Rittersporne mit ihren unendlich reichen Farbschattierungen, *Geranium*, Lavendel, Katzenminze *(Nepeta)*, *Penstemon*, Phlox, *Rudbeckia*, Salbei-Arten, *Stachys macrantha* und *Thalictrum*. Man erhielte eine Pflanzengesellschaft mit langer Blühdauer und zusätzlichem Formenreiz.
Diese Ton-in-Ton-Verwendung kommt den „monochromen" Gärten nahe, wie sie in Großbritannien gelegentlich anzutreffen sind, zum Beispiel in Hidcote und Sissinghurst. Der hohe Reiz, der von ihnen ausgeht, hat zusätzlich eine beruhigende Wirkung, ein Effekt, den man sich in kleinen Gärten im allgemeinen wünscht.

Farben erzeugen Stimmungen

Warme und kalte Farben wirken unterschiedlich auf unser Unterbewußtsein. Warme Farben wie Rot und Gelb empfinden wir als „dynamischer" im Vergleich zu den kalten Farben Blau und Weiß. Rot und Gelb ziehen die Aufmerksamkeit des Betrachters auf sich und verursachen eine positiv stimulierende Wirkung.

Gelbgrüne Farbtöne dominieren in diesem Gartenteil in Witcoat Gardens. Farbkontraste würden die sehr stimmungsvolle Situation nur stören. ▷

Weiß schafft einen neutralisierenden Effekt, Blau einen beruhigenden. Während warme Farben den Betrachter „anspringen", scheinen blaue Farbtöne zurückzutreten; sie schaffen damit eine räumliche Wirkung.
All dies hängt allerdings von einer gewissen Massierung der Farben ab. Das Dunkelviolett eines dreijährigen Rittersporns mag sich farblich durchaus behaupten können. Verdoppelt man die Farbmasse, erhöht sich auch die Wirkung. Vor allem bei kleinblütigen Pflanzen ist eine Massierung unerläßlich, soll ein entsprechender Effekt erzielt werden. Die Pflanzung eines Farbbandes von Katzenminze oder Lavendel überzeugt eher als Einzelstauden.
Die Frage nach der Massierung oder „Verdünnung" der Farbwerte bei der Bepflanzung eines größeren Beetes stellt sich erst im Zusammenhang mit Vorstellungen, die man insgesamt von ihm hat. Wünscht man sich ein Staudenbeet, das Raumtiefe betont und beruhigend wirkt, so wählt man wahrscheinlich überwiegend kalte Farben Ton in Ton bei gleichzeitiger Staffelung von Blautönen. Warme Farben beleben den Garten. Sie bringen Bewegung hinein. Welche Wirkungen von einem Gartenraum ausgehen, wird also nicht zuletzt auch von der Farbgebung abhängen.

Die Farbgebung als Detaillösung

Liegen Lage, Form und Größe des Staudenbeetes fest, hat man sich für eine Farbe oder eine Farbkombination entschieden, folgt die Feinabstimmung der Farbtöne von Blüten und Blättern sowie der Wuchsformen. Die Ordnung und Gliederung auftretender Farbprobleme stellt eine Detailarbeit dar, die noch wesentlich mehr Fingerspitzengefühl erfordert als die farbliche Gliederung von Blumenbeeten. Es sei aber noch einmal darauf hingewiesen, daß sich die Grundstruktur einer Gartenpflanzung nur aus den jeweiligen Standortbedingungen heraus entwickeln läßt. Nur Pflanzen mit gleichen An-

sprüchen an Boden, Klima und Besonnung fügen sich zu einer dauerhalten Anlage zusammen, eine Auswahl, die allein das Kriterium der Farbe berücksichtigt, führt zu keinem Erfolg.

Das Grün als bestimmendes Element

Die Farbwirkung einer Pflanzung wird entscheidend von den unterschiedlichen Grüntönen der Belaubung bestimmt. Sie tritt, im Gegensatz zur kurzfristigen Blütenwirkung, während der ganzen Vegetationsperiode und bei immergrünen Pflanzen während des ganzen Jahres in Erscheinung. Schon mit der Gruppierung standortgerechter Pflanzen lassen sich Farbkompositionen erreichen, die die Atmosphäre des Gartenraumes bestimmen können. Ihre Grundfarbe bildet den Resonanzboden für die Farben der Blüten. Ein Hintergrund silbergrauer Nadelhölzer ergibt eine andere Farbskala als der leuchtend saftiggrüne Bestand einer Laubbaum- oder Strauchkulisse. Die Hintergrundfarben geben den Ausschlag für die jeweils auftretende Palette der Farbtöne. Nun ist immer das Farbempfinden des Gestaltenden subjektiv, und dies führt zu Variationen, die aber trotz unterschiedlicher Nuancen auf die gleiche Tonart abgestimmt sind.

Farbproportionen

Grundsätzlich ist es notwendig, eine Führungsfarbe festzulegen; sie bestimmt die anderen Farbtöne. Ebenso ist das Gewicht der Zuordnungen festzulegen, die die Führungsfarbe in ihrer Wirkung steigern. Bildbestimmend wirkt sich die Entscheidung für eine Kontrastwirkung oder eine Ton-in-Ton-Malerei gleichgewichtiger Farben aus. Beides erzielt dann seinen Effekt, wenn es bis zur letzten Konsequenz durchgeführt wird (siehe vorangegangener Abschnitt).
Grundsätzlich falsch aber ist die gleichgewichtige Mischung unterschiedlicher Farbtöne ohne bestimmende Tendenz. Das ergibt keine Farbigkeit, sondern Buntheit, primitives Nebeneinander, aber keinen Zusammenklang der Farben. Das gleiche gilt für das wahllose Gegenüberstellen kalter und warmer Farben ohne vermittelnde Zwischenglieder.
Es gibt gewisse Grenzen, die eingehalten werden müssen, selbst wenn sie nur gefühlsmäßig bestehen. Wenn als herausgegriffenes Beispiel eine Gruppe goldgelber oder orangefarbener Taglilien *Hemerocallis* mit dem Salbei *Salvia nemorosa* 'Ostfriesland' kombiniert wird, so ist die Gegenüberstellung von Goldgelb und Stumpfviolett zwar farblich möglich, die Struktur beider Arten aber ergibt keinen Zusammenklang.
Der gleiche Mißklang entsteht durch eine Kombination zum Beispiel der Edelgarbe *Achillea filipendulina* 'Coronation Gold' und einer Sorte von *Scabiosa caucasica* oder *Campanula persicifolia* 'Grandiflora Coerulea'. Auch hier stimmt zwar die Gegenüberstellung von Goldgelb und Hellblau, die Aussage der Pflanzenerscheinungen aber ist völlig gegensätzlich. Werden aber die Faktoren beider Gruppen ausgewechselt, also die Scabiosen und Glockenblumen mit den Taglilien kombiniert und der Salbei mit der Edelgarbe, so stimmt sowohl die Farbkombination als auch die „Physiognomie" der Pflanzen.
Eine überzeugende Bildwirkung entsteht erst, wenn neben der Beachtung des Zusammenklingens der Arten und ihrer Farben die Proportionen der Farben zueinander bestimmt werden. Als Beispiel sei die Abstimmung der Farben bei Azaleen aus der Gruppe der Knap-Hill-Hybriden angeführt: Auf magerem Standort in voller Sonne legen die Virginischen Wacholder *Juniperus virginiana* 'Glauca', 'Grey Owl' und 'Canaertii' auf Teppichen mit Katzenminze *(Nepeta × faassenii)* mit eingesprengtem Salbei, dazu Königskerzen *(Verbascum)*, Bergastern *(Aster amellus)* und Blaustrahlhafer *(Helictotrichon sempervirens)* die Stimmung fest. Diese stahlblaue Kulisse ist wirksamer Resonanzboden für die gelben, orangefarbenen und strumpfroten Azaleenfarben. Sie entfalten aber nur dann ihre volle Wirkung, wenn eine der genannten Farben in einem überschaubaren Bildausschnitt zur Führungsfarbe wird. Wird die leuchtend orangefarbene 'Tunis' gewählt und kommt ihre blitzende Farbe mit einigen Tupfern der roten 'Hotspur Red' noch leuchtender zur Geltung, so sollten nur sparsam verteilte Trupps der goldgelben 'Harvest Moon' als Lichter aufgesetzt werden. Völlig anders ist die Raumstimmung, wenn das Goldgelb der 'Harvest Moon' Führungsfarbe wird und die anderen Sorten nur in kleinen, richtig verteilten Trupps zugeordnet werden. Ohne Wirkung bleibt eine gleichmäßige, tendenzlose Mischung aller genannten Sorten.

Die Selektion der Farben

Ein weiteres Beispiel soll die Notwendigkeit einer Selektion von Farben aufzeigen, die im gleichen Bildausschnitt auftreten. Der Standort ist feucht und nährstoffreich. In einem bestimmten Zeitraum stellt die Flammenblume *(Phlox paniculata)* das Hauptthema dar. Eiben-

Auf die richtige Mischung der Farben kommt es an. Einige Farbtöne dominieren sehr stark, andere treten optisch zurück. Kräftige Farbtöne wie das leuchtende Rot sind daher vorsichtiger zu verwenden als zarte Pastellfarben. Eine wichtige Rolle spielen weißblühende Stauden als verbindende Zwischenglieder. ▷

büsche *(Taxus baccata)* bilden das Grundgerüst des Raums. Die beiden Sorten des Falschen Jasmins 'Schneesturm' (eine *Philadelphus-Virginalis-Hybride*) und 'Dame Blanche' *(Philadelphus-Lemoinei-Hybride* werden lokker gruppiert im Raum verteilt. Sie entwickeln strahlendweiße Blütensträuße und betörenden Duft. Einige Spiersträucher *(Spiraea veitchii)* mit elegantem, überhängendem Wuchs und weißen Blütenrispen sprechen die gleiche Sprache. Der Blütezeit dieser Gehölze entsprechend werden frühe bis mittelfrühe Phloxsorten ausgewählt. Führungspflanze wird die Sorte 'Aida'. Ihr leuchtendes violettes Amarantrot wird vor der weißblühenden Strauchkulisse besonders wirksam. Die hellvioletten Blüten mit weißem Auge der Sorte 'Sternhimmel' unterstreichen die Wirkung der Hauptfarbe. An anderer Stelle entsteht farbliche Differenzierung durch die Sorte 'Wilhelm Kesselring', die durch ein weißes Auge auf violettpurpurnem Grund eine sehr lebendige, in das Thema einklingende Farbwirkung bringt. Diese leuchtende Palette der truppweise gepflanzten Phloxsorten wird aufgefangen durch eine breite Unterpflanzung mit der *Erigeron-Hybride* 'Sommerneuschnee'. Sie ergibt eine weiße bis lichtviolette Grundfläche, die von einzelnen Sommermargeriten *(Chrysanthemum-maximum)* der Sorte 'Harry Pötschke' mit weißen Riesenblüten überragt wird. Ganz vorsichtig werden einige leuchtendgelbe Punkte mit der Nachtkerze *Oenothera tetragona* 'Hohes Licht' eingesetzt. Sie müssen wie Salz in der Suppe behandelt werden und dürfen nicht aufdringlich das Gesamtbild stören. Ein Federborstengras, *Pennisetum alopecuroides* 'Hameln', unterstreicht als üppiger Gräserbusch das farbige Bild.

Bei gleicher Gehölzkulisse entsteht eine andere Raumatmosphäre durch die Verwendung von rot- und rosafarbenen Phloxsorten. Wichtig ist bei dieser Palette die Trennung der lachs- und karminfarbenen Töne. Ihre Tonwerte klingen nicht zusammen. Es ist eine Entscheidung des Entweder-Oder. Führungssorte kann die hochwachsende 'Starfire' mit großen, dunkelroten Blüten sein. Ihr Rot glüht vor dem schneeigen Weiß der Sträucher, wenn es sparsam mit einigen rosafarbenen Phloxsorten akzentuiert wird. Eingesprengte Gruppen der 'Sommerfreude' mit reinem, warmem Rosaton und der lachsrosafarbenen 'Frau A.v. Mauthner' klingen harmonisch mit der Führungssorte zusammen. Auch hier ist die *Erigeron-Hybride* 'Sommerneuschnee' ein wirkungsvoller Untergrund. Statt der gelben Nachtkerze, die hier störend wirken würde, entsteht eine raffinierte Wirkung durch sparsame Einschaltung von einigen Horsten der amethystblauen Glokkenblume *Campanula lactiflora* 'Prichard' in Verbindung mit *Chrysanthemum maximum.* Auch in dieser Kombination spielen die unterstreichenden Federborstengräser (*Pennisetum alopecuroides* 'Hameln') eine bedeutsame Rolle. Ein Vermischen beider Beispiele, also der violetten und roten Sorten, ergäbe unerträgliche Farbdissonanzen.

Die gelbe Gartenecke

Nachdem zuvor einige gemischtfarbige Pflanzungen diskutiert wurden, wollen wir ein Beispiel für eine Ton-in-Ton-Pflanzung ausführlicher vorstellen.

Die Idee, ganze Gartenteile farblich auf einen Ton festzulegen, ist nicht neu. Jeder, der englische Gärten kennengelernt hat, weiß das. So hat der Garten Sissinghurst, Kent, nicht nur der berühmten „White garden" (siehe Seite 21), sondern einen „Cottage garden", in dem das Gelb und Rot der Stauden und Gehölze in den Hochsommerwochen so herrlich leuchten.

In einem kleinen Garten empfiehlt es sich, sehr bunte Pflanzungen zu vermeiden und dafür zu sorgen, daß farblich keine allzu große Unruhe entsteht. Das ist nicht ganz leicht, da niemand auf die Fülle der gelbblühenden Sommerblumen und Stauden verzichten will. Als Gartenfarbe ist Gelb in der Leuchtkraft nicht zu übertreffen. So lohnt sich der Versuch, an einer Stelle des Gartens alle möglichen Gelbtöne zu konzentrieren, wobei Orange als ergänzender Farbton zugelassen wird.

So hat Reiner Herling in einem Teil seines Gartens gelb- und orangefarben blühende Pflanzen vergesellschaftet. Diese kleine Ecke, fast nur ein Flecken, ist von den übrigen Gartenteilen durch Steinpflaster oder Trittplatten und zum Nachbarn hin durch einen Flechtzaun abgegrenzt. Diesen Zaun bedecken zu verschiedenen Zeiten blühende *Clematis* – 'The President' im Juni und im August die sehr wüchsige 'Lady Betty Balfour', die sich im Lauf des Sommers mit einigen Girlanden an einer Serbischen Fichte *(Picea omorika)* hochrankt. Farblich bilden die *Clematis* einen etwas harten Kontrast zum eigentlichen Farbthema dieser Ecke.

Im Mai beginnt das Blühen mit *Tulipa tarda* in frischem Gelbweiß. Ihnen schließen sich ebenfalls in Gelb und Weiß blühende Sumpfblumen *(Limnanthes)* an, die sich durch Samen leicht selbst vermehren. Etwa gleichzeitig blühen einige hohe Bartiris, zusammen mit *Meconopsis cambrica*, die sich durch Aussaat stark vermehren und unter Kontrolle gehalten werden müssen.

Anfang Juli sind es die sehr hohen *Iris orientalis (I. ochroleuca)* 'Gigantea' und *Iris spuria* 'Archie Owen', die schon vom Habitus her das Interesse des Betrachters auf sich lenken. Eine Nachtkerze *(Oenothera tetragona)* zeigt im Juli das strahlendste Gelb, das hier zu sehen ist. Sie blüht zusammen mit einigen Lilien, so der reingelben 'Citronella' mit braun gepunkteten Türkenbundblüten und 'Destiny', hellgelb mit großen, aufrecht stehenden, braun gepunkteten Schalen.

Das silberwollige Laub der Königskerze *Verbascum bombyciferum* 'Polarsommer' und das graublättrige Brandkraut *Phlomis fructicosa* mit gelben Blütenquirlen kontrastieren zum umgebenden Grün.

Ihren eigentlichen Höhepunkt hat diese Gartenecke mit der Blütezeit der Taglilien. Das beginnt Anfang Juli, wenn die kleinblütige 'Corky' an eleganten Stielen ihre unzähligen dunkelgelben Blüten öffnet, benachbart mit der Hundskamille *Anthemis tinctoria* 'Grallagh Gold', einem zierlichen Korbblütler. Zu den früh und lang andauernd blühenden Taglilien gehört die relativ kleinblütige, melonfarbene 'Little Rainbow'. Ihnen folgt die unermüdlich blühende *Hemerocallis* 'Burning Daylight', in deren Nachbarschaft die bewährte 'Frans Hals' – eine zweifarbige in Orange und Gelb – neben der ebenso zweifarbigen 'Orient' (kräftig lachsrosa mit pflaumenblauem Auge) im Juli–August das optische Zentrum dieser Ecke bil-

Besonders reizvoll wirkt die gelbe Gartenecke zur Zeit der Taglilienhochblüte. Von links nach rechts: *Hemerocallis* 'Burning Daylight', *Oenothera tetragona, Hemerocallis* 'Little Rainbow'. Im Hintergrund Königskerze *(Verbascum bombyciferum)* und *Hemerocallis* 'Frans Hals'.

det. Mit dem Gelborange der Taglilien korrespondiert das Leuchten einiger Fackellilien (*Kniphofia*), die mit ihren Kolben einen reizvollen Formkontrast zu den Schalen- oder Trichterblüten der Taglilien darstellen.

Rudbeckia und *Helenium* bilden mit den sanft leuchtenden, gelbbraunen Blüten einen würdigen Abschluß der Saison. Auch dann sieht diese Ecke noch nicht schlecht aus, was an der unregelmäßigen Einfassung durch *Alchemilla mollis* liegen mag, deren zarte, gelbgrüne Blütenstände längst braun geworden sind und für Aussaat sorgen, deren ornamentale Blätter jedoch den Gartenwert dieser Staude ausmachen. Wenn im Spätherbst und Winter die Stauden ihr Laub eingezogen haben, bleibt das dunkle Grün einiger Schöpfe von *Carex morrowii* und eines kugelig geschnittenen Buchses.

Graulaubige und Weißblühende

War bisher hauptsächlich von den Blütenfarben die Rede, wird im folgenden deutlich, daß wir im Garten ohne die weißen und grauen Töne, das „Farblose“ also, nicht auskommen. Weiß und Grau übernehmen innerhalb der Farbpalette des Gartens eine dienende Funktion, sie steigern die Leuchtkraft anderer Farben und vermitteln außerdem zwischen verschiedenen Tönen. Jeder bunte Blumenstrauß verlangt weiße Blüten, mit Bedacht eingesetzt. Gleiches gilt für buntbepflanzte Balkonkästen und selbstverständlich auch für die Staudenrabatte.

Der weiße Garten

Die englische Schriftstellerin Vita Sackville-West beschreibt eine gezielte Verwendung solcher Pflanzen in einem weißen Garten und rühmt dessen besondere, kühle Atmosphäre an warmen Sommerabenden. Es ist der Reiz des Zusammenspiels verschiedener verwandter Farbtöne, die von Creme und Weiß über Silbergrau zu Meergrün reichen.

„Es existiert dort eine flächige Pflanzung verschiedener *Artemisia,* die alte, aromatische Eberraute eingeschlossen, dann silbergraue *Senecio bicolor (Cineraria maritima),* graue *Santolina* und kriechende *Achillea ageratifolia.* Dutzende, aus Samen gezogene weiße *Lilium regale* wachsen daraus hervor. Dann sind da die Pazifik-Hybriden in Weiß, weiße *Eremurus,* weiße Fingerhüte an der schattigen Nordseite einer Mauer und ganze Schleier aus *Gypsophila;* schließlich weiße, buschig wachsende *Hydrangea grandiflora,* weiße Christrosen, weiße Baumpäonien und *Buddleja nivea;* weiter weiße Glockenblumen und eine weiße Form von *Platycodon grandiflorus* 'Mariesii', der chinesischen Glockenblume. Außerdem eine Gruppe der gigantischen Eselsdisteln, pures Silber, zweieinhalb Meter hoch. Dazu kommen kleinere Kreuzdorne und eine graue, weidenblättrige *Pyrus salicifolia,* in deren Schatten die kleine Statue einer Vestalin steht. . .“

Nicht häufig trifft man eine derartige Massierung graulaubiger und weißblühender Pflanzen an und wird sie sich im eigenen Garten wohl auch nicht wünschen. Dennoch lohnt es sich, über einige interessante Kombinationen dieser Farbtöne nachzudenken und deren Wirkungen zu nutzen, zumal sich hier ein nahezu unerschöpfliches Pflanzensortiment anbietet, gibt es doch neben der großen Zahl der von Haus aus graulaubigen und weißblühenden Pflanzen eine lange Liste weißer Varianten der bekannten Prachtstauden wie Pfingstrosen, Rittersporne und Glockenblumen, um nur einige wenige zu nennen.

Die Wirkung und Funktion weißer Blüten und grauer Blätter

Grundsätzlich spricht für eine gezielte Verwendung die **neutralisierende Wirkung** in der Nachbarschaft von Farben, die miteinander einen zu harten Kontrast bilden. Bei kräftigen Farben der modernen Hybriden, bei manchen Stauden

Eine ganze Gartenpartie kann mit Graulaubigen und Weißblühenden bepflanzt sein. Solche Gruppen können einen Ausgleich zwischen verschiedenfarbigen oder vom Charakter her sehr unterschiedlichen Pflanzengruppierungen bilden.

wie Phlox, bei Dahlien und natürlich auch bei Rosen übernimmt die Gesellschaft weißblühender und graulaubiger Pflanzen eine vermittelnde Funktion.
Um den Übergang von einem Rotton zum anderen zu erleichtern, empfiehlt sich Weiß. So wird die Nachbarschaft zweier bekannter Rosensorten, die auch heute noch ziemlich verbreitet sind, die Teehybriden 'Superstar' (salmorange) und 'Duftwolke' (tiefrot) erst erträglich, wenn man eine weiße Sorte dazwischenpflanzt.
In engem Zusammenhang mit dem hier beschriebenen Effekt der Vermittlung steht die grundsätzliche **Beruhigung** des Farbspiels im Sinne der Dämpfung allzu lebhafter Farbtöne. Bei allen flächigen Bepflanzungen in bunten Farben, bei Dahlien oder Sommerblumen zum Beispiel, kann dies wünschenswert sein. Eine beruhigende Wirkung läßt sich mit Hilfe der Farbtöne Creme und Weiß erzielen.
Da Graulaubige und Weißblühende selbst keine farblichen Ansprüche stellen, eignen sie sich ganz besonders als **Begleiter von Pflanzen in zarten Farbtönen**. Das zarte Rosa vieler Rosen verträgt eine Nachbarschaft solcher Sommerblumen und Stauden gut, die ihnen farblich nicht den Rang ablaufen. 'The Fairy' zum Beispiel, eine ältere kleinblütige Polyantha-Rose, macht sich in der Gesellschaft von Schleierkraut besonders gut, und die hohe *Campanula lactiflora* erweist sich als guter Begleiter der Strauchrose 'Cornelia', da sich das Weiß der Glockenblume dem Rosa der Rose nicht nur unterordnet, sondern es sogar steigert. Viele höher wachsende Pflanzen könnten am geeigneten Standort eine ähnliche Funktion übernehmen, *Salvia sclarea* zum Beispiel oder Rittersporn und Steppenkerze.
Eine dezentere Nachbarschaft für eine Iris in Zartrosa als das Silbergrau von *Artemisia* ist kaum vorstellbar. Auch hier verstärkt die Begleitpflanze den Farbton der Blütenpflanze. Ähnliches läßt sich sagen von der farblichen Nachbarschaft einer rosafarbenen Pfingstrose und silbergrauem *Stachys byzantina (S. lanata)*.
Schließlich ist daran zu erinnern, daß man mit Hilfe weißblühender und silbergrauer Pflanzen **Schattenpartien aufhellen** kann. Sie leuchten geradezu aus dem Dunkel heraus.

Eine weißblühende Strauchrose umgibt die Rot- und Blautöne von Clematis, Fingerhut und Akelei.

Viele der Graulaubigen haben eine besonders interessante Textur der Blätter, die den Helligkeitswert zusätzlich beeinflußt: Das Blatt weist vielfach eine seidige oder wollige Oberfläche auf. An heißen Tagen und eigentlich erst im Spätsommer zeigen diese wirklich was in ihnen steckt: zum Beispiel *Centaurea, Senecio (Cineraria)* und *Santolina chamaecyparissus*. Daneben gibt es eine Reihe nicht winterharter Silberlaubiger wie *Senecio greyi* oder *Ballota pseudodictamnus*.
Relativ winterhart sind dagegen *Salvia officinalis* 'Variegata' und der besonders graulaubige Lavendel 'Hidcote Blue', die in diesem Zusammenhang unbedingt erwähnt werden müssen, da sie uns zusätzlich durch ihren Duft erfreuen.

Zusagende Plätze muß man den Graulaubigen allerdings schaffen, will man sie in der Bestform antreffen. Ihnen allen gemeinsam ist, daß sie in offenem Gelände am besten gedeihen, das möglichst sonnenbeschienen ist. Es darf sogar steinig sein. Stauende Nässe vertragen die meisten nicht, ebensowenig starken Schatten. Bei höheren Düngergaben verändert sich das Silbergrau der Blätter zu Grün. Außerdem bekommen die Pflanzen weiche, hängende Triebe und werden frostempfindlich.

Der Wollziest (*Stachys byzantina*), eine der bekanntesten graulaubigen Pflanzen, steht hier vor einer Pfingstrose, deren zartrosa Blüten mit zunehmendem Alter in Weiß übergehen.

Schwierige Partner – die Panaschierten

Die panaschierten Sorten sind die extremsten unter den „Andersgefärbten" – und dazu zählen die Auslesen mit gelbem, rotem, blauem oder silbernem Laub. Den Blattflächen panaschierter Typen fehlt in mehr oder minder durchgebildeter Regelmäßigkeit das Blattgrün. Sie erscheinen weiß gestreift oder gefleckt, selten vollkommen weiß.

In der Natur entstehen unaufhörlich solche andersgestalteten Formen. Die meisten gehen rasch wieder zugrunde. Wenn der Gärtner in diesen abnormen Abweichungen keine „Bereicherung" der Farbskala gesehen und sie weiter vermehrt hätte, so stünden die Panaschierten

heute nicht in unseren Katalogen. Mancher würde darin keinen großen Schaden sehen. Und angesichts der problematischen Verwendung im Garten mag es als ein Glück erscheinen, daß es gar nicht so viele panaschierte Gehölze, Stauden und Einjährige gibt.

Wo liegt das Problem?

Der Ökologe lehnt verständlicherweise diese unnatürlichen, kranken Pflanzenformen aus tiefster Seele ab. In einer naturnahen Umgebung, in der Landschaft oder in einem weiträumigen Park, sind Panaschierte auf jeden Fall fehl am Platz. Doch andererseits läßt sich allein mit ökologischen Prinzipien kein Garten bauen, geschweige denn gestalten.
Aber auch die nach physiognomischen Aspekten arbeitenden Gestalter oder die einfach nach ihrem künstlerischen Geschmack Schaffenden haben mit den Panaschierten ihre liebe Not. Sie wirken nicht exotisch, nicht bizarr, sondern künstlich. Ein Kunsthandwerker könnte sie erfunden haben, ein Dekorateur.
Doch wie so oft hat auch in der Gestaltung das „Wie“ den Vorrang vor dem „Was“. Ob man Panaschierte verwendet oder nicht, ist nicht entscheidend. Wie man sie verwendet, nämlich mit Bedacht und Überlegung, darauf kommt es an.

Buntlaubiger Neuseeländer Flachs (*Phormium tenax*) bildet den Blickfang innerhalb einer flächenhaften Verbenenpflanzung: So eine Pflanze muß freistehend wirken können.

Panaschierte Gehölz- und Staudensorten

Es gibt eine Stufenfolge von oben nach unten, die sich einfach aus Größe, aus der Wuchshöhe und damit aus dem „Machtbereich“ entwickelt, den diese Panaschierten für sich fordern. Der Silber-Eschenahorn *Acer negundo* 'Variegatum', bis 7 m hoch, ist wohl der Oberste, der Stärkste in dieser Reihe. Man liest, vor dunklen Koniferen würde der Silber-Eschenahorn reizvoll in Kontrast stehen. Das müßte dann in einem abgeschlossenen Bezirk sein, wo der fremde Akkord nicht andere Gartenräume erreicht.
Weniger abweisend und disharmonisch verhält sich der Gold-Eschenahorn *Acer negundo* 'Aureovariegatum'. Im kleineren Garten jedoch wirkt er nicht „kontrastisch“, sondern dominant und verändert das Gesamtbild. Ob günstig oder nicht, das muß der Besitzer selbst entscheiden. Jede dieser beiden Formen, ob weiß- oder gelbpanaschiert, beherrscht optisch in weitem Umkreis ihre Nachbarschaft. Ihre Ausstrahlung kann sich durchaus über Zäune hinweg in fremde Gärten erweitern und dann unter Umständen störend wirken.
Geht es nun stufenweise abwärts in die Wuchshöhe gewöhnlicher Blütensträucher, so mag der weißpanaschierte Hartriegel (*Cornus alba* 'Argenteomarginata') in der Gartenecke einer Rahmenpflanzung zu einer Birke gut korrespondieren, nicht aber als auffallender „Klecks“ mitten in der Reihe der „Normalen“ wie der Falsche Jasmin *(Philadelphus)*, die Heckenkirsche *(Lonicera)*, die Zierjohannisbeeren *(Ribes*-Arten*)* oder Weigelien. Er reißt auch jede kleine Gehölzgruppe optisch auseinander. Panaschierte Gehölze fordern als Umgebung stets einen größeren Grünraum; im kleinen Reihenhausgarten bleiben sie immer problematisch. Panaschierte Gehölze bis zur Hart-

Zwei Buntlaubige in enger Nachbarschaft: Im Hintergrund steht *Acer negundo* 'Aureovariegatum', davor *Cornus alba* 'Variegata'. Den Rahmen für die beiden Ausnahmeformen bilden dunkellaubige Gehölze.

riegelgröße sind zu mehreren in Gruppen kaum verwendbar, sondern können nur einzeln stehen.
Je weniger auffällig die panaschierten Pflanzen wegen ihrer bescheideneren Größe sind, um so weiter wird das Feld für malerische Versuche. Das untere Ende der Skala panaschierter Gehölze nimmt der Bodendecker und niedrige Kletterer *Euonymus fortunei* 'Gracilis' ein. Seine weißbunte Farbigkeit ordnet sich gerne dienend unter und tritt zu verschiedenen, besonders immergrünen Pflanzen in gute Nachbarschaft. Panaschierte Solitärgräser dagegen wie der grünweiß gestreifte Glatthafer (*Arrhenatherum elatius* ssp. *bulbosum* 'Variegatum') oder das weißgelb gestreifte Rohrglanzgras (*Phalaris arundinacea* 'Picta') sind herrschende Gestalten in der Gartenflora. Sie brauchen einen abgewogenen Freiraum, wo sie ihre Individualität auch entfalten können. Leider wird gegen diese Grundforderung sehr oft verstoßen. Allerdings gilt dieses Prinzip nicht nur für Panaschierte, obschon für diese besonders.
Beenden wir die Betrachtung buntgestreifter Pflanzen und ihre Verwendung im Garten bei den Stauden und Einjährigen. Hier fügen sich die verschiedenen *Hosta*-Formen wie *Hosta crispula*, *H. fortunei*, *H. sieboldii* in nicht zu großen Gruppen als willkommene Aufhellung in die meist halbschattige Situation. Bei Lungenkraut *(Pulmonaria saccharata)*, *Iris pallida* 'Variegata', *Salvia officinalis* 'Tricolor' mag eine sparsame Verwendung immerhin

empfohlen sein. Die Harmlosen unter den Panaschierten mag man als kleinen Spaß im Gartentheater betrachten, wie den panaschierten Hopfen (*Humulus scandens* 'Variegatus') an der lichtärmeren Nordseite einer Mauer oder den einjährigen Mais (*Zea mays* 'Gigantea Quadricolor') im Bauerngarten.

Das Blatt als Gestaltungskriterium

Pflanzen im Garten erleben und begreifen wir mit allen unseren Sinnen. Doch beeindruckt der visuelle Eindruck den Betrachter am stärksten und wirkt am längsten nach. Neben dem Farbeindruck (der in erster Linie von den Blüten geprägt wird) registriert der Betrachter sehr schnell die strukturellen Merkmale. Unwillkürlich weilt unser Blick zunächst bei Großgehölzen, die – räumlich gliedernd – Rahmen und Blickpunkte besonders auffällig markieren und Maßstäbe zur Größe von Mensch, Haus und Garten setzen. Bestimmen im Winter besonders die Struktur, der artspezifische Aufbau, das Gerüst der Verzweigung und der Habitus der Pflanzen den Eindruck, so ist es im belaubten Zustand mehr das Webmuster der peripheren Zweige und zugehörigen Blätter, die Textur oder Blatt-Textur.

Gruppen der Blatt-Textur

Trotz des Formenreichtums der Natur reicht es für die gestalterische Beurteilung aus, wenn wir uns auf wenige bestimmte Texturgruppen beschränken. Zu Gruppen können wir solche Pflanzen vereinen, die in dieser Eigenschaft gleichsinnig visuell auf den Betrachter wirken. Über die Anzahl der erforderlichen Gruppen läßt sich sicherlich streiten. Wie bei der Bonitur von Versuchen, der Angabe des Geselligkeitsgrades (Soziabilität) und ähnlichem bewährt sich auch hier die Anzahl fünf mit den Gruppen: sehr feine, feine, mittlere, grobe und sehr grobe Blatt-Textur. Diese Gruppen lassen sich in der Gesamtwirkung vom Menschen in dem visuell schnell erfaßbaren Bereich sinnvoll unterscheiden.

Wie bei allen Versuchen, eine schematisierende Ordnung zu schaffen, so gibt es auch hier einen Punkt, der Schwierigkeiten bereitet. Er besteht darin, daß neben der Gesamtwirkung „feiner" oder „gröber" auch andere Faktoren ein stärkeres Gewicht besitzen können. Es gibt zum Beispiel Stauden, die nicht nur eine sehr feine bis feine Blatt-Textur besitzen, zum Beispiel Gräser, sondern durch ihre linearen Blätter in der Wirkung herausfallen. Es wäre somit begründet, weiter zu gliedern und etwa eine „fein-lineale" und „fein-rundliche" (zum Beispiel bei *Sedum*) Blatt-Textur zu unterscheiden.
In der Tabelle sind einige Gehölze mit Fiederblättern gesondert bewertet. Hier ist oft die Wirkung der großen Blätter mit meistens längeren Blattstielen und oft herausragender Stellung so dominant, daß die Charakterisierung nur durch feine bis mittlere Blatt-Textur nicht immer ausreicht.
Doch bei allem Reiz, sich mit dieser Eigenschaft weiter vertieft auseinanderzusetzen: weiter sollte die Aufgliederung nicht getrieben werden. Ausnahmen wird es immer geben müssen. So sei nur noch auf die in der Wirkung sehr beherrschenden *Leptandra virginica* oder *Vernonia crinita* hingewiesen, die über die feine Textur hinaus durch ihre quirlständige Blattstellung recht dominant in Erscheinung treten.

Gestaltungsbeeinflussung durch Blatt-Texturen

Warum ist unter den ästhetisch wirkungsvollen Kriterien die Blatt-Textur für das visuelle Erscheinungsbild des Gartens eine so wesentliche Eigenschaft? Allein dadurch, daß die Lebensdauer der Blätter gegenüber der von Blüten, der Wirkung von Blütenfarben, viel länger ist, kommt dem Laub für die Gesamtwirkung und Erscheinung des Gartens ein größeres Gewicht zu. Dies wird leider von vielen Pflanzenliebhabern, die zwar ein ungeheures Detailwissen über die verschiedenen Pflanzen und ihre Standorte besitzen, immer wieder übersehen oder zumindest unterschätzt, weil häufig nur nach den Farben der Blüten ausgewählt wird. Bei dem Formenreichtum der Natur ist es dann

Oben links: Das riesige Laub von *Gunnera manicata* wird durch den Gegensatz zur feinen Struktur von *Fargesia murielae (Sinarundinaria murielae)* gesteigert. Es entsteht der Eindruck subtropischer Üppigkeit.
Oben rechts: Der rötliche Austrieb hebt die feine Struktur der Blätter von *Pieris formosa* noch stärker hervor.
Unten: *Carex morrowii* 'Variegata' wächst hier zwischen *Vinca minor.* Beide besitzen gleich feine Blattstrukturen, dennoch entsteht Spannung durch den Kontrast der linearen Grasblätter.

nicht verwunderlich, daß viele Gärten aus gestalterischer Sicht zu unruhig wirken, weil sie zu viele unterschiedliche Blatt-Texturen aufweisen. Diese Gärten könnten durch Beschränkung – und dies gilt nicht für das Kriterium Blatt-Textur – mehr an Gestaltungskraft, an Eindringlichkeit und „Linie" gewinnen. Wie und wodurch ist das möglich?

- Je geringer die Anzahl der verwendeten Blatt-Texturen ist, desto entschiedener und klarer wirkt die Pflanzung in ihrer Gesamtheit. Dies gilt besonders dann, wenn die Wirkung weniger, aber entgegengesetzter Texturen eingeplant wird.
- Besonders bei den maßstabsetzenden, größeren Gehölzen wirkt sich eine das „Leitbild" prägende einheitliche Textur günstig auf den Gesamteindruck aus.
- Da der Garten aber mehr ist als eine eindrucksvolle Monumentalität weniger monokausal wirkender Pflanzen, sollte man sich in dieser Hinsicht vor Übertreibungen hüten. Grundsätzlich müssen über die Blatt-Textur hinaus mehrere Gesichtspunkte beachtet und gewertet werden, um zu einer abgewogenen, allseits befriedigenden Lösung zu kommen.
- Mit Hilfe geschickt gewählter, geeigneter Blatt-Texturen können wir mogeln, das heißt den räumlichen Eindruck beeinflus-

sen, „Illusionen“ erzeugen und Proportionen verändern. Gerade für kleine Gartenräume ist es besonders wichtig, zu grobe Texturen, womöglich noch bei einer zu großen Anzahl an Pflanzen, zu vermeiden, damit der Raum nicht erdrückend wirkt. (Kleine Zimmer tapezieren wir schließlich auch nicht mit großformatigen Tapetenmustern.)

- Die Wirkung niedriger, flächenhafter Pflanzungen wird durch feine Texturen gesteigert, da dadurch die Räume größer wirken.
- Das Wechselspiel von Licht und Schatten verstärkt die Wirkung der Textur erheblich.
- Weiter werden Texturen durch Blattfarben und -verfärbungen zusätzlich verstärkt. Bewußt eingeplant, ergibt sich dann eine größere gestalterische Spannung. Für die praktische Anwendung bedeutet dies: auf unterschiedliche Grünstufen der Blätter achten, besonders im Austrieb oder im Kontrast zum immergrünen Blatt. Eine zusätzliche Steigerung bringt die Herbstfärbung.
- Ähnlich wie Farben erzeugen ausgeprägte Blatt-Texturen ganz bestimmte Stimmungen: zum Beispiel wirkt grobe Textur wuchtig und vermittelt den Eindruck der Üppigkeit; die feine Textur wirkt leicht beschwingt und zierlich.

Grundsätzliche Fehler liegen darin, in Unkenntnis dieser Dinge falsche Texturen und Farben zu wählen. Als Orientierungshilfe ist die Tabelle zu verstehen. Die Zuordnung der Pflanzen zu Texturtypen stellt selbstverständlich keine unumstößliche Norm dar.

Blatt-Textur einiger Stauden

Gruppe 1: sehr fein
Acaena microphylla, A. magellanica (A. glaucophylla) u. a.
Arabis procurrens 'Schneeteppich'
Armeria maritima
Azorella trifurcata
Coreopsis verticillata
Corydalis cheilanthifolia
Cotula squalida u. a.
Dianthus gratianopolitanus, D. deltoides
Draba bruniifolia
Galium odoratum
Herniaria glabra
Linum perenne, L. narbonense
Paronychia kapela ssp. *serpyllifolia*
Petrorhagia saxifraga
Phlox × douglasii, P. subulata
Phyopsis stylosa
Sagina subulata
Saxifraga-Arendsii-Hybriden, S. muscoides, S. trifurcata
Sedum acre, S. sexangulare, S. lydium 'Glaucum', *S. spathulifolium* 'Cape Blanco'
Silene alpestre
Thymus serpyllum

Gruppe 2: fein
Achillea ageratifolia
Antennaria dioica
Arabis × arendsii, A. caucasica
Astilbe simplicifolia 'Sprite'
Aubrieta-Hybriden
Centaurea bella
Cerastium biebersteinii
Ceratostigma plumbaginoides
Chiastophyllum oppositifolium
Corydalis lutea, C. ochroleuca
Dianthus plumarius
Dicentra eximia, D. formosa
Dryas octopetala
Duchesnea indica
Epimedium-Arten
Filipendula vulgaris
Geranium dalmaticum, G. meeboldii u. ä.
Helianthemum-Arten
Hosta gracillima
Iberis saxatilis, I. sempervirens
Inula ensifolia
Lysimachia nummularia, L. nemorum
Montia sibirica
Origanum vulgare 'Compactum'
Paeonia tenuifolia
Polemonium foliosissimum
Pulsatilla vulgaris
Saxifraga × urbium
Sedum album, S. cauticola, S. spurium

Gruppe 3: mittel
Ajuga reptans
Alchemilla erythropoda, A. splendens u.a.
Alchemilla mollis
Asarum europaeum
Astrantia major, A. maxima
Caltha palustris
Centaurea montana
Convallaria majalis
Doronicum orientale
Geranium macrorrhizum,
G. platypetalum, G.'Biokovo'
Geum coccineum
Glechoma hederacea
Hepatica nobilis, H. transsylvanica
× *Heucherella tiarelloides*
Hosta lancifolia
Omphalodes verna
Pachysandra terminalis
Prunella grandiflora
Pulmonaria angustifolia, P. longifolia
Symphytum grandiflorum
Tellima grandiflora
Tiarella cordifolia, T. wherryi
Tolmiea menziesii
Viola sororia
Waldsteinia geoides, W. ternata

Gruppe 4: grob
Anemone hupehensis, A.-Japonica-Hybriden, A. vitifolia
Arum italicum
Bergenia cordifolia, B.-Hybriden
Cimicifuga racemosa var. *cordifolia*
Crambe cordifolia
Digitalis purpurea
Filipendula kamtschatica, F. palmata, F. rubra 'Venusta'
Hosta fortunei, H. sieboldiana, H. -Tardiana-Hybriden, H. ventricosa
Inula magnifica
Macleaya cordata
Paeonia-Lactiflora-Hybriden
Pulmonaria rubra, P. saccharata
Rodgersia pinnata, R. podophylla
Telekia speciosa
Verbascum-Arten

Gruppe 5: besonders grob
Astilboides tabularis
Brunnera macrophylla
Darmera peltata
Gunnera tinctoria, G. manicata
Ligularia dentata (L. veitchiana), L. wilsoniana
Petasites hybridus
Rheum palmatum

Blatt-Textur einiger Gehölze

Gruppe 1: sehr fein
Berberis buxifolia 'Nana', *B.* × *stenophylla* u.ä.
Betula nana, B. pendula 'Tristis'
Buddleja alternifolia
Buxus sempervirens
Cornus alternifolia 'Argentea'
Gleditsia triacanthos
Ilex crenata 'Stokes'
Lonicera nitida
Robinia pseudoacacia 'Umbraculifera'
Spiraea thunbergii
Tamarix-Arten

Gruppe 2: fein
Acer palmatum 'Dissectum'
Alnus incana 'Dissecta'
Betula-Arten
Cornus mas
Cotinus coggygria
Cotoneaster dammeri
Elaeagnus angustifolius
Exochorda racemosa
Hedera helix 'Plattensee'
Hippophaë rhamnoides
Kolkwitzia amabilis
Ligustrum vulgare 'Lodense'
Nothofagus antarctica
Prunus subhirtella
Robinia monophylla
Salix purpurea 'Nana'
Sinarundinaria nitida
Sophora japonica
Sorbaria sorbifolia

Sorbus americana, S. aucuparia, S. decora, S. vilmorini
Spiraea prunifolia
Thamnocalamus spathaceus

Gruppe 3: mittel
Acer campestre
Alnus incana 'Aurea'
Amelanchier lamarckii
Buddleja davidii
Carpinus betulus
Cercidiphyllum japonicum
Cercis siliquastrum
Cornus florida
Hedera helix
Hydrangea petiolaris
Kerria japonica
Liquidambar styraciflua
Lonicera ledebourii, L. morrowii
Rubus odoratus, R. tricolor
Sorbus aria
Syringa vulgaris
Quercus palustris
Viburnum × burkwoodii, V. farreri, V. lantana, V. plicatum

Gruppe 4: grob
Acer ginnala
Cornus nuttalii
Corylus avellana, C. colurna
Davidia involucrata var. *vilmoriniana*
Hamamelis mollis, H.-Hybriden
Magnolia × soulangiana, M. kobus, M. stellata
Parrotia persica
Syringa reflexa, S. × swegiflexa

Gruppe 5: besonders grob
Aesculus parviflora
Catalpa bignonioides
Hydrangea aspera
Paulownia tomentosa

Gruppe 6: Fiederblätter mit feiner bis mittlerer Blatt-Textur
Acer negundo
Ailanthus altissima
Aralia elata
Campsis radicans
Decaisnea fargesii
Fraxinus excelsior, F. ornus
Juglans regia
Koelreuteria paniculata
Phellodendron amurense
Wisteria sinensis

Bauen und gestalten mit unbelebten Materialien

Wenn auch die Pflanzen im Garten am stärksten in Erscheinung treten, so bilden unbelebte Elemente – Terrassen, Wege, Bauten – das Gerüst eines Gartens. So kommt kein Garten ohne Steine aus. Sie dienen als Trittsteine, formen ein Pflaster oder fügen sich zu einer Mauer zusammen. Oder aber sie schmükken: naturbelassen als Findling oder Brocken, bearbeitet als steinernes Kunstwerk.
Eine ähnliche Funktion übernimmt das Holz. Es eignet sich wie der Stein als Baumaterial, allerdings altert und verwittert es viel schneller. Aus Holz entsteht in den meisten Fällen die Pergola, die im Garten viele Aufgaben erfüllen kann: Wegbegleiter, Umrandung und lichtes Dach für Gartensitzplätze, Sicht- und Windschutz; sie ist Blickpunkt und verbindendes Element und dient zugleich als Rank- und Kletterhilfe. Aus Holz lassen sich selbst Hangabstützungen bauen, Pflaster legen und Treppen bauen, doch eine Auseinandersetzung mit allen Möglichkeiten, die Holz wie Stein liefern, würde hier viel zu weit führen.

Die Pergola

Das italienische Wort „pergola" bedeutet soviel wie Weinlaube. In der Weinbaulandschaft Südtirols ist die Urform der Pergola ein Gerüst aus Holz, um Reben zur besseren Besonnung daran zu befestigen. Über diesen Zweck hinaus wurde die Pergola – ein Gerüst aus senkrechten Stütz- und waagerechten Tragelementen, das ein Hindurchgehen erlaubt – ein wichtiger Bestandteil der Gartenkunst seit dem Barock. Luftigen, leichten Schatten bietende und mehr oder weniger stark mit Kletterpflanzen überwachsene Laubengänge wurden variationsreiche Gliederungselemente großräumiger Gärten. In mediterranen Ländern ist im Sommer ein angenehmer Gartenaufenthalt ohne schattenspendende Pergola kaum denkbar. Aber auch unter unseren deutschen Klimaverhältnissen entwickelte sich die Pergola zu raumausgreifenden Baustrukturen, die mit Lauben oder Gartenhäusern verbunden wurden und teilweise selbst überdacht waren.
Der Wert einer Pergola liegt in der optischen Begrenzung eines Teils des Außenraums. Der Blick aus ihr gibt immer nur einen gerahmten Ausschnitt der Umgebung frei. Es entsteht zudem ein halboffener Bereich, der nicht mehr Haus, aber auch noch nicht freier Garten ist. Ein solcher Bereich kann entweder sicht- und windgeschützt durch freistehende Mauern dicht umbaut werden, oder Rankwände formen die noch durchlässigen Seiten. Durch die Anzahl und Dichte der waagerechten Sparren auf der Pergola und je nach Intensität der Bepflanzung kann die Lichtdurchlässigkeit nach oben ebenfalls geregelt werden.

Platzbedarf und Größenverhältnisse

Grundsätzlich ist darauf zu achten, daß befriedigende Maßverhältnisse in Höhe, Breite und Länge entstehen und die Grundfläche für die

Möblierung nicht zu klein ist. So wird ein runder Tisch eine mehr quadratische Grundrißkonstruktion erfordern, ein langer Tisch dagegen eine rechteckige. Auch ist zu bedenken, daß rund um die Möblierung begehbare Bewegungsflächen benötigt werden, und trotzdem muß um die Stützen noch ausreichend Pflanzraum verbleiben. Günstig ist es deshalb, zuerst die Möbel anzuschaffen, diese dann auf der künftigen Fläche versuchsweise aufzustellen und danach die Größenausdehnung der Pergola festzulegen. Die überspannte Grundfläche darf dabei nicht schmaler als 2,50 m und die Länge nicht unter 3,00 bis 4,00 m sein, sonst wirkt das Ganze wegen der lichten Innenhöhe von 2,20 bis 2,50 m staksig und wenig behaglich. Eine zu niedrige Pergola, also unter 2,20 m, ist ebenfalls ungünstig. Zum einen zieht man unwillkürlich den Kopf ein, und zum anderen hängen später die Kletterpflanzen ins Gesicht.

Eine Pergola besteht immer aus senkrechten Stützen, den waagerecht liegenden Tragbalken (Pfetten), welche die Stützen verbinden, und schließlich folgt obenauf das nichttragende Dachwerk, die auf den Pfetten aufgelegten Sparren.

Ihre räumliche Qualität macht die Pergola in den heutigen kleinen Gärten noch interessant. Die Aufgabenstellung hat sich allerdings von der Gliederung großer Gärten zur hausnahen Sitzplatzgestaltung oder auch zu einem gebäudeverbindenden Element verschoben. Welche Möglichkeiten sich da ergeben, soll in einigen exemplarischen Situationen dargestellt werden. Die Material- und Pflanzenwahl ist erst danach aus der jeweiligen Standortsituation heraus zu entscheiden.

Die Pergola über Sitzplätzen am Haus

Am häufigsten übernimmt die Pergola die Aufgabe, den unmittelbar am Gartenausgang angrenzenden Sitzplatz zu überspannen. Der Übergang des geschlossenen Innenraums in den offenen Garten wird durch diese Zwischenzone angenehmer. Dort, wo eine Balkonüberdachung als geschützter Aufenthaltsort vorhanden ist oder eine eingezogene Loggia, brauchen wir nicht unbedingt eine Pergola.

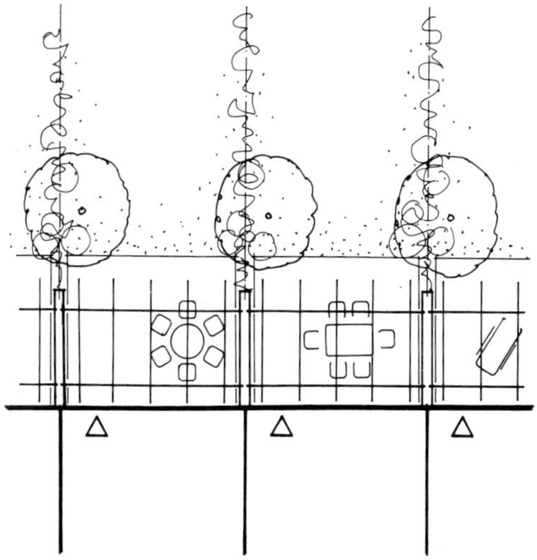

Oben: Die Pergola am Reihenhaus wurde auf Trennwände aufgelegt. Sie muß nicht zwangsläufig für alle Häuser der Zeile vorgesehen werden.

Unten: Die Pergola am Bauwich (Grenzabstand) überdeckt einen zweiten hausnahen Sitzplatz und schafft eine günstige schützende Winkelsituation.

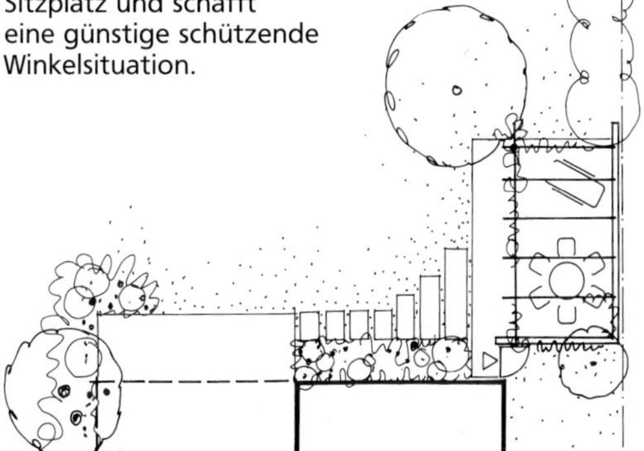

Im Reihenhausgarten bieten sich oft die seitlichen Grenzmauern oder Sichtschutzwände als Auflage für die Pfetten an. Stützen sind dort nur bei großen Spannweiten zusätzlich erforderlich. Eine solche Pergola wird weniger dicht bepflanzt und manchmal auch aus dünnen Hölzern gebaut, damit es im Haus nicht zu dunkel wird.

Gärten an Erdgeschoßwohnungen von mehrstöckigen Wohnhäusern gewinnen ebenfalls erheblich an Aufenthaltswert, wenn zum Ausgleich der fehlenden Loggia eine Pergola vor der Fassade steht. Damit wird die Einsicht aus höhergelegenen Stockwerken gemindert und gleichzeitig das Gebäude enger mit dem Außenbereich verknüpft. Die Anlehnung an eine Mauer erhöht dabei den Windschutz.
An wenig gegliederten, freistehenden Wohnhäusern kann ein wertvoller Aufenthaltsbereich durch den Anschluß einer winkelartig angelegten, hohen Mauer mit darüber gelegter Pergola entstehen. Meist läßt sich das ohne große Schwierigkeiten innerhalb des gegebenen 3-m-Grenzabstands realisieren. Die Winkelbildung der Mauer ist sehr wichtig, weil sich damit eine bessere Nutzbarkeit des Sitzplatzes ergibt. Anstelle einer dichten Mauer kann auch ein kostengünstigeres, aber durchlässiges Rankgitter aus Holz treten.
Garagengebäude stehen oft allzusehr als Kisten neben dem Haus. Eine direkt angebaute Pergola kann jedoch eine bauliche Verbindung schaffen und gleichzeitig einen geschützten Ruhebereich ergeben, wobei die Gebäudewand noch einen guten Windschutz ergibt. Überhaupt bieten hohe, ungegliederte Mauern willkommene Anlehnungsmöglichkeiten von Pergola und Laubengängen. Damit wird die Mauer gegliedert und die Höhe optisch gemildert. Besonders schön wird das Ganze, wenn die schützende Mauer aus dem gleichen Natursteinmaterial wie die Stützen besteht. Derartige Anlagen sind jedoch teuer.

Am kleinen Reihenhausgarten übernimmt die Pergola die wichtige Aufgabe, die Grundstücke voneinander abzutrennen und abgeschlossene Sitzplätze zu schaffen.

Bei der Materialwahl gibt stets die Bauart des Gebäudes oder der mitverwendeten Mauer den Ausschlag. So passen dicke Natursteinstützen mit krummen Rundholzpfetten kaum zu einem von großen Glasfronten geprägten Gebäude. Hier ist eine schlanke Metallkonstruktion angemessen oder eine leichte Holzkonstruktion. Holzpergolen sind meist etwas kräftiger ausgebildet und ordnen sich deshalb besser einem Mauerwerksbau ein, so wie sie auch zu verputzten Wänden passen.

Die freistehende Pergola

Auch ein vom Haus abgerückter Sitzplatz wird mit Hilfe einer Pergola zum behaglichen, pflanzenüberwachsenen Aufenthaltsraum. Diese Möglichkeit bietet sich selbst für kleine Gärten an, eine gute Planung vorausgesetzt. Hier muß sich die Größenausdehnung und die Materialwahl nach dem verfügbaren Platz richten. So wirken Natursteinsäulen aus einem Stück (Monolithen) nur bei größerer Fläche überzeugend, ebenso die etwas wuchtige Kantholzkonstruktion. Auf kleinen, offenen Plätzen sind in sich geschlossene sechseckige Pergolen oder ein graziles, weißgestrichenes Lattenwerk angemessene Konstruktionen. Letztere wirkt auch ohne Bepflanzung recht lebendig.

Viel zu wenig werden bisher kleinräumige Gartenplätze für laubenartige Pergolakonstruktionen genutzt. Es muß ja nicht immer gleich der ganz große Familientisch untergebracht werden, oft genügt auch nur eine Bank. Dünne Latten, waagerecht und senkrecht miteinander verbunden, ergeben bereits einen behaglichen, umfriedeten Sitzplatz für eine kleine Sitzgruppe. Oder ein phantasievolles Schattendach aus wenigen Hölzern über einer Bank

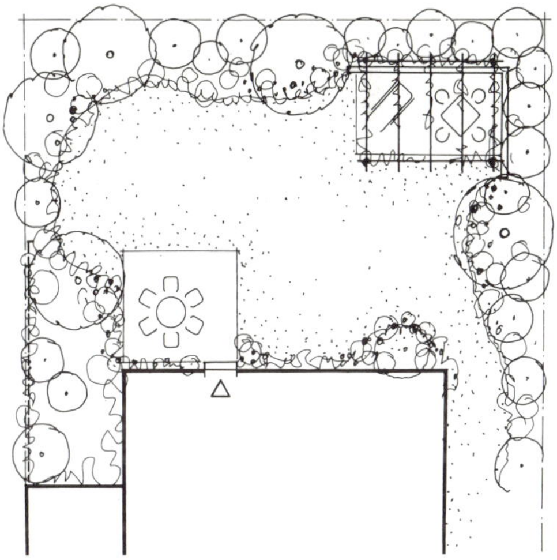

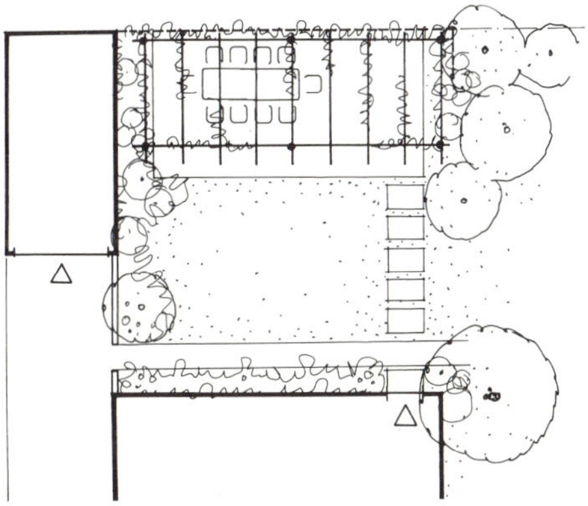

Oben: Die Pergola überdeckt einen Mauerwinkel an einem freistehenden Haus.

Plan Mitte: Abgerückt vom Haus befindet sich eine freistehende Pergola. Der Sitzplatz ist räumlich dem Haus zugewandt und in die Grenzpflanzung eingebettet.

Plan unten: Die Pergola wurde an die Garage angebaut und ist vom Haus abgerückt. Diese Plazierung ermöglicht eine große Längenausdehnung. Die räumliche Lage gegenüber dem Haus wirkt günstig.

Eine begrünte Pergola schafft auch einen guten Auto-Abstellplatz. Der Wilde Wein schützt das Fahrzeug vor der Witterung, bindet andererseits den Stellplatz gut in die Umgebung ein.

schafft den Mittelpunkt des kleinen Staudengartens.

Bei etwas mehr Platz kann das Holzwerk auch etwas kräftiger sein, ohne daß die Phantasie darunter leidet. Metallkonstruktionen sollten dagegen stets dünn konzipiert werden, sonst bewachsen sie sich schlecht. Eine „Kuppel" aus dünnen Rohren und zahlreichen Drahtverspannungen kann sich schnell und vollständig begrünen und somit ein komplettes Schattendach ergeben.

Besondere Pergolastandorte

Neben der Überdachung von Sitzplätzen und Wegen lassen sich mit Pergolen auch räumlich ungünstige Situationen verbessern. So kann zwischen zwei hohen Gebäuden eine eingehängte Pergola aus nur wenigen Stangen ein Verbindungselement ergeben, das die schlauchartigen Verhältnisse zwischen beiden Wänden wesentlich verbessert. Die Abbildung auf Seite 52 zeigt eine solche Situation: Rechts die hohe Garagenwand, links das Wohnhaus mit dem kleinen Vorgarten.

Selbst für die Begrünung von Autostellplätzen eignet sich die Pergola. Die gewünschte Beschattung des Fahrzeugs funktioniert einwandfrei. Wilder Wein, aber auch edle Weinreben eignen sich für die Begrünung.

Bei einigem Nachdenken ergeben sich sicher noch mehr Möglichkeiten, an denen sich eine Pergola sinnvoll einplanen läßt. Fast immer lohnt sich die Investition. Die Pergola bietet Schutz vor zuviel Sonne und Wind, sie schützt vor zudringlichen Blicken und schafft ein dreidimensionales Pflanzenbild auf kleiner Fläche.

Betonteile für die Pergola

Bauteile aus Beton ermöglichen für die Pergola herausragende gestalterische Lösungen, vor allem in Kombination mit Stahl oder Holz. Abgesehen von den oben erwähnten teuren Natursteinmonolithen bleibt die Betonstütze als Betonfertigteil die einzige Steinstütze, die sich dünn herstellen läßt. Die gemauerten traditionellen Pfeiler aus Ziegel oder Naturstein sind immer wesentlich dicker und eignen sich deshalb nur selten für kleinräumige Lösungen.

Woher rührt die weit verbreitete Abneigung gegen Beton, diesen vielseitig verwendbaren Baustoff? Er steht als Synonym für „Masse"; die graue Farbe und verschmutzte Flächen, blockhafte Erscheinungsformen durch gewaltige Dimensionen, vor denen der Mensch klein und hilflos erscheint, bilden wahrscheinlich die Ursachen der Ablehnung. So ist wohl weniger am Material zu zweifeln, sondern es gilt, zunächst elementare Fragen zu bewältigen. Angemessene Proportionen der Bauteile, deren Oberflächengestaltung und eine möglichst filigrane Dimensionierung der Konstruktion rükken damit in den Vordergrund.

Für die Pergola gelten davon abgeleitet folgende **Planungsgrundsätze**:

– Möglichst dünne Bauglieder verwenden. Bei entsprechend ausgetüftelter Stahlbewehrung durch einen guten Statiker ist das kein Problem.
– Industrielle Vorfertigung sichert perfekte Materialqualität.
– Keine großflächigen Teile einbeziehen, um die Verschmutzung gering zu halten.
– Möglichst helle Oberflächen schaffen, um ein freundliches Aussehen zu erreichen.
– Die Berankbarkeit durch Klettergehölze beachten; schlanke Bauglieder eignen sich am besten.

Wie eine solche Pergola aussehen kann, wurde mit einem hervorragenden Gartenbeispiel des Landschaftsarchitekten Peter Kluska in Zusammenarbeit mit der Betonindustrie auf der Internationalen Gartenbauausstellung (IGA) 1983 in München dokumentiert. Hier wurden auf 12 cm dünnen runden, 2,25 m hohen Betondoppelstützen trapezförmige Verbindungspfetten mit Abstand aufgeschraubt; die in Einkerbungen darüberliegenden Sparren waren handelsübliche 1,85 m lange Weinbergpfähle, ebenfalls aus Beton. Es entstand damit ein Bauwerk von hervorragender optischer Transparenz und Leichtigkeit. Leider hat dieses gute Beispiel kaum weitergehende gestalterische Impulse ausgelöst.

Die meisten nur aus Beton hergestellten Pergolen stammen aus den sechziger und siebziger Jahren und wurden bisher vorwiegend in Verbindung mit Gebäuden und meistens in Form schmaler (aber aus statischen Gründen dafür hoher) „Betonbretter" gebaut. Somit wirkt eine derartig konstruierte Pergola im Grundriß schmal und nur von der Seite breit. Sie „bedrückt" optisch weniger.

In der Regel beschränkt sich heute die Verwendung von Beton auf die vertikalen Bauteile, die Stützen. Die horizontalen Bauteile wie die Pfetten und Sparren bestehen meist aus anderen Materialien. Das ist auch deshalb verständlich, weil extrem schlanke Betonglieder für Pfetten und Sparren nicht billig sind und serienmäßig bisher keine Pergolateile aus Beton angeboten werden. Außerdem bildet eine präzise Planung die Voraussetzung für die Konstruktion. Auch ergibt sich nur selten eine gestalterische Zwangsläufigkeit, sämtliche Bauteile einer Pergola aus einem einzigen Material, ob Beton oder ein anderes, herzustellen.

Aber selbst wenn nur die Stützen aus Beton bestehen, sind bei diesem Material einige **Hinweise für die Planung** nützlich: Stützen sind stets nur Teile der Gesamtkonstruktion, Stützendurchmesser und die Entscheidung, ob ein runder oder eckiger Querschnitt gewählt wird, hängen von den Maßstabsverhältnissen der Pergola ab. Je dünner die Stützen werden sollen, desto weniger kann der Beton im Sinne einer rauhen Oberflächenstruktur nachbehandelt werden (zum Beispiel sandstrahlen oder stocken). Die innere Stahlbewehrung als Korrosionsschutz braucht nämlich eine äußere Betonmindestdeckung, die nachträglich nicht weggearbeitet werden darf.

Die **Verbindung zum anderen Material** – Holz oder Stahl – der horizontalen Bauteile muß sorgfältig überlegt werden. Die Möglichkeiten reichen von einfachen Steckverbindungen bis zu punktweisen Aufständerungen aus rost-

Ein gelungenes Beispiel für eine Beton-Pergola wurde auf der Internationalen Gartenbauausstellung (IGA) 1983 in München vorgestellt.

Selbstverständlich ist auch die Kombination zwischen Beton- und Holzbauteilen möglich. Das Bild links zeigt das Detail einer recht ansprechenden Beton-Holz-Konstruktion.

freiem Edelstahl. Diese Verbindungen müssen bereits in die Stützenplanung vor der Herstellung einfließen. Nachträgliches Klopfen und Bohren ist immer ungünstig; leicht entstehen dadurch irreparable Beschädigungen.
Die **Betonfarbe** sollte hell sein, damit die Stütze möglichst schlank erscheint. Es gibt dafür Zusatzstoffe, die in den Beton gemischt

Diese besonders originelle Pergola bietet zugleich Sichtschutz. Sie wurde aus Betonsteinen, Stahl und Holz aufgebaut.

werden. Anstriche sind ungünstig, weil sie wegen des Pflanzenbewuchses später nicht mehr erneuerbar sind.

Verankerung im Boden. Betonstützen können direkt aus dem Boden herauswachsen. Es muß kein Schutzabstand gegen Fäulnis wie bei Holzstützen beachtet werden. Die Stütze steht deshalb optisch selbstverständlicher als eine Holzstütze, die mit Abstand auf einem dünnen Eisenschuh ruht.

Grundsätzlich ist das Fundament, in dem die Stütze steckt, so schmal wie statisch vertretbar zu halten, um die Kletterpflanzen möglichst nahe an die Stützen pflanzen zu können. Vom Durchmesser der Stützen hängt die **Berankbarkeit** ab. Dünne Stützen werden besser umwunden, und auch provisorisch angebrachte Schnurbindungen sind weniger auffällig. Ohne diese geht es nie. Dicke Stützen erfordern dagegen, da Schnüre hier sehr stören, einen aufsteigenden dicken Draht oder dünne Metallstangen, die parallel zur Stütze verlaufen und der Pflanze den Aufstieg ermöglichen. Dies muß sorgfältig detailliert geplant werden, damit es nicht „gebastelt“ aussieht.

Da Betonstützen im Garten unbegrenzt haltbar sind, muß das Klettergehölz nie mehr einer Renovierung weichen, so daß ein funktionsfähiger Pflanzenbewuchs später auftretende Oberflächenverschmutzungen dauerhaft wirksam verdeckt. Bei sorgfältiger Planung dürfte es bei Berücksichtigung all dieser Hinweise eigentlich keine Vorbehalte mehr gegen das Material Beton geben.

Grüne und doch belastbare Wege und Plätze

Das Befestigen von Wegen und Sitzplätzen im Garten entspringt dem Bedürfnis, den Garten zu erschließen und trockenen Fußes sowie mit sicherem Schritt ungehindert umhergehen zu können. Dies läßt sich erreichen, ohne eine sterile, von Pflanzenbewuchs freie Fläche schaffen zu müssen. Denken wir beispielsweise an die vielen zum Parkplatz gewordenen Vorgärten, die tot und langweilig wirken. Befestigte Flächen, die Belastung ertragen und einen Bewuchs ermöglichen, lassen sich auf verschiedene Weise herstellen.

Wo brauchen wir Beläge im Garten?

Plattenbeläge und Pflaster aus Naturstein oder Beton sind die zur Befestigung am häufigsten verwendeten Materialien. Obwohl bei diesen Belagsmaterialien bei richtiger landschaftsgärtnerischer Verlegearbeit, nämlich in durchlässigem Sandbett, ein allmähliches Begrünen der Fugen mit Moos, Gras und allerlei

Detailansicht einer Rasengitterplatte mit kleinen Löchern.

Die großen Pflaster aus Granit sind mit Abstand versetzt, so daß dazwischen Gras wachsen kann.

Wildkräutern eintritt, überwiegt auch dann noch das Grundmaterial Stein. Es können deshalb bei großen Flächen leicht öde Situationen enstehen, die dem Garten nicht entsprechen und das Gesamtbild empfindlich beeinträchtigen.

Die Gefahr, viele Wege und Plätze zu groß und zu breit zu bemessen, ist größer, als man gemeinhin annimmt. Auch müssen nicht alle Gehflächen, Garageneinfahrten und Parkplätze selbst bei sparsamer Dimensionierung tote, Vegetationsflächen verbrauchende Einrichtungen sein. Bei sorgfältiger Abwägung der wirklich zu erwartenden Benutzbarkeit kann ein großer Teil „grün" gebaut werden, ohne daß die Nutzung beeinträchtigt wird. Die Beispiele in den Abbildungen sollen dazu Anregungen vermitteln.

Zu diesen das Erscheinungsbild verbessernden Überlegungen kommt noch der ökologische Aspekt. Das Niederschlagswasser durchsikkert den Belag und kommt dem Garten zugute. Wir sparen Entwässerungsmaßnahmen an die Kanalisation. Die Flächen erhitzen sich außerdem nicht so stark bei Sonneneinstrahlung, bedingt durch den Vegetationsanteil.

Wo lassen sich solche Beläge anwenden? Am häufigsten begegnen sie uns bei Autostellplätzen, Feuerwehrzufahrten und zunehmend auch bei Garageneinfahrten. Aber auch Fußwege, die gelegentlich befahren werden, können mit dem geschlossenen Belag schmal gehalten und für die Befahrbarkeit mit „grünem" Belag verbreitert werden. Selten begangene Fußwege durch den Rasen, aber auch durch Pflanzungen sind „perforiert" herstellbar. Sie bieten dann dem Kleinstaudenbewuchs eine Besiedlungsmöglichkeit.

Die Bauweisen

In früheren, weniger „perfekten" Gartenzeiten gab es bereits befahrbare grüne Wege. Die Landschaftsgärtner nannten dies **Schotterrasen**. Das Prinzip bestand darin, befahrbare Rasenflächen herzustellen. Die vorgesehene Wegetrasse wurde ausgehoben, mit Steinen, Schotter oder Kies gefüllt und eine dünne Erdschicht, meist etwa 10 cm hoch, aufgeschüttet. Die Einsaat erfolgte danach wie bei normalen Rasenflächen. Diese Wege waren grün, vielleicht in Trockenzeiten etwas gelblich, aber Füße und Räder sanken bei nassem Wetter nicht ein, dank der stabilen Steinunterlage. Diese einfache und sehr wirksame Methode der Wegegestaltung kann auch heute noch angewendet werden.

Das „Graspflaster". Entscheiden wir uns aber für eine bessere, oberflächlich erkennbare Lösung, so gibt es zunächst die Möglichkeit, ganz

Das Graspflaster führt als Weg durch eine Staudenpflanzung. Den Weg empfinden wir hier nicht mehr als trennendes Element, sondern er fügt sich zwanglos in die Pflanzung ein.

normale Pflastersteine aus Naturstein oder Beton nicht eng zu verlegen, sondern mit Fugen – je nach Steingröße 3 bis 5 cm breit. Je größer der Stein, um so breiter können die Fugen sein. Der Unterbau kann etwas erdige Bestandteile enthalten, um das Niederschlagswasser nicht zu schnell abzuführen. Feine, lokkere Gartenerde wird in die Fugen gekehrt und Gras eingesät. Macht der Gartenfreund derartiges nicht im Eigenbau, sondern läßt sich dies vom Landschaftsgärtner bauen, kostet es in der Regel etwas mehr als normal, sprich eng versetztes Pflaster, weil die Versetzarbeit durch die Fugenabstände etwas mehr Zeit erfordert.

Als **„Rasengitterplatten"** werden größere, etwa 10 cm starke Betonplatten bezeichnet. Sie besitzen je nach Fabrikat viele kleine oder wenige große Öffnungen (Perforation). Platten mit vielen kleinen Löchern sind vorzuziehen, weil sie ein gleichmäßigeres und feingliedrige-

res Erscheinungsbild vermitteln. Manche Platten sind ganz glatt, bei anderen hat die Oberfläche Höcker. Glatte Platten sind besser begehbar. Die Rasengitterplatten werden dicht aneinander wie normale Platten verlegt, die Löcher mit Erde gefüllt und mit Gras eingesät. Die Kosten solcher Rasengitterplatten liegen etwas über dem Materialpreis von gewöhnlichen Betonplatten, bedingt durch die erhöhte Plattenstärke.
Eine weitere Möglichkeit bietet der **Lochklinker**. Das sind hartgebrannte, frostbeständige Ziegelsteine im üblichen Format. Sie weisen eine Fülle kleiner Löcher auf und eignen sich hervorragend zur Raseneinsaat, vorausgesetzt, die Einfüllerde ist sehr feinkrümelig. Besonders angenehm erscheint der Farbton des Materials, der sich meist gut in die grüne Umgebung einpaßt. Das Verlegen erfolgt in gleicher Weise wie bei den zuvor beschriebenen Materialien. Die Stabilität solcher Lochklinker reicht aus für Pkw und Kleinlastwagen. Das Material ist etwas teurer als Betonerzeugnisse, im Garten aber wesentlich schöner. Sämtliche erwähnten Materialien können bei den meisten Baustoffhändlern bezogen werden.
Da das Material Oberflächenwasser durchläßt, ist nur bei bindigen Böden (Lehm oder Ton) eine etwa 10 cm starke Kies- oder Schotterschicht als **Dränageschicht** für den Unterbau auf die planierte Sohle erforderlich. Darauf kommt eine 3 bis 5 cm starke Sandschicht, auf welche die Platten dicht aneinander beziehungsweise das Pflaster mit Fugen verlegt werden. Bei durchlässigem Untergrund genügt die Sandschicht.
Die Füllung der Erdkammern für die **Raseneinsaat** geschieht folgendermaßen: Es wird dafür feinkrümeliger Oberboden, der bei bindiger Beschaffenheit im Verhältnis ⅔ Boden, ⅙ Düngetorf, ⅙ Flußsand gemischt wird, eingebracht. Damit werden die Löcher bis 1 cm unterhalb der Oberkante aufgefüllt und das Gras eingesät. Man verwende eine Gebrauchsrasenmischung mit ausläufertreibenden Grasarten, wie sie in jeder Samenfachhandlung erhältlich ist. Die Aussaatmenge liegt bei 15 g/m² Platten. Nach der Aussaat folgt die Restauffüllung bis Oberkante Stein. Somit ist das Saatgut etwas mit Boden überdeckt, trocknet nicht so stark aus und keimt besser. Das Mähen dieser Lochklinkerfläche erfolgt wie bei den normalen Rasenflächen.
Seitliche Anschlüsse oder Zwickel müssen selten eingepaßt werden, meist genügen Erdeinfüllung und ebenfalls Ansaat. Das spätere Setzen des eingefüllten Bodens stört nicht, da die Grasnarbe dies ausgleicht. Wenn seitlich davon keine Rasenflächen anschließen, sondern Mauern oder Pflanzungen den Belag begrenzen, kann auch Weißklee gesät werden. Der immergrüne Weißklee bleibt mit 3 bis 5 cm Wuchshöhe niedrig, er braucht daher nicht gemäht zu werden.

Natursteinmauern einmal ganz anders

Es scheint, als habe die moderne Gartengestaltung die Natursteinmauer wiederentdeckt. Gerade die Trockenmauer erlebt derzeit als Refugium für Kleintiere und seltene Pflanzenarten eine Renaissance. Bauweisen aus früheren Epochen, zum Teil nahezu vergessen, bestechen durch ihre handwerkliche Vollkommenheit und ihren ästhetischen Ausdruck. Alte und erst vor kurzem angelegte Natursteinmauern aus der Landschaft oder dem Städtebau liefern gute Vorbilder für die zugegeben viel kleiner dimensionierten Mauern in unseren Gärten.

Die Grundregeln

Statische Gesetze bestimmen, wie Natursteine zu bearbeiten, vor allem aber, wie sie zu Mauern, Brücken oder Gebäuden aneinanderzureihen und aufeinanderzusetzen sind. Je mehr zu stützen und zu tragen ist, desto strenger sind – bei „trockenem" Aufbau – die Regeln. (Die Trockenmauer ist, kurz gesagt, die Mauer ohne Bindemittel, ohne Beton.) Einige dieser Regeln in Stichworten:
– Bei Stützmauern muß sich die Mauer gegen den Hang neigen, sie erhält einen „Anlauf".
– Steine dürfen nicht senkrecht gestellt werden (auf ihre schmale Seite).

– Die Stoßfugen (vertikal) sind mit wenigstens einem Drittel des oben aufzulegenden Steins zu überdecken.
– Beim Wechsel des Formats darf eine stärkere Schicht nur von zwei schmäleren übernommen werden („Absetzer").
– „Lagerfugen" (horizontal) sollen weitgehend waagerecht verlaufen.
– Die Steine sollen an allen Fugen sorgfältig aufeinandergepaßt werden, die Fugen sind also so eng wie möglich zu halten.

Diese statischen Zwänge sind in die Ästhetik übergegangen, und sie werden ergänzt durch weitere rein ästhetische Auffassungen, die aber statisch keine Wirksamkeit mehr haben. Den Kenner von Natursteinmauern beschleicht Ärger und Verachtung, wenn er senkrecht gestellte Steine im Mauergefüge oder schlampig eingeteilte Stoßfugen ansehen muß. Aber auch, wenn das Verhältnis von Mauerhöhe zu verbleibendem Hang oder auch der Verlauf der Lagerfugen nicht stimmt, ist es ärgerlich. Und er bedauert, daß so viele Gartenliebhaber zwar Gefallen an wohlgelungenen Pflanzengruppierungen finden, aber keinen Blick für das Stimmen der zu Mauern und Belägen verarbeiteten Steine haben.

Wichtige optische Probleme bei wegbegleitenden Mauern an ansteigenden Hängen bergen eine dem Weg angepaßte Steigung der Lagerfugen und die Steigung der Maueroberkante an solchen Stellen. Erstere kann bei einer 12-prozentigen Wegsteigung 4 Prozent oder noch mehr betragen, während letztere dem Grad der Wegsteigung ganz nahe kommen kann und dann natürlich auf eine trapezförmige Ansichtsfläche zugerichtete Steine als Mauerkrone verlangt.

Die Stützmauer weist unterschiedliche Strukturen auf der Sichtfläche auf.

Selbstredend gibt es Ausnahmen von einigen der genannten Regeln. Diese können sogar statisch bedingt sein. So erfordert das Aufsetzen grob gebrochener, sonst aber unbearbeiteter Steine andere Verfahren. Die Fugen sind hier unregelmäßig und breiter: die Auflage ist wakkelig. Deswegen werden alle Lücken mit flachen Steinsplittern verkeilt und ausgezwikkelt, wie es die Abbildung auf Seite 65 der Stadtmauer in Erice zeigt (die allerdings auch einen Aufbau mit Mörtel hat). Diese Bauweise wirkt, wenn sie beherrscht wird, ungemein reizvoll. Es entsteht eine ganz besondere Art von Ästhetik.

Andere Ausnahmen leistet sich der Mauerbauer, der rohe Bruchsteine zu verarbeiten hat und sich das Material erst zurichten muß. Falls er spielerisch veranlagt und künstlerisch begabt ist, kann er Steine mit auffallenden Ansichtsflächen unbearbeitet in das Fugenwerk einbauen oder schwingende Lagerfugen anlegen.

Bei Mauern mit einem massiven, vielleicht gegossenen Kern ist dem einzelnen Stein die tragende Funktion abgenommen. Dies trifft ganz besonders für Verblendmauerwerk zu. Hier gilt dann nur noch, wie schön das Mauerwerk aussieht. Statische Kriterien haben ausgedient. Es sind viele Freiheiten gegeben; fast alles ist erlaubt. Ob es dann freilich auch gefällt, das ist die andere Frage. Die nun folgenden Beispiele erläutern einige der angesprochenen Ausnahmen.

Der ins Mauerwerk eingefügte auffallende Stein

Die nebenstehende Abbildung zeigt die korrekt aufgesetzte Stützmauer aus allseits (ausgenommen die Rückseite) bearbeiteten Steinen. Die Steine wurden steinmetzmäßig zugerichtet, also nicht gesägt. Die Sichtflächen zeigen Spuren dieser Bearbeitung. Sie können

Eine schwingende Lagerfuge zeigt die Mauer am alten Staudengarten in Sindelfingen.

bossiert, gespitzt, gestockt, scharriert sein. Die Mischung unterschiedlicher Strukturen zeugt bereits von der Absicht, vom Regelmaß abzuweichen, besonders dann, wenn das Mischen dem Zufall überlassen wird. (Die strenge Architektur mischt nach Plan oder gar nicht.) Die neue Friedhofmauer in Sindelfingen besteht aus alten Steinen, die zum größten Teil von Abbrüchen alter Häuser stammen. Es sollte Sandsteinmaterial verwendet werden, auf der Innenseite beliebig, außen jedoch unter Ausschluß der roten Arten; die Abdeckung besteht aus neuen gleichmäßig roten Steinen (oberschlesischer Sandstein), die einzelnen Steine sind ringsum gesägt. Nur die vordere und die rückwärtige Ansichtfläche weichen ab; sie sind bossiert. Von diesen Festlegungen abgesehen ist die Mauer ohne jede Regel gefügt. Ausgediente, zum Teil auch stark beschädigte Grabsteine wurden mitverwendet. Die Mauer hat einen Betonkern, sonst wäre ein Aufsetzen in dieser Form nicht möglich.

Die unregelmäßig verlaufende, „schwingende" Lagerfuge

Die Abbildung oben zeigt einen Ausschnitt von den Trockenmauern im alten Sindelfinger Staudengarten auf der Burghalde. Wenn der Steinbearbeiter (hier waren es Gärtner) ein Gefühl für den Stein und Spaß an der Arbeit hat, mag es ihn schon verlocken, rohen Steinen, wie sie aus dem Bruch kommen, einen Teil von ihrer Eigenart zu belassen, während er sie ringsum nach seinem Willen zurechtklopft. Derartig enge und krumme Fugen herzustellen, und dies noch dazu aus solch störrischem Material (Muschelkalk aus den Blaukalkbänken), verlangt eine große Portion Kenntnis und Erfahrung – und obendrein, so möchte man sagen, beschwingtes Denken und Sinn für Harmonie.
Bei aller Kunstfertigkeit verlangt eine Mauer dieser Art einen sehr erheblichen Arbeitsaufwand, den man heutzutage kaum mehr finanzieren könnte. Die abgebildete Mauer hat sich aber längst bezahlt gemacht. Sie ist nicht nur in ihren Fugen, sondern – unsichtbar – im gesamten Hinterbau so präzis aufgesetzt, daß sie sich in dreißig Jahren noch keinen Millimeter verändert hat. Sie verspricht eine lange Lebenszeit, nur rohe Gewalt und Bäume, die sich in den Fugen einnisten, könnten sie sprengen. Die unebenen Fugen dürfen sich nur in der Fläche ausschwingen; untere und obere Kante verlaufen eben.

Die Rollschicht als Mauer

Die irrige Meinung ist weit verbreitet, Steine müßten deshalb in waagerechter Lage vermauert werden, weil sie senkrecht gestellt schneller verwitterten. In flacher Lage sei der Stein schließlich „gewachsen", das heißt als Sand und Schlamm abgelagert worden. Abgesehen davon, daß diese Begründung nur für Sedimentgesteine zutrifft, kann sich die Stellung in der Mauer auf die Haltbarkeit nur wenig auswirken. Die Natur selbst beweist es uns. Sind doch über ganze Gebirgszüge die Schichten aufgefaltet, senkrecht gestellt und überschlagen und stehen nach Jahrmillionen immer noch. Sie überdauern gleich lange, egal ob sie flach liegen oder gekippt.
Im Trockenmauerwerk hat die Regel, jeder einzelne Stein müsse die stabile Lage, die flache also, einnehmen, ausschließlich statische Gründe. Die Rollschicht, die Schicht aus Steinen, die auf die schmale Kante gestellt sind, hat eine andere Art von Statik. Sie wirkt als Band und wirkt als Ganzes stabil und elastisch

Der Garten der Stadt Dundee bei der Landesgartenschau in Würzburg 1990 erhielt eine Mauer mit senkrechtstehenden Platten als Rollschicht.

zugleich, wenn die Steine gut miteinander verkeilt sind. Auf diese Weise eignet sich die Rollschicht hervorragend als Mauerabschluß.
In der Form, wie die Rollschicht im Garten der Stadt Dundee auf der Landesgartenschau 1990 in Würzburg zu sehen war (Abbildung oben), erinnert sie sehr an ihre Urform: Grobe, scherbige Platten sind eng aneinander (hier allerdings mit Beton verklebt) einer Mauer aufgesetzt und geben ihr einen ebenso stabilen wie optisch markanten Abschluß. Würzburgs Partnerstadt brachte mit diesem urtümlichen Bauwerk ein Stück schottische Landschaft in die Gartenschau ein.
In Schottland, in Irland, vielleicht überall in der Welt, wo Besitztum markiert, wo Nutzflächen gegen eindringendes, aber auch gegen ausbrechendes Vieh abgesichert werden mußten, begrenzen Mauern dieser und ähnlicher Art in Hunderten von Meilen Länge Gärten, Weiden und Wälder. Manchmal sieht man auch noch alte Friedhöfe von Mauern umfaßt, die von giebelförmig oder halbrund behauenen und mit der flachen Kante aufsitzenden Steinplatten abgedeckt sind.
Diese ebenso sinnvolle wie ansprechende Bauweise ist leider etwas in Vergessenheit geraten. Es läßt sich vieles aus ihr machen. Die zwei folgenden Beispiele aus jüngster Zeit können Anregungen geben.

Die bogenförmige, gegen den Hang stehende Mauer in Rollschichtform

Die zum Hang gekrümmte Mauer in einer gemuldeten Böschung wirkt wie ein Gewölbegurt oder ein Brückenbogen. Dazu muß sie von massiven Widerlagern gestützt werden, die für sie die Wirkung von Fundamenten haben. Jede weitere Fundierung erübrigt sich. Bei dem unten gezeigten Beispiel werden auf der untersten Ebene die beiden Widerlager optisch weitergeführt und spielerisch in einzeln liegende Blöcke aufgelöst, die keine Stützfunktion mehr haben.
Von den Steinen muß nichts im Erdreich vergraben werden. Jeder Zentimeter an der Ansichtfläche bleibt sichtbar. Die Oberfläche läßt sich als schmaler Weg benutzen. Die Mauer steht senkrecht; ein Anlauf hätte keinen Sinn und würde die Herstellung nur nutzlos komplizieren. Die Einzelsteine sind im Querschnitt leicht trapezförmig (entsprechend der Mauerkrümmung). Bei unserem Beispiel wurden sie aus Krustenplatten gefertigt und weisen daher jeweils eine glatte und eine rauhe Seite auf. Zur Förderung der Stabilität sind, soweit möglich, immer zwei glatte und zwei rauhe Flächen aneinandergefügt.

Die Widerlager werden hier optisch weitergeführt und in einzelne funktionslose Blöcke aufgelöst.

Die freistehende Mauer in Form einer Rollschicht

Der vom Hang wegweisende Mauerbogen muß bei dieser Form auf andere Weise stabilisiert werden, wenn Beton zur Festigung nicht in Frage kommt. Die Steine wären sonst in Gefahr, über den Hang gekippt zu werden. Zwei Tricks kamen bei der unten abgebildeten Mauer zum Einsatz, einer greift wieder eine alte und fast vergessene Form der Trockenmauer auf. Die Mauer hat einen sehr starken Anlauf (etwa 60 Prozent, das heißt 60 cm weicht die Mauer auf 1 m Höhe von der Senkrechten ab). Flache Steine sind mit dem extremen Anlauf zu gerundeten Sockeln aufgesetzt. Derartige aus Steinen aufgesetzte Böschungen wurden vor 100 und 150 Jahren gern beim Eisenbahnbau in Gebirgslagen angelegt. Sie sind äußerst stabil und haltbar. Zur Stabilisierung der senkrecht gestellten Rundmauern dienen sie auch in unserem Beispiel.

Die freistehende Mauer in Form einer Rollschicht steht über einem kegelförmigen Sockel.

Das Aufbauen der Mauer in der Form eines Kegelmantels erfordert einiges Knobeln bei den Ausführenden. Der Oberkante dieses Sockels sitzen die Steine der Rollschicht gut angepaßt außen auf. Nach hinten hin verlaufen sie schräg in den Boden. Sie haben ihre „Wurzel" dort, wo die Last des Terrassenbelags aufsitzt. Die Steine weisen somit in zweien ihrer Querschnitte eine Trapezform auf: vertikal wie auch horizontal. Ihre Maße: Mauerhöhe außen 40 cm, Mauerstärke 40 cm, Höhe innen 70 cm, davon 40 cm sichtbar und 30 cm im Boden. Die Dicke der Einzelsteine schwankt zwischen etwa 8 und 20 cm, wobei, wie erwähnt, die innere Dicke dem Radius des Kreisbogens entsprechend geringer ist als die äußere. Auch diese Steine sind aus Muschelkalk-Krustenplatten gehauen, haben also eine glatte und eine rauhe Fläche.

Das regellose Fugenbild

Das nächste Beispiel gibt uns die schon erwähnte Stadtmauer in Erice auf Sizilien (Bild rechte Seite). Bei derartig sorgfältiger Arbeit könnte diese Mauer wohl genausogut „trocken" aufgebaut sein. Doch der geringen Größe der Steine steht die erhebliche Höhe der Mauer und ihre Aufgabe zur Stadtbefestigung entgegen. So muß der Mörtel helfen, sie zum Bollwerk zu machen. Das Prinzip, die Bausteine flach gelegt aufzusetzen, ist noch eingehalten, aber man empfindet es bereits als sehr gelokkert. Der Mörtel erlaubt die Lockerung. Den Mauerfreund begeistert das Spiel der Linien, das Zusammenwirken großer und kleiner Steine zu einer Harmonie der Strukturen. Es ist „Musik" in diesem Bild. Der Anblick erinnert an Gestricktes oder Geflochtenes. Jeder Quadratmeter, aus der großen Fläche herausfotografiert, ergäbe ein vollendetes Bild. Genau besehen sind diese Strukturen noch nicht regellos.

Die Mauer aus aufgestellten Steinplatten

Auch diese Art von Einfriedung ist uralt. Wo Steine in Plattenform gebrochen werden konnten, findet man sie als Zeuge früherer Kultur: im Maggia- und Ticinotal, im Schwarzwald und

in der Steiermark. So eine Mauer fügt sich schnell und sehr harmonisch in die pflanzliche Umgebung ein. (Doch dieses hängt auch mit der Auswahl der Pflanzen zusammen.)
Unbearbeitete Steine müssen an bestimmten Stellen von exakten Elementen aufgenommen werden. Dasselbe Gestein dient nun zugesägt und behauen als Torpfeiler, als Markierung des Eingangs und als Wandgitter ganz am Gebäude.

Und der Beton? Beton ist für uns alle nicht mehr entbehrlich. Naturstein kann häßlich, Beton kann schön verarbeitet sein, und umgekehrt. Der Planer sollte imstande sein, beides richtig anzuwenden. Wenn man gern mit Naturstein arbeitet, versucht man zumeist, dem Beton die stützende, tragende, verbindende Funktion zuzuweisen. Er dient als Fundament oder als Mauerkern und ermöglicht dadurch erst den Aufbau einiger der zuvor beschriebenen Mauertypen.

Ein regelloses Fugenbild weist die Stadtmauer in Erice auf Sizilien auf.

Kiesel im Garten

Seit Urzeiten verwendet der Mensch Steine als Baumaterial oder fertigt daraus Gebrauchsgegenstände. Er verwendete das Material seiner Umgebung, das mit dem geringsten Aufwand verfügbar war. Im Garten kommen Steine längst nicht mehr nur als Baumaterial für Mauern oder als Pflasterbelag zum Einsatz. Steine in diversen Größen, von den verschiedensten Fundorten und unterschiedlich stark bearbeitet empfinden wir als Bereicherung des Gartens. Als am weitesten verbreitet kann der „Zierstein“ Kiesel gelten.
Kiesel finden im Garten Verwendung als Pflaster, naturrund oder gespalten, als Schüttung oder zum Schmuck einzeln oder in kleinen Gruppen ausgelegt. Nicht immer sind sie dabei überzeugend und treffsicher untergebracht, vielmehr oft entsetzlich geistlos und kitschig. Warum ist dieses schöne Material so sehr in Gefahr, falsch gebraucht, ja mißbraucht zu werden? Das mögen die Gründe sein: Es wird als Massenware angesehen, die sich allzu bequem und gedankenlos an Stellen einsetzen läßt, an die andere Baustoffe eher hingehören. Außerdem wird die Schönheit der Steine nicht erkannt. Zum Glück findet man aber immer wieder Beispiele von bezauberndem Charme und großer Kunstfertigkeit. Dies müssen nicht Erzeugnisse aus historischer Zeit sein, sie können auch aus der Gegenwart stammen.

Mit Kiesel pflastern

Pflaster aus Kieselsteinen war zu früheren Zeiten für die Orte mancher Landschaften geradezu kennzeichnend. Die Fundorte von Kieselsteinen waren weit verbreitet. Entweder boten sie der Strand der Seen und Meere, das steinige Flußbett oder die Kiesgruben in Moränen- und Schottergebieten. Die Steine, in der Regel abgeflacht, in unregelmäßigen Formen und unterschiedlichen Farben, wurden gesammelt und sorgfältig sortiert. In manchen Ländern entwickelten Pflasterleger eine unglaubliche Kunstfertigkeit, die heutzutage kaum noch zu erhoffen ist. Auf den Inseln Madeira, San Miguel de la Palma und Teneriffa, in Portugal, Spanien und in vielen anderen Ländern sind

Kunstvolle Muster weisen die mit Kieseln gepflasterten Wege in Frankreich oder Spanien auf.

mosaikähnliche Belage in ungezählten einfachen wie auch höchst komplizierten Mustern zu entdecken. Die Beläge bestehen oft nur aus absolut gleichartigen und gleichfarbigen, auch sehr kleinen Steinen. Sie leben dann nur vom Spiel der Formen, von der Struktur. Und hat sich nicht auch in vielen Schweizer Orten, in manchen Marktflecken am Inn und an der Salzach, wie auch in norddeutschen und französischen Städten dieser wunderbare Bodenbelag, relikthaft wenigstens, erhalten? Am unnachahmlichen Zauber der Stadt Freiburg im Breisgau haben die Kieselbeläge auf den Gehwegen wesentlichen Anteil.
Zugegeben, die Straßenpflaster aus den dicken Steinknollen sind für empfindliche Fußsohlen hinter dünnem Leder, für Kinderwagenräder und schmale Fahrradreifen keine behagliche Unterlage. Speichen- und achsenzerstörend mögen sie sich in der Zeit der eisenbereiften Wagenräder ausgewirkt haben. Aber im Garten gibt es öfters Zonen, Streifen und Winkel, für die wir keinen bequemen Zugang brauchen. In jedem Garten kommen Bereiche vor, die man gar nicht betreten will. Dahin kann man Schubkarrenladungen mit Kieseln schütten – aber man kann die Kieselsteine auch hinlegen, einen um den anderen. Für Flächen, die bequemer zu begehen sein sollen, halbiert man die Steine an ihrer schmalen Achse. Die Spaltflächen bilden die Belagebene, die Rundungen stecken im Boden. Die Steine werden, wie auch die normalen kantigen Pflastersteine, nach dem klassischen Verfahren in Sand auf einem Unterbau von Schotter verlegt. Gute Gartenbaufirmen führen diese Arbeit aus.
Für größere Pflasterflächen in exakter Manier ist der Spezialist, der Pflasterleger, zuständig. Kleine Beläge dagegen sind ein fesselndes Puzzlespiel für den geschickten Selbstbastler, der bereit ist, ausreichend Zeit dafür aufzuwenden. Mit einigen wenigen Tricks, mit Augenmaß und Geduld lassen sich die Steine zu reizvollen Mustern zusammenfügen. Nachts, im Traum noch, legt man die Steine weiter und bedauert, wenn man nichts mehr zu belegen hat.
Pflaster dieser Art müssen besonders sorgfältig gefügt werden, damit die Steine nicht wakkeln, sondern fest miteinander verkeilt stehenbleiben. Man sollte sich nicht auf das Einbetten in Beton verlassen. Beton hält zwar zusammen, aber er verdirbt, ebenso wie oft bei anderen Gelegenheiten, die Qualität. Je rundlicher die Steine sind, desto schwieriger lassen sie sich zum Belag fügen – je flacher, desto haltbarer. Die Oberfläche müssen allerdings die unergiebigen Schmalseiten bilden.
In den meisten Fällen wird Pflaster dieser Art wohl in kleinen Flächen, schmalen Streifen oder Zwickeln zur Gliederung von regelmäßigen Plattenbelägen sowie zum Ausflicken von Lücken zwischen polygonalen Natursteinplatten verwendet.
Manche Stellen am Haus, unter zu niedrig angebauten Balkonen und Terrassen oder unter Vordächern, bieten sich für extra rauhes Pflaster an. Auch das Auffangbecken unter einer frei fallenden Dachtraufe ist wirkungsvoll mit Kieseln auszulegen. Der Wasserstrahl wird intensiver gedämpft, wenn er auf die hochkant gestellten Steine fällt.
Form und Format des Einzelsteins bestimmen die Feinheit der Fläche; je größer der Stein, desto gröber das Pflaster. Die Größe der Einzelsteine soll nicht zu unterschiedlich sein, es sei denn, bestimmte Muster im Belag seien beabsichtigt. Für nicht gespaltene Steine ist ein Querschnitt (durch die Schmalseite) von 4×8 cm ein brauchbares Mittelmaß, für gespaltene ein Drittel mehr, also 6×10 bis 11 cm.

Kieselsteine geschüttet

Mit geschütteten Kieselsteinen wird viel Unfug getrieben. Man sieht das an jedem dritten Haus, diese Streifen von Kieselsteinen an der Wand entlang. Ihre Aufgabe soll sein, im Putz aufsteigende Feuchtigkeit und das Spritzen von Tropfwasser zu unterbinden. Dieser Nutzeffekt wird zwar erreicht – besser als mit vielen anderen Materialien –, aber oft sind Nachteile eingehandelt, die sich mit Leichtigkeit vermeiden ließen.

Zumindest ist eine Chance zur Verschönerung nicht erfaßt worden. Besonders häßlich sehen solche Streifen aus, wenn sie eine sterile, ungenutzte Fläche entstehen lassen, die möglicherweise noch durch Beton-Leistensteine, Wellasbestbetonstücke oder (grüne) Kunststoffeinfassungen gegen das Eindringen von Graswurzeln abgeschottet sind. Der gegen den Rasen nicht abgedichtete Kieselstreifen ist auch nicht viel besser, weil völlig unpraktisch. Wie soll man an ihm entlang mähen?

Verschiedene Möglichkeiten bieten sich an, um das Nützliche zwar zu tun, das Schöne aber dennoch nicht zu unterlassen. Vorneweg gilt es zu prüfen, ob überhaupt Kies geschüttet werden soll oder ob man nicht etwa besser Platten oder Pflaster legt. Diese Frage tritt vor allem dann auf, wenn es sich zum Beispiel um Bodenflächen unter größeren Dachvorsprüngen handelt.

Jede Kiesfläche im Garten ist eigentlich verschenkter Platz, wenn sie nicht zur Verschönerung dient. Kein Tisch läßt sich aufstellen, der Liegestuhl wackelt, die Kinder können nicht darauf spielen. Höchstens wäre sie als Stapelplatz für das Brennholz oder zum Abstellen von ein paar Geräten verwendbar. Auch bei sehr schmalen Streifen sollte man den Platzverlust bedenken.

Wo kein Tropfwasser fällt, das die Wand bespritzen könnte, oder im Anschluß an eine wasserempfindliche Wand (etwa bei Beton- oder Klinkermauerwerk, dort ist ein Kieselstreifen verfehlt. Ein Pflasterband tut bessere Dienste. Es gestattet immerhin das randscharfe Mähen mit der Maschine. Ein schmaler Graben mit Dränkies unter dem Pflaster sorgt für den Wasserabzug.

Kiesel gaben dem „Silbergrauen Garten" auf der Internationalen Gartenschau (IGA) 1983 in München seine besondere Note.

Gut ist die Kombination zwischen einer Pflasterbegrenzung außen zum Rasen hin und Kieseln innen an der Wandseite. Gleichmäßig feinkörniger Kies ermöglicht ganz schmale Streifen. Grobe Formate verlangen breitere Flächen. Ihr Aussehen gewinnt außerordentlich, wenn die Kieselsteine nicht geschüttet, sondern gelegt werden. Das kann nach einfachsten Überlegungen geschehen, angefangen damit, daß lediglich die schönste Seite des Steins nach oben gedreht wird oder alle Längsachsen in die gleiche Richtung weisen.

Während die Kiesel bei der Verlegung als Pflaster immer auf ihren Schmalseiten liegen müssen, ist dies beim losen Verlegen weder nötig noch sinnvoll. Sie liegen hier flach, auf ihren Breitseiten, wie im Flußbett auch. Wer gern bei der Arbeit spielt, kann sich, falls er die Kiesel selbst einbringt, Muster ausdenken. Vielleicht wählt er bei der Bestellung einen bestimmten Gesteinstyp aus, eine besondere Farbe oder Mischung, bestimmt aber die passende Größenklasse.

Kiesel und Pflanzen als Partner

Der Kieselstein wird im Garten nur selten in der Absicht eingesetzt, eine Partnerschaft mit Pflanzen einzugehen, kommt er doch meistens dort zu liegen, wo ohnedies nichts wächst. An feuchten Stellen wird sich am Stein von selbst Moos ansetzen; das kann erwünscht sein oder nicht. An trockenen Plätzen legen sich vielleicht nur Staub und angewehte Blätter ab, unter denen die Steine vergrauen. Der Kieselstreifen am Rand des Staudenbeets ermöglicht den nächststehenden Pflanzen ein Ausweichen und bietet ihnen ein Rückzugsgebiet, falls sie bedrängt sind. Der schon angesprochene Rasenrand bringt zuweilen Probleme. Das Ausjäten der eingewachsenen Gräser zwischen den Kieseln strapaziert die Geduld. Das Stehenlassen kann aber auch nicht in jedem Fall und auf Dauer befriedigen.

Beim bewußten Zusammenbringen von Kiesel und Pflanze müssen Partner besonderer Art ausgesucht werden: Pflanzen, welche die schönen Steine nicht überwuchern, sich aber den-

Pflanzen, die sich mit Kieseln vergesellschaften lassen

Acaena buchananii, A. magellanica, A. microphylla	Stachelnüßchen
Achillea tomentosa	Goldgelbe Teppichgarbe
Alchemilla alpina, A. erythropoda	Bergsilbermantel
Allium cyaneum	Enzianlauch
Anacyclus pyrethrum var. *depressus*	Ringblume
Antennaria parviflora, A. dioica, A. dioica var. *borealis*	Katzenpfötchen
Arenaria tetraquetra	Sandkraut
Armeria juniperifolia	Zwerggrasnelke
Asplenium trichomanes, A. viride	Streifenfarn
Bouteloua curtipendula, B. oligostachya	Haarschotengras
Briza media	Zittergras
Campanula cochleariifolia	Zwergglockenblume
Carlina acaulis	Silberdistel
Cerastium arvense 'Compactum'	Hornkraut
Ceterach officinarum	Schriftfarn
Dianthus gratianopolitanus 'Blauigel', 'Badenia' und andere	Pfingstnelke
Draba bruniifolia, D. haynaldii, D. × suendermannii	Hungerblümchen
Dryas octopetala	Silberwurz
Geranium dalmaticum, G. subcaulescens	Storchschnabel
Globularia cordifolia	Kugelblume
Gypsophila cerastioides, G. repens 'Rhea'	Schleierkraut
Iris lacustris, unter Umständen auch Sorten aus der *Iris-Barbata-Nana*-Gruppe	Zwergschwertlilien
Lysimachia nummularia	Münzkraut
Muehlenbeckia axillaris (Zwergstrauch)	Scheinknöterich
Opuntia fragilis, O. polyacantha var. *erythrostemma* und andere Arten	Feigenkaktus
Paronychia kapela, P. kapela ssp. *serpyllifolia*	Mauerraute
Petrorhagia saxifraga	Felsennelke
Potentilla neumanniana 'Nana' und 'Compacta'	Frühlingsfingerkraut
Potentilla nitida	Dolomitenfingerkraut
Primula juliae	Kissenprimel
Sagina subulata	Sternmoos
Saxifraga (verschiedene kleinwüchsige Arten)	Steinbrech
Sedum acre	Mauerpfeffer
Sedum album, S. spathulifolium	Fetthenne
Sempervivum (viele Arten und Sorten)	Hauswurz
Sisyrinchium angustifolium	Binsenlilie
Thymus doerfleri, T. praecox var. *pseudolanuginosus, T. rotundifolius, T. serpyllum*	Thymian

noch anschmiegen, und solche, die durch eine eigenartige Form einen Kontrast bringen. Bei Gehölzen sind diese Eigenschaften kaum vorauszusetzen. Sie passen besser zur Kategorie der Findlinge. Doch die Welt der Stauden bietet sie mit vielen Gewächsen, vor allem jenen, die in der Natur Schotterflächen besiedeln. Kiesel in der wohlgelungenen Gemeinschaft mit derartigen Pflanzen im Garten weisen den Liebhaber aus. Sie brauchen eine Ausnahmesituation und ein Ausnahmeverständnis.

Der Findling

Unser Garten vereint vielerlei Nützliches mit manchem nutzlos Schönen. Der Schönheit wegen sind „Findlinge" wohl zu keiner Zeit vor der unseren unbearbeitet in den Garten gelegt worden. Unser derzeitiges Formgefühl sprechen sie jedoch an. Die gerundeten, ebenmäßigen Flächen sind uns sympathisch, aber auch bizarre Gestalten erregen unsere Aufmerksamkeit. Manchem ersetzen diese – bedauerlicherweise – das Kunstwerk. Mit dem Findling steht uns jedenfalls für den Garten ein Requisit zur Verfügung, das schwer zu ersetzen ist.

Das Material. Findlinge sind Steinbrocken, die durch Naturkräfte – fast ausschließlich Eis und Wasser – von ihrem Mutterfelsen weg verfrachtet wurden. Die Transportstrecke kann mehrere hundert Kilometer betragen. Die Reibung an ihren Weggenossen und am Untergrund hat sie zumeist allseitig abgerundet und zugeschliffen. Nur vereinzelte, die vielleicht rittlings auf einer Eisscholle zu ihrem Lagerplatz geschwommen kamen, haben ihre Kanten bewahrt. Große Findlinge aus weicherem Gestein, in größerer Anzahl beisammen gefunden, lassen darauf schließen, daß sie nicht sehr weit hergerollt sein können.

Die Größe von Findlingen schwankt etwa zwischen $\frac{1}{8}$ m³ und dem Volumen eines Autos. Die kleinen Findlingskaliber werden Kiesel genannt. Die im Garten verwendeten messen zumeist weniger als 1 m³. Gefunden werden sie vor allem in den Landstrichen, die in den Eiszeiten von Gletschern überzogen waren. Besonders findlingsreich sind große Teile des norddeutschen Tieflands und im Süden das Alpenvorland; hier vor allem die Moränen der Würm-Eiszeit. An ihrer Fundstelle geben die Steine deutlich Auskunft über die Reiseroute und ihren Startplatz.

Mit Kieseln lassen sich sehr hübsche Übergänge vom Beet zum Gartenteich schaffen.

Findlinge im Garten haben die Aufgabe, einen Blickfang zu bieten. Der Könner setzt sie geschickt in einen Schwerpunkt. Bei dem, der es weniger kann, liegen sie überall und sehen wie verstreut oder wie fallengelassen aus.

Viel kommt auf eine geschickte **Gruppierung** an, wenn mehrere Steine verfügbar sind. Ein flacher Stein, einen höheren berührend, und ein mitteldicker seitab von diesen beiden – das kann angenehme Spannung ausdrücken. Für die Berührungsflächen sucht man passende Abflachungen aus. Einander ähnliche Steine können als Hocker im Kreis oder Halbkreis gesetzt sein, einen Steintisch in der Mitte. Sie können aber auch als Kugelhaufen aufgestapelt liegen. Ein Stein mit flacher Mulde paßt als Vogeltränke, ein anderer mit Löchern und Ritzen als Pflanzplatz für Steingarten-Raritäten.

Gute Dienste können Findlinge zum Abfangen kurzer Steilstellen am Übergang der Böschung zur Hauswand leisten. Ein großer Stein oder zwei, drei reichen möglicherweise aus, wenn die Höhendifferenz nicht zu groß ist. Müssen dabei Steine übereinandergelegt werden, so sollten sie flache Lager aufweisen, um nicht zu Wackelsteinen zu werden. Ein Nachteil bei dieser Anwendung ist, daß zwei Drittel des Steins im Boden verschwinden. Man wird die Steine daher vor dem Einbau sorgfältig von allen Seiten beäugen und sich gut überlegen, auf den Anblick welcher Flächen man verzichten will.

Beim Aufstellen der Steine im Garten hat man vielerlei Möglichkeiten. Soll das Auge die Steine in ihrer ganzen Gestalt und Fülle erfassen, können sie frei auf fester Unterlage liegen, zumal wenn sich ihre Form der Kugelgestalt annähert. Steine mit flacher Unterseite wird man dagegen leicht in den Boden einsenken. So sehen sie aus, als ob da noch mehr von ihnen im Grund stecken würde.

Die Lieferung von Findlingen bieten viele Firmen des Garten- und Landschaftsbaues an. Besonders gute Auswahl ist in der Regel beim Natursteinhändler geboten.

Welche **Gesteinsart** man wählt, bleibt ganz dem persönlichen Geschmack überlassen. (Meist wird ohnehin nach der Form entschieden.) Bei Steinen nördlicher Herkunft überwiegt Granit. Bei solchen aus südlichen Moränen ist die Auswahl dagegen sehr reichhaltig. Sie reicht vom Diabas bis zur Molasse. Zu den farblich schönsten gehören Nagelfluhsteine, die die Gletscher vor allem den nördlichen Bergketten der Schweiz entführt haben. Gneise enthalten oft sehr markante Quarzadern, die sich an der Außenfläche reliefartig abheben, weil sie dem Schleifmittel größeren Widerstand entgegengesetzt haben.

Je härter das Gestein ist, desto besser bewahrt es auch die ursprüngliche Farbe und desto weniger bemoost es.

Mit **selbst gesammelten Steinen** – soweit das möglich und erlaubt war – von bescheideneren Formaten läßt sich das Gartenspielzeug angenehm ergänzen. Und wer hätte wohl nicht schon so ein uriges Fundstück aus den Schottern der Mera, der Verzasca oder der Maggia geborgen oder aus einer Kiesgrube Oberschwabens geschleppt und im Kofferraum verstaut. Im Lauf der Zeit sammelt sich da allerlei an handfesten Erinnerungsstücken an. Jedes erzählt seine eigene Geschichte. Diese Kleinen lassen sich mit geringer Mühe an ihren Platz im Garten bringen. Mit den großen, den echten Findlingen hätte man ein heikles und hartes Stück Arbeit zu bewältigen, gäbe es nicht die tüchtigen Gartenbaufirmen mit ihren Hub- und Schaufelgeräten.

Die Pflanzenumgebung für den Findling

Man wird Findlinge sicher nicht gerade in einem Schwall von Rittersporn und Phlox, Federmohn und Margeriten verstecken oder in einer Gehölzpflanzung untergehen lassen. Davon ausgegangen, daß es sich um einzelne Steine und nicht um eine zur Gartenmauer aufgesetzte Menge handelt, müßten ihnen vor allem malerisch wachsende Gehölze und Einzelstauden wie Palmlilien *(Yucca)*, Chinaschilf (*Miscanthus sinensis* 'Gracillimus'), Schwertlilien (*Iris sibirica, I. germanica:* Sorten aus den Barbata-Gruppen u. a.), Ochsenauge *(Telekia speciosa)*, Scheinbuche *(Nothofagus antarctica)*, Ziergräser *(Molinia altissima, Deschampsia cespitosa)* und ähnliches beigesellt werden. Die umgebende Fläche kann aus Rasen bestehen oder mit bodendeckenden Stauden und Gehölzen bepflanzt sein wie Fetthenne *(Sedum album)*, Grasnelke *(Armeria maritima)*, Stachelnüßchen *(Acaena)*, Schneeheide *(Erica herbacea)* und andere. Dazu passen immer noch weitere Pflanzen: Akelei und Enzian, zarte Gräser und Silberdisteln; die Auswahl ist reichhaltig. Felsmispeln der anschmiegenden Arten *(Cotoneaster adpressus,*

C. dammeri, C. praecox) sind ideale Begleiter. Jedoch heißt es bei ihnen wachsam bleiben, sonst ist eines schönen Tages der schöne Stein total übersponnen von den dicht beblätterten Zweigfächern. Für die Felsmispeln sind der warme Stein und die konkurrenzabhaltende Fläche ein willkommenes Feld, um sich auszubreiten. Deshalb muß gelegentlich die Schere in Funktion treten, und das nicht zu zaghaft. Aber nicht nur Pflanzen neben dem Stein oder um ihn herum sollen angesprochen sein. Es gibt unter den Steinbrecharten *(Saxifraga)*, den Hauswurzarten *(Sempervivum)*, den Fetthennen oder Mauerpfefferarten *(Sedum)*, ja auch unter den kleinen Bartiris, eine ergiebige Auswahl fast ohne Ende für Mulden, Löcher und Ritzen.

Platten, Brocken, Bruchsteine und sonstiger steinerner Zierat

Platten

Platten mit rundum verwitterter Oberfläche birgt die Erdschicht dort, wo sie dem Felsen im Untergrund aufsitzt. Ist die Bodenkrume von geringer Dicke, fördert der Pflug immer wieder einmal ein Stück Stein ans Tageslicht. Diese Steine haben, von Humussäuren abgelaugt, oft bizarre Flächen und Kanten. Die Fundorte sind begrenzt, in Gegenden, in denen die passenden Gesteine an der Oberfläche anstehen, aber oft recht ergiebig. Es gibt viele reizvolle Möglichkeiten, solche Platten im Garten einzusetzen. Bei Schrittplattenwegen oder bei Einzelplatten in Staudenbeeten nimmt man die Buckel und Mulden gerne in Kauf, bei Terrassenbelägen wird es aber problematisch. Tische und Stühle sind eben zumeist nicht dreibeinig und sollen doch stabil stehen.

Platten bestehen in der Hauptsache aus Sedimentgestein – Kalkstein, Sandstein und Molasse. Vor allem Muschelkalk liefert die interessantesten verwitterten Platten. Auch Gneise stehen ihnen oft nicht nach, doch finden sich diese kaum innerhalb unserer Landesgrenzen. Manche Platten haben durchgehende Löcher,

Ein großer Findling wurde hier in Kies eingebettet. Er bildete einen Bestandteil des „Gräsergartens“ auf der Internationalen Gartenbauausstellung (IGA) 1983 in München.

oder die unbequem aneinandergefügten Kanten lassen Lücken offen. Das sind Wunschplätze für robuste Steingartenstauden, die ein gelegentliches Betreten nicht krumm nehmen. Im regulären Angebot des Handels sucht man solche Steine zumeist vergeblich. Doch ein aufmerksamer, interessierter Natursteinhändler weiß auch bei ausgefallenen Wünschen Rat. In

Für die Kultur empfindlicher Steingartenpflanzen sind Tuffsteinbrocken durch nichts zu ersetzen. Bieten die Steine genügend Ritzen und Löcher, so siedeln sich die Pflanzen von selbst an.

den Steinbrüchen landet so manches schöne Stück auf der Kippe, das für den Liebhaber wertvoll wäre. Manchmal wird es aber auch beiseite gelegt, in der Gewißheit, daß irgendwann schon jemand kommt, der das „Besondere" sucht.

Brocken

Die sogenannten Brocken können eine uralt verwitterte Oberfläche aufweisen. Sie stammen von ungeschichtetem Gestein, von Korallenriffen des Weißen Juras, von Tuffablagerungen, von Granitmassiven und vulkanischen Auswürfen, aber auch von massigeren Bänken des Muschelkalks oder des Buntsandsteins. Ihre Ausmaße sind oft erheblich, so daß sie nur mit schweren Hebegeräten zu bewegen sind. Verwendung finden sie in Steingärten, zur Abstützung von Böschungen, aber auch wie Findlinge als Einzelstücke allein oder in Gruppen. Natürlich dürfen sie für diese Zwecke nicht willkürlich in der Gegend herumgestreut werden. Man muß sie bedachtsam legen und vor dem Legen sorgfältig von allen Seiten beäugen, auch von unten!

Jeder Stein hat unterschiedliche Flächen, jeder ist für eine andere Aufgabe geeignet. Da ist die Lagerfläche, sie kommt in den Boden. Die Lagerfläche geht in eine Stützfläche über, an die sich der Hang anlehnen darf. Vielleicht eignet sich eine der Schmalseiten als Anschlußfläche. Sie erhält Kontakt mit dem Nachbarstein, eine weitere gegenüber ebenso. Nun bleiben noch wenigstens zwei Schauseiten. Oft ist ein Stein von allen Seiten schön. Dann wird die Entscheidung schwieriger.

Sind die Seiten bewertet, werden die Steine, sorgfältig gruppiert, mit oder ohne Kontakt in der Hang eingebaut (wenn nicht einzeln gelegt). Es ergeben sich vor- und zurückspringende Gruppen und Bänder, zwischen denen kleine und größere Pflanzenlücken und Verebnungen entstehen. An einem hohen Hang werden mehrere Schichten übereinandergesetzt. Brocken aus Weißjura oder anderen Kalkgesteinen haben oft abenteuerliche Löcher, Höhlungen, Gruben und Buckel. Hauswurz, Schleierkraut, Steinbrech und Fetthenne freuen sich darüber. Im Extremfall besteht der Brocken mehr aus Löchern als aus fester Substanz. Diese Gebilde aufzu*stellen*, mag sicher verlokkend sein, es könnte aber ein Raritätenkabinett aus dem Garten entstehen.

Bruchsteine

„Felsen" oder „Bruchsteine" sind zwar auch Steinbrocken, doch diese Steine wurden durch menschliche Einwirkung aus der Steinmasse, dem Fels, herausgebrochen. Sie zeigen noch keine Verwitterungserscheinungen, alle Kanten sind scharf. Nur selten wirkt ein Bruchstein für sich „schön". Das wird er erst durch

Diese schlichte Gartenecke gewinnt durch den Mühlstein an Ausdruckskraft. Allerdings muß man aufpassen, daß der Fiedermohn den Stein nicht völlig überwuchert.

weitere Bearbeitung. Zur Geländeabstützung kann er aber, mit anderen gruppiert, eine sehr sympathische Wirkung erzielen. Jedenfalls haben solche Steinsetzungen eine gute Stützwirkung an steilen Böschungen. Niemals sollten aber Bruchsteine zum Spicken eines Erdhügels mißbraucht werden. Manche Leute meinen, mittels eines solchen Gebildes ein „Alpinum" geschaffen zu haben. Alpträume sind das! Ordnen und Aneinanderfügen, das ist immer die Voraussetzung zum Bessermachen.
Mitunter weisen auch Bruchsteine eine Seite oder mehrere Kanten oder Flächen mit Verwitterung auf, dann lassen sie sich ähnlich wie Brocken gebrauchen. Die verwitterte Fläche wird als Schauseite verwendet. Ebenso können die sogenannten Krustenplatten verwendet werden, die in den Steinsägereien als erstes und letztes Stück anfallen, wenn ein großer Block in Scheiben (Platten) geschnitten wird. Sie haben jedoch meist nur geringere Dicken.

Ausgediente steinerne Gegenstände

Im Gegensatz zu den bisher angesprochenen mehr oder weniger natürlichen Steinen stehen all jene, die irgendwann bereits von menschlicher Hand bearbeitet worden sind. Es müssen nicht dorische Säulentrommeln oder korinthische Kapitelle sein, oft vermögen ganz einfache alte Gerätschaften, ohne jeden künstlerischen Anspruch, den Garten in liebenswürdiger Weise zu bereichern. Es sollen hier nur steinerne Gegenstände angesprochen sein, die einen ihnen früher zugedachten Zweck erfüllt haben und nun sozusagen außer Dienst gestellt sind.

Was gibt es da alles? Mühl-, Mahl- und Schleifsteine, Obstmahlmulden, Mörser, die Sockel von Torkeln oder Obstpressen; Eutertröge für Hühner, Schweine, Rinder; Brunnentröge, Sauerkrautfässer, ja sogar steinerne Abortgruben; steinerne Zaunpfosten – wie sehen diese mit ihren Löchern und Einkerbungen oft surrealistisch aus, wenn sie ihrer Funktion enthoben sind! Alle diese Gegenstände des täglichen Gebrauchs sind nutzlos geworden, von wertlos kann schon gar nicht die Rede sein, ziehen doch die Preise alter Viehtröge und Mühlsteine, um nur zwei Typen herauszugreifen, von Jahr zu Jahr an. Noch vor nicht allzu langer Zeit konnte man überall Mühlsteine, Viehtröge, Schleifsteine, Grenz- und Kilometersteine auf den Abfallkippen oder im Bach finden. Unzählige wurden zu Schotter zerschlagen. Ihre Schönheit erkannten nur vereinzelte Menschen, die sich nicht kommentarlos Beton und Kunststoff verschrieben hatten und deren Blicke offen blieben für die Qualität handwerklicher Erzeugnisse. Kostenlos oder fürs Abholen konnte man die herrlichsten Dinge sammeln. Inzwischen gehören Glück oder Geld dazu, oder gar beides, um einen gediegenen alten Steintrog zu ergattern.

Zu Zehntausenden wurden bei Flur- und Reblandumlegungen die ehrwürdigen alten Grenzsteine ausgegraben und in Stücke geschlagen oder einfach unterplaniert. Wen haben die kunstreich eingehauenen Zahlen, die Buchstaben und Symbole interessiert? Nur selten hat jemand, den dieses Zerstören schmerzte, einige Stücke der Vernichtung entrissen. So konnte sich beispielsweise ein Vermessungsingenieur einen ganzen Steingarten aus ausgemusterten „Signal"-Steinen, die alle aus der ersten württembergischen Landvermessung stammen, anlegen. Er hat mehrere Dutzend dieser schweren Steine mit Raffinesse zu einem – hier muß man sagen – Signalstein-Garten zusammengestellt. Ein derartiger Garten stellt freilich einige künstlerische Anforderungen an den Gestaltenden, und die Bepflanzung ist auch nicht ganz einfach. In diesem Fall wurde ein dünner Bodenteppich aus *Muehlenbeckia axillaris* und *Sedum album* 'Coral Carpet' angewendet, je nach Besonnung. Dazu noch andere Bodendecker und eine ganze Anzahl Raritäten – Alpenveilchen, botanische Krokus, Wildtulpen, Zwergiris, Steinbrech, Hauswurz, Farne und Erdorchideen.

Wohin gehen eigentlich immer noch die alten Straßenkantensteine aus Buntsandstein, aus Muschelkalk, Grauwacke, Travertin und Basaltlava, wenn sie durch komfortablere, nun aber nicht mehr handbehauene ersetzt werden? Welch billige und doch charmante Gartentreppen kann man aus ihnen aufsetzen!

Als erste kamen wohl Mühlsteine und Futtertröge zu neuen Gnaden. Über Trogbepflanzungen gibt es inzwischen Bücher. An steinernen Regenrinnen, Ackerwalzen, Sockelsteinen für Scheunentore, an Prallsteinen, überall sehen wir die Spuren menschlicher Bearbeitung und handwerklichen Könnens. Aber auch vom Gebrauch künden diese Steine, die glattgeriebene Innenseite des Mörsers berichtet vom Stößel, der abgewetzte Rand des Viehtrogs, von der Kette am Hals der Kuh, vielleicht aber auch von deren rauher Zunge, die millionenmal über den Stein hinweggeleckt hat. Tausende von Tonnen alter Pflastersteine, generationenlang von Hufeisen, Nagelschuhen und Wagenrädern gerundet und glattgewetzt, von Jauche ausgeätzt, sind achtlos beseitigt worden. Doch die Neuentdeckung ist im Gange.

In dieser Aufzählung sollen auch Grabsteine nicht fehlen. Wenn sie schon nicht im Friedhof verbleiben dürfen, läßt sich doch aus so manchem noch ein brauchbares Vogelbad hauen. Eine abgetrennte Rosette kann man in die Mauer einbauen, die Friedhofverwaltungen geben gern ein Stück ab.

Viel kommt auf das Geschick des Aufstellers an. Unter Umständen ist nämlich ein alter Markstein, köpflings in den Garten gestellt, lustiger anzusehen als in der früher eingenommenen Lage. Denn in seiner Marksteinzeit haben ihn vielleicht die Bodensäuren, zumal wenn er aus Kalkstein besteht, unterwärts heftig angenagt und besondes markant gemacht.

Das Kunstwerk als Kontrapunkt

Die Pflanze gilt als das beherrschende Element des Gartens, der Baum, der Strauch, die Staude, das Gras. Ist sie es wirklich? Hier sind gewisse Zweifel angebracht, besonders wenn man an Begriffe wie „Atrium-Garten", „Hofgarten", „Dachgarten" und ähnliche denkt, in denen andere Elemente die Oberhand gewinnen können, die ganz bewußt in den Gegensatz zur Pflanze gestellt werden und so deren Bedeutung als lebendes Wesen unterstreichen.

Die Harmonie des Gegensatzes

Auch in den mittlerweile recht klein parzellierten Hausgärten gestalten wir nicht allein mit Pflanzen. Harmonien entstehen nur dann, wenn ein wohlabgewogenes Verhältnis zwischen so extremen Gegensätzen wie dem Gewachsenen und dem Gebrauchten erzielt wird. Erst diese Gegensätzlichkeit macht unsere Umgebung attraktiv, schafft Spannungsverhältnisse, die im Rahmen ihres Zusammenwirkens zu einer großen Einheit, dem Garten, verschmelzen.

Fläche, Form, Raum und Zeit sind Dimensionen, in denen wir im Garten denken und gestalten. Schon bei Fläche, Form und Raum ist es nicht leicht, die „Harmonie des Gegensatzes" auf kleinem Grundstück wirksam werden zu lassen, aber erst mit dem Gegensatz zur Zeit, zur Veränderlichkeit, gelingt uns die Vollendung.

Nichts ist für dieses „Contra" zur Natur so sehr geeignet wie das Bildwerk. In seiner (scheinbaren) Unveränderlichkeit ist es die Krönung eines Gartens. Bildwerk und Pflanzen gehören in ihrer Gegensätzlichkeit zusammen, können im Garten bedeutugsvolle Verbindungen eingehen. Skulpturen wirken ordnend in der verwirrenden Vielfalt der umgebenden Pflanzenwelt, sind Maßstab, an dem die Veränderungen in der Natur besonders deutlich werden. Bildwerke können mit Bäumen und Blumen geheimnisvolle Zwiesprache halten und lenken unsere Gedanken in die fünfte Dimension, die Dimension des Geistigen. Erst in Verbindung mit dem Bildwerk entfalten sich unsere Gärten zu voller Harmonie.

Eine einfache Vase genügt, um die Harmonie des Gegensatzes bewußt werden zu lassen (Keramik R. zur Hausen).

Wir sind beileibe nicht die ersten, die diese Erkenntnis gewonnen haben. Wenn wir tief in die Jahrtausende der Geschichte hinabsteigen, begegnen uns schon im Altertum Gärten, und stets sind sie mit Bildwerken geschmückt – aus welchen Motiven das auch immer geschehen sein mag. Griechen und Römer pflegten diese Tradition und erhoben sie gleichsam zum Kult. Pompejanische Wandmalereien und die Ruinen der berühmten Villa des Hadrian legen noch heute ein beredtes Zeugnis davon ab. Was aber wären diese Gärten ohne plastischen Schmuck?

In späteren Epochen, wie in der Renaissance, im Barock und im Rokoko, hielt eine fröhliche Skulpturenschar Einzug in die Gärten, bevölkerte mit Putten und Allegorien Balustraden,

Brunnen und Bosketts, trieb Schabernack an idyllischen Plätzen und spiegelte sich in Bächen, Teichen und Seen. Nach der Romantik wurde es stiller in grünen Gefilden. Erst der Jugendstil brachte eine neue Blüte, doch waren Gärten weniger davon betroffen. Brunnenplastiken, Skulpturen und Ornamente ergriffen Besitz von öffentlichen Anlagen und Repräsentationsbauten.
Die Zeit zwischen den Kriegen brachte die Monumentalplastik, dann folgten Zusammenbruch und neues Beginnen. Die Ära der Nutzgärten im und nach dem Kriege hatte wenig Platz für feinsinnige, künstlerische Dinge. Die Gärten verödeten – fichtenumsäumt. Allmählich aber kehrten die Zier- und Bauelemente wieder in die Gärten zurück. Seit den letzten vier Jahrzehnten ist der Wohngarten auf dem Vormarsch. Anlagen mit Pergolen, Terrassen, Brunnen, Quellsteinen und Grillplätzen entstehen in reichem Formenspiel. Neue Pflanzenzüchtungen drängen auf den Markt – man denke nur an Dahlien, Taglilien, Iris, Rosen, Lilien oder an die vielen Selektionen und Neuzüchtungen auf dem Gehölzsektor.
So nimmt es nicht wunder, daß auch das Aufstellen von Plastiken wieder „in" ist. Der plötzliche Bedarf an Bildwerken kam überraschend. Die Betonindustrie erkannte bald die Marktlücke und bietet heute ein reichhaltiges Sortiment von Abgüssen, Verkleinerungen, Nachempfindungen und Neuschöpfungen zu erstaunlich günstigen Preisen an. Mannigfaltig ist auch das Angebot an Keramiken. Terrakotten aus südlichen Ländern können leider wegen ihrer Frostempfindlichkeit nicht im Freien aufgestellt werden, aber es gibt auch hochgebranntes Steinzeug, das gefahrlos Frost und Nässe übersteht.
Viele Künstler haben sich der „Plastik im Freien" verschrieben und schaffen Gegenständliches, Abstraktes, Surreales und Mobiles in Werkstoffen, die von der klassischen Bronze über Holz und Edelstahl bis zum glasfaserverstärkten Polyester reichen. Volkshochschulen und bildende Künstler bieten Lehrgänge zum Töpfern und Modellieren an, und manches individuelle Stück entsteht unter kundiger Anleitung, um einen besonderen Platz im Garten zu verschönen und zu beleben.

Einige Regeln zum Aufstellen von Bildwerken

Bei der **Auswahl** einer Skulptur ist darauf zu achten, daß sie sich harmonisch in die Formsprache des Gartens einordnen läßt. Strenge, geradlinige Gärten verlangen nach klaren und geradlinigen Formen, egal, ob es sich dabei um klassische oder abstrakte Figuren handelt. Verspielte, feingliedrige, skurrile oder surrealistische Formen passen besser in bewegte, stark gegliederte oder naturnahe Gärten, wo sie sich nicht gegen abgezirkelte, geradlinige Flächen behaupten müssen, sondern auf kleinstem Raum wirksam werden können.
Die **Größe** eines Bildwerkes ist für einen Standort ausschlaggebend. Kleine Skulpturen müssen aus der Nähe betrachtet werden können, zum Beispiel auf einer Mauer am Sitzplatz oder auf hohem Sockel, möglichst in Augenhöhe. Meist handelt es sich herbei um Tierplastiken, Krüge, Vasen, Urnen, Büsten, Steinlaternen oder Sonnenuhren und dergleichen. Ist die umgebende Pflanzung hoch, zum Beispiel ein *Rhododendron*-Busch, so hilft man sich mit einem Unterbau, damit die Plastik das Grün deutlich überragt. Menschliche Figuren sollten stets menschliches Maß als Mindestgröße besitzen. Die sogenannte „Affengröße" (zwei Drittel Höhe eines Menschen) verzerrt die Maßstäbe und wirkt leicht lächerlich. Vor Verniedlichungen wird gewarnt! Sie haben oft einen kitschigen Beigeschmack.
Skurrile, drastische oder surrealistische Bildwerke gehören nicht auf den freien Rasen, sondern auf Plätze, wo sie einen **Überraschungseffekt** auslösen können, etwa an ein eingewachsenes Wasserbecken oder in das Becken, wo sie aus dem Wasser emportauchen, zwischen die Pfosten einer Pergola, wo sie erst bemerkt werden, wenn man sich unmittelbar auf gleicher Höhe mit ihnen befindet, oder an Wegbiegungen. Dichtes Buschwerk kann die Wirkung solcher Bildwerke unterstreichen.
Große künstlerische Arbeiten und deren Repliken dürfen, frei aufgestellt im Garten, **den Raum beherrschen**. Sie können axial – zum Beispiel zur Hauptblickrichtung aus dem Hause – oder zentral und frei auf dem Rasen aufgestellt werden. Oft erreicht man mit einer Ver-

Die Aufstellung von Bildwerken am Wasser hat ihren besonderen Reiz, auch in kleinräumigen Gärten.

schiebung aus der Hauptachse eine besondere Spannung, besonders wenn Kunstwerke einen Kontrapunkt zu einem Baum oder einer größeren Terrassenfläche abgeben. Der Garten wird für solche Bildwerke zur Staffage, ein Rahmen, der durch die jahreszeitlichen Veränderungen immer neue Wechselwirkungen mit dem Kunstwerk hervorbringt. Gartenteiche und größere Wasserbecken können durch Spiegelung die Wirkung eines Bildwerkes steigern. Kinetische Plastiken gehören frei auf den Rasen, wo sie ihr wechselvolles Spiel mit dem Wind treiben dürfen. So werden sie gewissermaßen zu Akteuren; der Garten tritt auch hier in seiner Bedeutung zurück. Vorsicht ist bei Verwendung intensiv gefärbter Blütenpflanzen geboten! Sie lenken die Aufmerksamkeit zu stark auf sich.

Einheitlich bepflanzte Beete, zum Beispiel Rosenbeete in einer bestimmten Farbe oder Beete mit immergrünen Bodendeckern, steigern die Wirkung von kontrastierenden Bildwerken (heller Steinguß, Marmor) oft bis ins Unerträgliche. Bronzen und dunkelfarbige Plastiken aus Holz oder Polyester kommen hier besser zur Geltung und lassen sich leichter in die Umgebung einbinden. Grelles Weiß ist ein ohnehin störender Mißklang im Gartenrund, wenn es nicht durch andere starke Farben in seiner Nachbarschaft gebrochen wird. Skulpturen, die Patina ansetzen oder bemoosen, sind glänzend glasierten und hellen Bildwerken mit glatter Oberfläche vorzuziehen.
Besonders reizvoll ist die Aufstellung von Bildwerken **am oder im Wasser**. Hierbei ist zu beachten, daß die Höhe der Skulpturen zur Ausdehnung der Wasserfläche in einem guten Verhältnis steht. Das Objekt sollte sich auch deutlich vom Hintergrund abheben. Schwarze, dunkle Becken spiegeln besser als helle. Darum sind für die Anlage eines Beckens oder Teiches eine dunkle Folie oder ein dunkler Anstrich eher zu empfehlen als selbstherrliche türkisfarbene oder leuchtendblaue Töne, die man noch allzu häufig sieht.
Bildwerke können auch selbst den Rahmen für einen Garten abgeben. In diesem Falle baut man sie **im Vordergrund**, beispielsweise in der Nähe eines Sitzplatzes oder eines Fensters auf, das zum Garten hinausgeht. Es eignen sich für diesen Zweck allerdings nur solche Figuren, die auch von der Gartenseite betrachtet werden können.
Gehölzpflanzungen gehören zu den interessantesten Standorten für Plastiken, wird doch durch die Anwesenheit höherer Bäume und Sträucher oft ein nahezu magischer Effekt erzielt. Laubgehölze sind wegen ihrer Veränderlichkeit besonders eindrucksvoll. Lichteffekte gleiten über das Bildwerk, wenn der Wind das Blattmosaik durcheinanderwirbelt, erwecken es zu unwirklichem Leben, täuschen Bewegungen vor und sind so recht dazu angetan, Natur und Kunst miteinander zu verbinden. Auch kahles Wintergeäst kann zauberhafte Wirkungen durch seinen Schattenwurf hervorrufen, indem es hier eine Linie, dort einen kräftigen Schatten unterstreicht und mit dem Tagesgestirn ein Linienraster über Bildwerk und Pflanzen wirft, das alle Dinglichkeiten miteinander verknüpft. Regentrübe Tage und Nebel lassen Pflanzen und Bildwerke verschwimmen oder hervortreten, zaubern andere Wertigkeiten durch mannigfaltige Abstufungen in grauen Tönen und machen Dinge bewußt, die im kräftigen Licht eines sommerlichen Tages in der umgebenden Fülle untergehen.

Der Brunnen an der Wand

Um ein Kunstwerk besonderer Art handelt es sich beim Wandbrunnen. Man könnte ihn ebensogut als funktionales Element mit enormem Zierwert betrachten. Wandbrunnen setzen in kleinsten Gartenräumen belebende und romantische Akzente. In größeren Anlagen verzaubern Wandbrunnen intime Gartenräume, wie historische Beispiele zeigen.
Schon bei den Griechen und Römern spielte das Wasser im Garten eine große Rolle. Berühmt sind die Gärten der Villa des Hadrian, der Ville d'Este, die Brunnen Roms und die vielen Wasseranlagen in Schlössern und Parkanlagen der Renaissance, des Barock und Rokoko. Aber wie steht es mit Wasserspielen im Hausgarten? Zumal in einem kleinen Garten oder Gartenhof, wo man mit jedem Quadratmeter geizen muß? – Es kommt auf die richtige Zuordnung und Größe der Wasseranlage an. Große Springbrunnen und Wasserspiele gehören in große Gärten oder Parkanlagen, Sprudel und Brunnen können dagegen in jedem Garten lebendiger Bestandteil, „Point de vue", werden. Oberster Gestaltungsgrundsatz heißt hierbei jedoch, daß sich diese Einrichtungen „wie selbstverständlich" in den Garten einfügen und nicht ihre Umgebung beherrschen. So werden Brunnen zu Bereicherungen, die uns durch ihre Schönheit oder Skurrilität erfreuen oder erheitern und uns in eine andere Welt führen, die uns aus dem Alltagsstreß löst.
Mauern sind geradezu ideal für die Anlage von Wandbrunnen. Oft lassen sich eine Gartenmauer, eine langweilige Garagenwand oder sogar die unattraktive Wand des Nachbarhauses (Einwilligung des Nachbarn erforderlich!) durch einen Wandbrunnen in einen faszinieren-

den Blickfang verwandeln. Fehlt ein solcher Hintergrund, genügt eine Mauerscheibe oder Stele mit geschickt angeordneter Hinterpflanzung.

Bau und Installation eines Wandbrunnens

Die Konstruktion ist sehr einfach. Mit wenigen Ziegeln kann man eine Säule aufmauern, in der die Installationsrohre, die Zuleitungen zu den Speiern, geführt werden, oder man verlegt die Installation in einem hinter der Mauer liegenden Raum (Garage, Abstellraum). Das Becken kann man fertig kaufen oder in einem Betonwerk maßgerecht anfertigen lassen. Das kostet etwa 150 bis 500 DM, je nach Größe. Solche Becken lassen sich leicht mit Klinkern, Fliesen oder Naturstein verkleiden und erhalten als Rand eine entsprechende Abdeckung. Man kann Becken auch aus Klinkermauerwerk erstellen, das auf einer Fundamentplatte aus Beton errichtet wird. Das Mauerwerk wird dann innen und außen mit einem wasserdichten Putz versehen. Größere Becken mit Spannweiten von mehreren Metern sollten statisch berechnet und von Fachfirmen hergestellt werden. Hier sind möglicherweise Armierungen mit Baustahlgewebe erforderlich.
Die Abbildung zeigt den Aufbau und die Funktion eines Wandbrunnens. Das Becken wurde zum Teil in den Boden eingelassen und ragt als Kante über den angrenzenden Pflasterbelag.

Aufbau einer Wandbrunnenanlage (Schnitt).

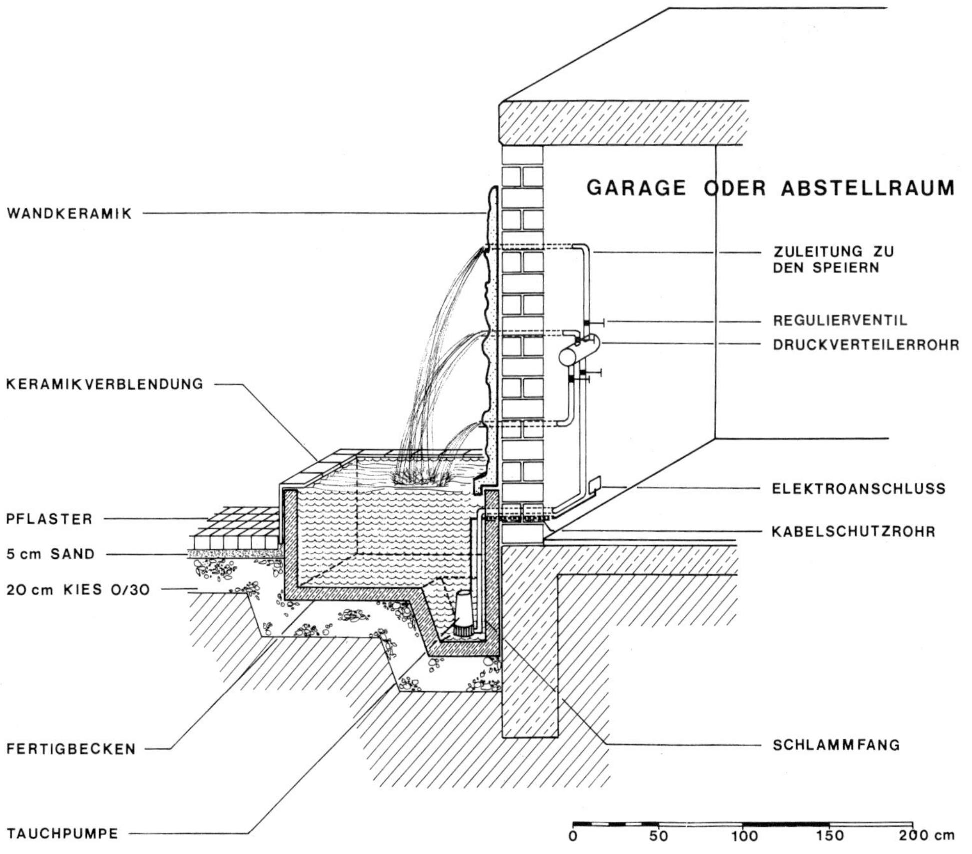

Ein lustiger Keramik-Wandbrunnen mit skurrilen Wassergeistern.

So vermeidet man Verunreinigungen durch Oberflächenwasser. Die sichtbaren Teile sind mit rustikalen Keramikfliesen verkleidet. Im Becken wurde eine Tauchpumpe installiert, die das Wasser ansaugt und über ein Druckverteilerrohr in die Speier drückt, die sich durch Regulierventile einstellen lassen.
Für die Leitungen eignen sich Kupfer- oder Plastikrohre gleichermaßen gut. Die Regulierung des Wasserdrucks kann über ein zusätzliches Auslaßventil oder über einen Dimmer erfolgen. Die Dimensionierung der Pumpe hängt von der Anzahl der Speier und damit von der zu fördernden Wassermenge pro Stunde ab. Die Berechnung übernimmt gern der einschlägige Fachhandel.
Eine Frischwasserzuleitung ist entbehrlich, denn man kann das Becken einfach mit Hilfe eines Gartenschlauches füllen. Ein Abfluß ist praktisch für gelegentliches Reinigen oder für die Beckenentleerung zur Winterzeit. Man kann aber auch einen Speier mit einem Schlauch verbinden und auf diese Weise das Becken über die Umwälzpumpe leeren. Durch die Installation von Unterwasserscheinwerfern lassen sich in der Dunkelheit wirkungsvolle Effekte erzielen.

Die Ausgestaltung

Die Gestaltungsmöglichkeiten der Brunnenwand (gut gegen Feuchtigkeit isolieren!) sind vielfältig. Sie reichen vom einfachen Rohr über kunstvolle Arbeiten aus Schmiedeeisen, abstrakten oder naturalistischen Metall- oder Keramikarbeiten bis zum hochstilisierten Kunstwerk. Gute Kunst hat ihren Preis, manchmal ist sie allerdings nicht viel teurer als Massenkonfektionsware, die dutzendweise in Gartencentern und Fachgeschäften angeboten wird.
Beliebt waren in früherer Zeit vor allem Tierköpfe (Löwen, Keiler, Drachen), Wassergetier (Fische, Krustentiere) und Masken als Wasserspeier. Wer einmal selbst ein Stück Ton modelliert hat, weiß, wie einfach und rasch eine solche Maske zu formen ist. Man kann sie glasieren und brennen und besitzt dann etwas Eigenes, selbst Geschaffenes. Mit einigem Geschick montiert man die Keramik selbst oder läßt sich von einem Fliesenleger helfen. Man muß allerdings darauf achten, daß die Installation und die Zuleitung zu den Speiern rechtzeitig mit eingebaut werden.

Die Bepflanzung

Ist der Brunnen montiert, dürfen wir die Pflanzung nicht vergessen, denn erst die Verbindung mit der Pflanze schafft echtes Zusammenspiel und harmonische Einbindung in die Umgebung.

Großblättrige Funkien *(Hosta)* oder Löffelblätter *(Bergenia)* eignen sich zur Vorpflanzung oder seitlichen Anordnung. Auch Gräser *(Spartina, Stipa, Pennisetum, Panicum)* können hier zauberhafte Wirkungen hervorbringen.
Kletterpflanzen leisten Erstaunliches, wenn sie Brunnen und Wand überziehen und zu einer festen Einheit verbinden. In schattiger Lage gibt es für die verschiedenen selbstkletternden Efeuarten keinen Ersatz. Sie können sogar mit dem selbstklimmenden Wilden Wein zusammengepflanzt werden und bedecken noch das Mauerwerk mit ihrem immergrünen Blattmosaik, wenn der Farbenrausch des Kletterweins im Herbst verglüht und seine Ranken kahl geworden sind.
Besonders attraktiv wirkt auch die Kletterhortensie *(Hydrangea anomala* ssp. *petiolaris)* mit ihren dekorativen hellgrünen Laubmassen und den aparten Blütenschirmen. Sie kommt ebenfalls noch mit halbschattigen und schattigen Lagen zurecht, obschon sie dann schwächer blüht. Das Filigran ihrer reichverzweigten Äste, die fest am Mauerwerk haften, sieht auch noch nach dem Laubfall sehr dekorativ aus.
Das kriechende Pfaffenhütchen *(Euonymus fortunei* var. *radicans* und Formen) ist ein dankbares immergrünes Klettergehölz. Durch gelegentlichen Schnitt kann man stark überhängende Zweige kurz halten.
Zur Mauerbegrünung eignet sich auch der Feuerdorn *(Pyracantha)*, der sich durch die immergrüne Belaubung, vielfältige Blüte und reichen Beerenschmuck auszeichnet. Er läßt sich leicht durch gespannte Drähte in der gewünschten Form am Mauerwerk formieren.
Von den sommergrünen Gehölzen empfiehlt sich in sonniger Lage besonders die Japanische Quitte *(Choenomeles japonica)* als Spalier, die dann sogar Höhen von 2,50 m und mehr erreichen kann und an Südwänden bereits im Februar—März ihre leuchtenden Blüten entfaltet. Auch mit bogenförmig angeordneten Kletterrosen lassen sich in Verbindung mit Wandbrunnen erstaunliche Wirkungen erzielen. Haben Sie schon einmal an einem milden Sommerabend oder in einer Sommernacht im Garten gesessen und in der Nähe einen Brunnen rauschen gehört? Wenn nicht, haben Sie etwas nachzuholen. Wandbrunnen machen Gärten heimeliger. Sie regen unsere Phantasie und unsere Kreativität an. Sie tragen außerdem dazu bei, daß sich Singvögel und allerlei Kleintiere wieder in den Gärten ansiedeln. Eine „heile Welt“ kann man nicht zufällig finden, man muß sie sich schaffen.

Der Sandsteinbrunnen besitzt einen Delphin als Brunnenfigur.

Schwierige Standorte und besondere Gartenbereiche

Die meisten Gärten besitzen ihre Problembereiche, Zonen in denen sich Pflanzen schwer ansiedeln lassen oder wo nur mit einem erheblichen Pflegeaufwand ein Pflanzenbestand aufrechtzuerhalten ist. Es kann sich dabei zum Beispiel um besonders schattige oder um ungewöhnlich trockene Bereiche handeln. Oft liegt das gesamte Gartengrundstück in schwieriger Lage – abschüssig am Hang vielleicht, oder aber der Untergrund und die Bodeneigenschaften schließen eine „ganz normale" Bepflanzung aus. In solchen Fällen muß eine geeignete Pflanzenauswahl die Widrigkeiten des Standorts ausgleichen. Nicht nur ermöglicht es eine geschickte Zusammenstellung der Arten und Sorten, den Pflegeaufwand gering oder zumindest in Grenzen zu halten, es können sogar besonders attraktive Gärten oder Gartenteile entstehen. Beginnen wir aber nicht gleich mit den schwierigsten Bereichen im Garten, sondern widmen wir uns zunächst einem besonders begehrten Gartenelement – dem Teich.

Wasserflächen für kleine und große Gärten

Wer wünscht sich nicht einen Teich oder Tümpel im Garten? Tatsächlich erfahren viele Gärten erst durch das Element Wasser ihre Vollendung. Doch zwischen Wunsch und Realisation klafft eine große Lücke. Der Garten muß einen geeigneten Platz aufweisen, und die Anlage muß der jeweiligen Situation Rechnung tragen.

Die Voraussetzungen

Die Teiche und Tümpel in der Natur brauchen keinen Beton. Auch im Garten kommen wir ohne aufwendige und dauerhafte Konstruktionen aus. In bestimmten Situationen dagegen kann ein Betonbecken vorzuziehen sein. Somit sollten wir als erstes die Voraussetzungen für die verschiedenen Baumethoden prüfen.

- Bietet der Garten einen sonnigen Platz? Die meisten Wasser- und Sumpfpflanzen und auch Wassertiere lieben viel Sonne.
- Wie groß soll die Wasserfläche werden? Das ist sehr wichtig, weil davon die Bauweise abhängt.
- Welche Form soll die Wasserfläche erhalten, und wie paßt sich diese in den Garten ein?

Konnten diese grundsätzlichen Fragen geklärt werden, so ist das Bauverfahren unter Berücksichtigung der oben genannten Grundvoraussetzungen auszuwählen. Beginnen wir mit der größtmöglichen Wasserfläche.

Der runde Teich mit flach auslaufender Randzone

Ein Teich oder Weiher in der Natur stellt einen vielgestaltigen Lebensraum dar. Die flach geneigten Uferzonen bilden verschieden hohe Wasserstände. Dies hat differenzierte Vegetationsgürtel zur Folge. Außerdem entstehen in den Flachwasserzonen höhere Wassertemperaturen als in Tiefwasserbereichen, was ein reichhaltiges Tierleben ermöglicht.

Dieser Teich wurde erst einige Jahre nach Fertigstellung des Gartens angelegt. Die Eingliederung wirkt bereits im zweiten Jahr nach dem Bau nahezu vollkommen. Die Abdichtung erfolgte mit Folie.

Frösche und Kröten können bei flacher Uferneigung ohne Schwierigkeiten das Wasser verlassen. Es ist also der ideale Gewässertyp für den biologisch orientierten Gartenfreund. Auch wenn kleine Kinder oder Haustiere einmal hineinfallen sollten, ist das weniger gefährlich.

Leider läßt sich ein solcher Teich nicht überall realisieren, denn er beansprucht ziemlich viel Platz. Da wir eine Mindesttiefe von 90 cm herstellen müssen, um Fischen und Seerosen eine frostfreie Zone im Winter anbieten zu können, entsteht ein Durchmesser von wenigstens 4 m! Das ist auf die flach verlaufende Uferzone zurückzuführen, die nicht steiler als 1:2 (das heißt auf 100 cm Strecke entsteht 50 cm Gefälle) geneigt sein soll. Die kreisrunde Grundrißform ist am günstigsten, da „malerische" Ausformungen noch mehr Platz beanspruchen und nur bei großen Parkseen gut aussehen.

Der Teich liegt am besten an der tiefsten Stelle des Gartens. Mit dem Aushub läßt sich oft im unmittelbaren Hintergrund ein flacher Hügel anschütten, der somit die Mulde optisch verstärkt. Bei einem Teich dieser Größenordnung können auch Gehölze am Ufer stehen, die einen kleinen Teil der Wasserfläche beschatten – nur wachsen dort nicht unsere sonnenliebenden Wasserpflanzen des Sommers. Meist sind an solchen Stellen Frühjahrsblüher wie die Sumpfdotterblume richtig: sie blüht, noch bevor das Laub der Gehölze erscheint.

Ein Entleeren des Teiches im Winter entfällt. Der Verdunstungsverlust im Sommer wird mit dem Gartenschlauch ausgeglichen. Überlaufendes Niederschlagswasser versickert am Teichrand. Wir brauchen folglich keinerlei Installationen. Auf „Springbrunnen" sollte man verzichten, da diese Kunstregen bei Sonne die Blätter und Blüten der Teichrosen schädigen. Blattverbrennungen und vorzeitiges Verblühen sind die Folge.

Bei der Bepflanzung ist darauf zu achten, daß alle Stauden in die richtige, ihnen von Natur aus angestammte Wassertiefe kommen. Man sollte sich vor dem Kauf gut darüber informieren.

Dieser kleine Teich mutet natürlich an. Er wurde mit Lehm abgedichtet. Bereits im ersten Jahr hat sich die Bepflanzung üppig entwickelt. Es besteht sogar die Gefahr, daß der Teich ohne pflegerische Eingriffe ganz zuwächst.

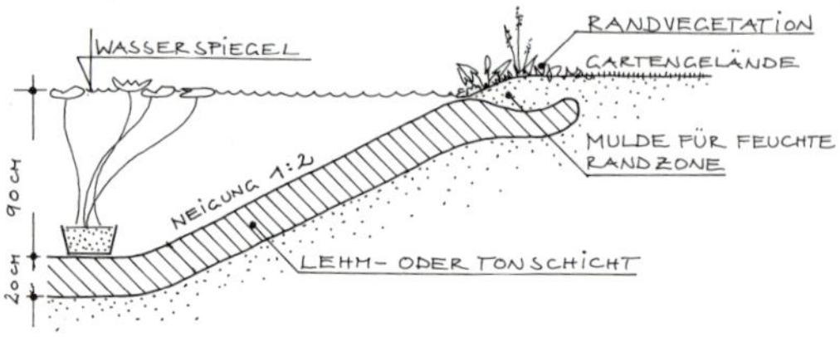

Schnittzeichnung eines Gartenteiches, dessen Wände mit Lehm abgedichtet wurden.

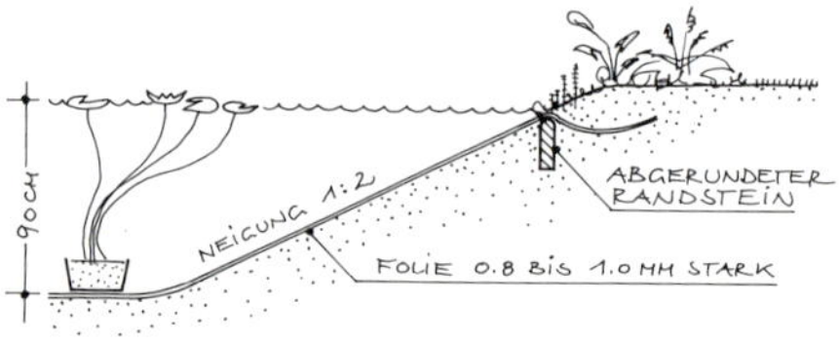

Abdichtung eines Beckens mit Folie.

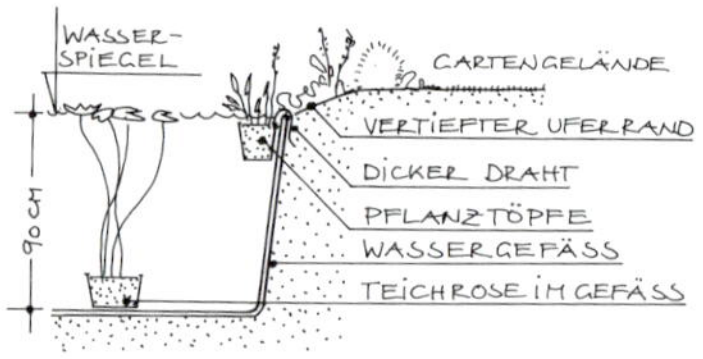

Schnittzeichnung durch ein Wasserpflanzbecken.

Der Teichbau

Als Abdichtung für solche Wasserflächen eignet sich eine Lehmschicht oder eine Folie. Eine **Abdichtung mit Lehm oder Ton** erfüllt durchaus ihren Zweck, und sie ist billig, wenn geeignetes Material zur Verfügung steht. Und nur dann erscheint dieses Verfahren sinnvoll. Da die Schicht mindestens 20 cm stark sein muß, wird viel Material gebraucht.

Das Dichtungsmaterial muß sand- und kiesfrei sein, sonst kann es undichte Stellen geben. Mit Wasser gemischt, muß eine geschmeidige Masse entstehen, ähnlich dem Töpferton. Vor allem muß in einem Zuge rasch gearbeitet werden, um ein schnelles Austrocknen und danach Reißen der aufgebrachten und festgeschlagenen Schicht zu verhindern. Fertige Teichflächen können auch mit nassen Tüchern oder Säcken abgedeckt werden.

Die flache Uferböschung wird bis zum geplanten Wasserspiegel hinaufgeführt und kann dort in einer kleinen Mulde nach hinten ausgeformt werden. So entsteht ein feuchter Uferbereich für Sumpfpflanzen.

Pflanzstellen werden beim Bau einmodelliert. Es muß später dafür gesorgt werden, daß der Wasserspiegel niemals für längere Zeit stark absinkt. Die Uferzone würde sonst austrocknen und rissig werden. Beim Wiederauffüllen sickert dann Wasser aus, und der Wasserspiegel kann nicht mehr gehoben werden. Solchen möglichen Nachteilen steht aber positiv gegenüber, daß ein natürlicher Uferrand entsteht, dessen Vegetation einen Spielraum sowohl zum Land als auch zum Wasser hin hat. Die Uferzone ist hier auch immer etwas feuchter als bei anderen Bauweisen, bei denen Wasser und Ufer scharf voneinander getrennt sind.

Ist die Lehmabdichtung nicht durchführbar, so bleibt das **Abdichten mit Folie**. Hierzu werden Folien aus PVC (Polyvinylchlorid) oder PE (Polyethylen), 0,8 bis 1 mm stark, verwendet, die wurzelfest und beständig gegen ultraviolettes Licht sein müssen. Die Farbe sollte nicht himmelblau, sondern dunkelgrau oder schwarz sein. Dieser neutrale Beckengrund suggeriert Tiefe und läßt die Wasserspiegelung wirksam werden. Die Folie wird einlagig eingebaut und mit speziellen Klebern zusammengefügt. Die Materialkosten sind höher als bei der Lehmabdichtung. Eine Betonschicht unter der Folie ist im eigenen Garten nicht erforderlich, weil die Ursachen für Foliendurchlöcherungen, wie sie in öffentlichen Anlagen oft vorkommen, im Garten vermeidbar sind: das Hineinlaufen oder Steinewerfen. Der Teichrand und die Pflanzzonen werden in gleicher Weise wie beim Lehm ausgeformt.

Das Wasserpflanzbecken

Während beim frostsicheren Teich im Garten eine nicht zu unterscheidende Flächengröße Grundbedingung ist und somit stets einen etwas weiträumigeren Garten erfordert, läßt sich der Wunsch nach einer „Wasserfläche im Kleinen" auch mit einem Wasserpflanzenbekken erfüllen. Um die Vergleichbarkeit mit den Teichen beizubehalten, wollen wir hier nur auf die bodenbündigen Becken eingehen. Für die aus dem Gelände herausgehobenen Becken gelten andere Maßstäbe für Gestaltung und Material. Bei bodenbündigen Becken liegt nicht das Gefäß beziehungsweise das Material, aus dem es besteht, sondern wie bei den Teichen die Wasserfläche im Blickfeld. Deshalb ist hier eine Abstimmung mit den anderen im Garten für Wege und Mauern verwendeten Materialien nicht so wichtig wie bei den erhöhten Becken.

Am einfachsten ist es, ein geeignetes Gefäß mit mindestens 90 cm Tiefe einzugraben. Runde, halbierte Holzfässer, Blechtonnen, Eternitgefäße oder auch schwarze Kunststoffkübel kommen gleichermaßen in Betracht. (Wasserbecken aus Beton sind dagegen im Vergleich zum Ergebnis sehr aufwendig und bergen viele Risiken bei der Ausführung.) Entscheidend ist hierbei, daß im Vergleich zum Teich durch den Wegfall der flach ansteigenden Ufer Fläche gespart wird. Nachteilig sind die meist senkrechten oder nur schwach schräg verlaufenden Wände. Dieser ungünstige Umstand für die Bepflanzung, aber auch für Tiere, die das Wasser verlassen wollen, läßt sich ausgleichen. Zu diesem Zweck werden mit Wasser- oder Sumpfpflanzen bestückte schwarze Kunststofftöpfe am Rand aufgehängt. Ein als „Fleischerhaken" gebogener, am Topf befestigter dicker Draht ermöglicht dies. Verschiedene Wassertiefen könnten so eingerichtet werden, je nach Bepflanzung. Über diese „Stützpunkte" können Kröten oder Frösche und hineingefallene Tiere das Becken verlassen. Teichrosen stellen wir in Pflanzgefäßen auf den Boden. Die Höhe kann mit untergelegten Ziegelsteinen angepaßt werden. Der Boden größerer Kunststoffbecken ist so gestaltet, daß die Wassertiefe variiert.

Im Winter bleibt alles im Becken, denn eine Tiefe von 90 cm garantiert frostfreien Grund unter dem Eis. Der Eisdruck sprengt auch nicht das Gefäß, weil Wasserspiegel und umschließendes Gelände auf einer Höhe liegen. Die schon vorher entstandene Eisfläche friert nämlich zunächst am Rand an und erzeugt erst dann Druck, wenn das umgebende Erdreich ebenfalls gefroren ist. Somit entsteht Gegendruck. Darin liegt der große Vorteil gegenüber den aus dem Gelände herausragenden Wasserbecken, die im Winter immer geleert werden müssen.

Nicht frostfreie Ausführungen von bodenbündigen Wasserbecken sind grundsätzlich eben-

Ein eingegrabenes Kunststoffgefäß mit 140 cm Durchmesser dient als Wasserpflanzenbecken. Im Sommer bedeckt die Pflanzenfülle den Rand völlig. So entsteht ein fast „natürliches Wasserloch".

Mit einem eingegrabenen Kunststoffgefäß von 3 m Durchmesser wurde dieses Wasserbecken hergestellt. Die Gelbe Sumpfschwertlilie (*Iris pseudacorus*) hat sich prächtig entwickelt. Das Becken ist in halber Tiefe abgestuft, darauf stehen in Körben die Wasserpflanzen.

falls möglich. Auch hier können entsprechende Gefäße eingegraben werden. Das Wasser bleibt ebenfalls im Winter drin, nur müssen Fische und Wasserpflanzen, die nicht einfrieren dürfen, wie zum Beispiel Teichrosen, herausgenommen werden. Besonders der Fischfang für das Aquarium in der Wohnung ist mit einiger Mühe verbunden. Es empfehlen sich somit die frostsicheren Bauweisen, die einfach zu bauen und, weil sie der Natur recht nahe kommen, am unkompliziertesten zu erhalten sind.
Installationen brauchen wir bei dem bodenbündigen Becken genauso wenig wie beim Teich. Eine Reinigung ist notwendig, wenn sich zuviel Schlamm und Fäulnisstoffe angesammelt haben. Mit einer tragbaren Elektropumpe ist das Becken dann schnell geleert. Die Beckenränder können bewachsen oder mit Platten belegt werden, je nach Gartensituation. Anzustreben ist aber stets ein bewachsener Rand. Dieser wirkt natürlicher und integriert das Becken besser in den Garten. Wichtig erscheint auch der Hinweis, den Beckenrand stets etwas tiefer als das umgebende Gelände zu legen. So wirkt das „Wasserloch“ noch natürlicher. Senkrechte Wände, verbunden mit frostfreier Wassertiefe, bergen allerdings gewisse Gefahren für Kleinkinder. Wasser zieht Kinder magnetisch an, Ermahnungen nützen da wenig. Man sollte daher einen derartigen Beckenbau erst dann realisieren, wenn die Kinder etwas größer sind. Schutznetze und -gitter wirken jedenfalls nie befriedigend.

Der Garten am Hang

Für den Hang gelten eigene Gestaltungsgrundsätze. Der Hang hat seine eigenen Pflanzen. Er verlangt auch besondere Häuser, und von diesen Häusern aus erschließt sich der Garten in anderer Weise als bei denen, die auf ebener Fläche stehen. Am Hang ist vieles anders, manches auch schwieriger, kostspieliger. Ganz ohne Zweifel hat so ein Hanggarten seine Reize für jeden, der Gespür für die veränderten Möglichkeiten entwickelt.

Die Besonderheiten eines Hanggartens

Ungewohnte Blickrichtungen kennzeichnen den Garten am Hang. Zu Vorne und Hinten kommt ein Oben und Unten, eine zusätzliche Dimension, die sich uns sonst nur durch Gebautes erschließt. Sie muß bewältigt und ausgewertet werden. Hier liegt eine Chance, die es gilt zu erkennen und zu nützen. Leider verdienen viele Hanggärten die Bezeichnung „Garten" gar nicht. Das ist kein Garten, was sich mit einer dicken Kruste von Kriechgehölzen überzieht: einfallslos wie monoton: *Cotoneaster* über *Cotoneaster*, nur damit der rieselnde Boden festgehalten wird. Schmuck scheint nebensächlich, der Garten eine Last zu sein. Die gebotenen Chancen wurden also nicht erkannt.

Welche **zusätzliche Möglichkeiten** bietet der Hanggarten?

– Eine weitere Dimension. Wir können zu horizontalen Beeten auch noch vertikale anlegen, denn die Böschung, die ein Terrassenbeet stützt, kann selbst ein Beet sein, gleiches gilt für die Trockenmauer.
– Ein besonders enger Kontakt mit den Pflanzen. An der Bergseite sind sie Auge, Nase und Hand näher. Das Bücken ist uns erlassen, wenn wir uns die in der Mauer oder auf der Mauerkrone wachsenden Pflanzen näher besehen wollen.
– Eine spezielle Gruppe von Pflanzen. Es bieten sich alle die an, die klettern oder hängen, und an einem Sonnenhang alle, die die volle Lichtflut lieben oder vertragen. Sie können hier ihre charakteristische Schönheit entwickeln.
– Zusätzliche Materialien, besondere Strukturen. Der Stein und die daraus gebaute Mauer, Schwellen und Palisaden sowie übereinandergesetzte Betonfertigteile zeigen ihre Formenvielfalt.
– Ein sehr intensives Wegenetz. Der bepflanzte Hang braucht Pfade, nicht nur nach unten und oben, sondern mehr noch in der Waagerechten, damit wir an die Pflanzungen herankommen.
– Charakteristische Motive. Dazu mehr auf den nächsten Seiten.

Den Chancen stehen aber **Nachteile und Erschwernisse** gegenüber:

– Mehr Material in jeder Hinsicht bedeutet höheren Aufwand. So muß ein Teil der Wege in Form von Stufen angelegt werden. Stufen sind teuer, obendrein können sie unbequem werden. Flächen mit waagerechter Ausdehnung lassen sich nur mit Kunstgriffen schaffen. Böschungen und Stützmauern müssen dazu verhelfen, Plätze für Wasserbecken, Terrassen, Spielebenen und andere Einrichtungen zu schaffen.
– Verstärkter Bodenschutz wird erforderlich. Das starke Hanggefälle setzt den Boden der Abtragung aus. Um dem entgegenzuwirken, sind ebenfalls Bauwerke, aber auch eine ausgesuchte und dichtere Bepflanzung nötig. Der Nutzgarten mit seinen ungeschützten Flächen unterliegt der Erosion in besonderem Maß.
– Intensivere Bemühung erfordert ganz besonders der Nutzgarten. Nicht jedes Gemüse, das man sich hier ziehen will, verträgt das schnelle Austrocknen der Erde und die starke Sonneneinstrahlung. An einem Nordhang dagegen reicht die Lichtmenge möglicherweise nicht aus.
– An die Vorstellungskraft werden höhere Ansprüche gestellt. Sehr stark fällt die mangelnde Überschaubarkeit, anders gesagt, die ungenügende „Anschaubarkeit" des Hanggartens ins Gewicht. Steht das Haus oberhalb des Gartens, sieht man von den Pflanzen vielleicht nur den obersten Saum. Alles übrige ist dem Blick entzogen. Wir können die Anlage nur im Hindurchgehen von Terrasse zu Terrasse erleben. Das muß vor der Einrichtung des Gartens bedacht werden. Dies mag die Ursache dafür sein, daß auf so manchem Wohngartenhang außer Bodenbedeckung überhaupt nichts getan wird. So entsteht eine Art künstlichen Ödlandes. Beim Hanggarten über dem Haus besteht dieses Problem ebenso, aber es ist leichter zu lösen, denn ihn kann man einse-

hen. Vielleicht braucht der Hanggarten auch mehr Geduld.

Der Hang kann von vielerlei **Eigenschaften** geprägt sein, die sich ganz erheblich auf den Garten, der dort entstehen soll, auswirken. Die wichtigsten sind:

– Die Stärke der Neigung: flach geneigt, stark geneigt, steil oder sogar sehr steil.
– Die Richtung der Neigung: zur Sonne oder von ihr abgewandt, nach Osten oder nach Westen.
– Die Bodenverhältnisse: Felsen, Hangschutt und Schotter, Mergel, Sand, Löß. Davon hängen nicht nur Form und Bearbeitung des Gartens ab, sondern auch die Fähigkeit des Untergrunds, Wasser aufzunehmen und zu halten. Selbstverständlich haben die Bodenverhältnisse größte Auswirkungen auf die Auswahl der Pflanzen.
– Die Größe des Grundstücks: Eine große Hangfläche, die vielleicht noch in eine untere und obere Ebene übergeht, kann viel freier behandelt werden als eine kleine Parzelle. Möglicherweise kann der große Garten teilweise im Naturzustand belassen bleiben, während der kleine bis an die Begrenzungen zu bearbeiten und umzuformen ist.
– Die klimatische Lage wirkt sich in erster Linie auf die Auswahl der Pflanzen aus, daneben aber auch auf Art und Umfang der Terrassenabstützungen und auf die Einbauten.
– Die landschaftliche Umgebung kann Rücksichtnahme bei Geländeformung und Bepflanzung verlangen.

Ehe man an das Anlegen des Gartens geht, wird man diese Eigenschaften bedenken und danach weitere Überlegungen anstellen, aus denen die Form des Gartens im wesentlichen bestimmt wird. So haben Gewicht:

– Die Lage des Hauses: unten am Fuß, oben an der Kante oder mitten darin.
– Die Intensität der beabsichtigten Nutzung.
– Der gewünschte Stil der Bepflanzung: natürlich anmutend oder als intensiver Garten; mit Rasen oder die sehr steile Fläche ganz ohne ihn. Wollen wir Bäume pflanzen? Und dann welche, wie viele und wohin?
– Art und Führung der Wege, welche Beläge? Wohin sollen Stufen in welcher Anzahl kommen, oder legen wir Wege ganz ohne Stufen an?
– Befestigung der Einkerbungen und Aufschüttungen: Wendet man grobe Steinsetzungen an, sprich arbeitet man mit unbehauenen Steinen, oder zieht man Stützmauern aus Beton, mit Naturstein verblendete Betonmauern oder Betonelemente zur Böschungsabstützung vor, baut man sich gar eine Trockenmauer aus Naturstein? Vielleicht läßt sich auch auf die Mauern verzichten zugunsten einer steilen Böschung, bepflanzt mit Kriechgehölzen und Steingartenstauden oder nur mit Gras. In der Regel wird eine Kombination von Mauern oder Steinsetzungen plus Böschung die günstigste Lösung darstellen.

Motive für den Garten am Hang

Die Lage des Gartens am Hang schafft die natürliche Voraussetzung für Motive, die anderswo weniger Sinn geben oder größeren Aufwand brauchen.

Der **Steingarten** in der Ebene läßt sich strenggenommen fast nicht in überzeugender Weise anlegen. Dort ist er immer auf eine Abgrabung oder eine Aufschüttung angewiesen. Diese sind nicht leicht in eine natürlich anmutende Form zu bringen; man entschließt sich dann besser für die geplante, künstliche Gestaltung, zum Beispiel mit Mauern, die einen Hügel oder eine Senke betonen und stützen. Am Hang dagegen erscheint ein Steingarten als eine absolut selbstverständliche Angelegenheit.

Der Steingarten sollte nach Möglichkeit nicht nur eine Angelegenheit der Dekoration sein, sondern er hat eine Funktion zu erfüllen, denn die Steine helfen den Hang stützen, wenn sie gut gesetzt sind. Sie tragen dazu bei, stärkere Böschungsneigungen herauszuarbeiten und damit ebene Flächen zu erzielen. Auch in der Natur tritt der Stein überwiegend in steilem Gelände in Erscheinung. Nur so kann er den Pflanzen, die sich an ihn anschmiegen und die über ihn hinunterfluten wollen, nützlich sein. Und nur so können diese ihre volle Schönheit zeigen.

Am steilen Hang ist es durchaus möglich, daß unter dem Hangschutt, den die Verwitterung

Der Garten am Hang bildet die ideale Voraussetzung zur Errichtung einer Trockenmauer. Hier sind die Pflanzen unseren Augen so nah, daß auch kleine Kostbarkeiten nicht zu übersehen sind. Der Pflanzenliebhaber betrachtet so das „Abfangen" des Hanges nicht als Notwendigkeit, sondern als besondere Chance.

im Laufe der Zeit hinterlassen hat, die natürlichen Felsformationen zum Vorschein kommen. Hier braucht der „Steingarten" nur freigelegt zu werden. Es macht Vergnügen, mit den zur Ergänzung gesetzten Steinen daran anzuschließen.

Die beste Steinsetzung ist immer die, die auf die Art des verwendeten Steines eingeht: flache, aus lagerhaften Schichten stammende Brocken werden zu neuen Schichten aneinandergefügt und übereinandergelagert; dagegen werden massive, rundliche Steine rhythmisch gruppiert. Daß die Größe der Steine ebenfalls eine mitbestimmende Rolle spielt, muß einleuchten. Peinlich wirken Erdaufschüttungen und Hänge, die ohne erkennbares System mit umhergestreuten Bruchsteinbrocken gespickt sind. Das sind keine Steingärten, sondern schlicht Gärten mit Steinen.

Ruhendes und langsam fließendes Wasser sind Elemente der Ebene, **plätscherndes Rinnsal, Wasserfall**, vielleicht auch eine Quelle gehören zum Berg. Bach und Quelle sind in städtischen Gärten kaum anzutreffen. Aber auch auf dem Land gehören sie zu den besonderen Raritäten. Dennoch läßt sich der Effekt des herabrieselnden Wassers mit Hilfe einer Umwälzpumpe überall leicht erzielen. Über das Gelingen eines derartigen künstlichen Wasserspiels entscheiden Geschick und persönlicher Geschmack. Nicht immer, besser gesagt selten, erzielt derjenige die beste Lösung, der ein natürliches Aussehen anstrebt.

Auf felsigem Untergrund und in Verbindung mit Stützmauern kann selbst ein rares Motiv wie eine **Höhle** oder **Nische** verwirklicht werden. Keinem besonderen Zweck zugedacht, dient sie mehr der schmückenden Belebung.

Als eine nützliche Abwandlung dieses Motivs könnte man sich aber eine Art Miniatur-Orangerie denken. Sie könnte so entstehen, daß eine Stützmauer oben überkragend ausgebildet und vorn verglast wird.
Die meisten Spezialmotive liefern gewiß **die Pflanzen**, sei es nun dank besonderer Eigenschaften oder, wie Weinreben am Spalier, durch Schnitt und Formung. Dieses Thema ließe sich hier nicht annähernd erschöpfend behandeln. Doch der nächste Abschnitt behandelt ab Seite 95 ausführlich die Stauden an der sonnigen Böschung.
Wer aber denkt an **Tiere**! Manche von ihnen bevölkern einen warmen Südhang mit deutlicher Vorliebe. Geben wir doch den Eidechsen Steinritzen zum Unterschlüpfen, Hohlräume in den Mauern, ein Häufchen besonnten Sand, um die Eier zu vergraben, geschützte Plätze für das Sonnenbad und den Ansitz auf Beute. Auch Grillen mögen die Sonne und die Trokkenheit des Hangs. Sie benötigen am Hang lediglich ein Stück ungemähte Grasfläche. Ob sie sich allerdings einbürgern lassen, ist die Frage.
Noch viele andere Insekten bevorzugen ähnliche Plätze: Erd- und Mauerbienen, mancherlei Käfer, Schwärmer und Falter. Vielleicht können sie durch Auswahl bestimmter Wirtspflanzen zu öfteren und länger dauernden Gastrollen animiert werden. Die Schmetterlinge sind durch eifriges Giftspritzen rar geworden, so rar, daß man ganz gerührt ist und wie im Märchen an den Besuch des Märchenprinzen glaubt, wenn einmal einer in den Garten gaukelt. Bunte Falter sind wohl seltene Gäste, aber gerade solche erhöhen und runden das Erlebnis mit dem Garten.

Die Böschung im Garten

Im vorangegangenen Abschnitt war von größeren schrägen Flächen am Hang die Rede. Die Böschung hat im Vergleich dazu meist einen geringeren Höhenunterschied zu überwinden. Böschungen – oder Mauern – dienen an Hanggrundstücken dazu, die Hangschräge aufzubrechen, so daß ebene, nutzbare Gartenflächen entstehen. Abgesehen davon entstehen Böschungen auch, wenn Schutzwälle Wohnbezirke gegen Straßenlärm abschirmen müssen. Ist die Böschung also ein notwendiges Übel, ist sie lästig oder unerwünscht? Manchmal hat es diesen Anschein. Ungezählte Böschungen, öde mit *Cotoneaster* überwachsen, zeugen davon, wie ungeliebt sie offensichtlich sind. Zwar sind sie begrünt, aber zum Garten sind sie nicht geworden.

Die Böschung als Teil des Gartens

Einige Zeit, bevor man an die Pflanzung geht, muß die Böschung ihre Form erhalten, eine Form, die erkennen läßt, daß sie auf Planung beruht, auf klarer Vorstellung, und nicht allein vom Zufall her entstanden ist. Mauerstücke, Mulden, kleine Zwischenverebnungen oder schmale Querpfade vermögen wuchtigen Böschungen ihre Eintönigkeit zu nehmen. Niedrige Böschungen können durch steilere und flachere, höhere und tiefere Partien Spannung erhalten.
Die Pflanzenauswahl muß diesen Eindruck verstärken. Auch wenn die Ungunst des Geländes die Böschung erzwingt, muß das fertige Werk so aussehen, als sei es aus freiem Willen und planerischer Absicht so enstanden. Bei Gärten in ebenem Gelände ist die Sachlage anders. Hier wird die Böschung immer eine Vorstellung ausweisen, selbst, wenn sie „nur“ Teil eines der immer unentbehrlicher werdenden Schutzwälle ist. Doch auch der Wall hat eine Außenseite, eine Seite, die sich vom Garten abwendet. Um diese Außenseite, diese „Nebensache“ geht es im folgenden.

Pflanzen für die Begrünung

Begrünt werden kann mit Gras, mit Gehölzen, mit Wildstauden (oder solchen, die zum „Verwildern“ geeignet sind), mit Gartenstauden und -gräsern, mit Einjahresblumen (Sommerblumen) oder mit Mischungen (Gehölze und Stauden, Gehölze und Sommerblumen). Schon diese knappe Zusammenfassung läßt ahnen, daß für die Auswahl der Pflanzen und deren Anordnungen ungezählte Möglichkeiten offen stehen. Ausgehend von der simplen, notdürftigen Begrünung des blanken Bodens ohne Zier-

Ein Steingarten läßt sich auf ebener Fläche kaum überzeugend darstellen, am Hang dagegen angelegt erscheint er als selbstverständlich.

funktion reichen die Varianten über schlichte und zweckmäßige Formen bis zu interessanten, reichhaltigen und üppigen. Je nach Zweck und Anlaß und je nach gärtnerischer Ambition des Gartenbesitzers unterscheiden sich die Böschungen sowohl in der Form als auch in der Bepflanzung. Eine mit Stauden dekorativ gestaltete Böschung im kleinen Reihenhausgarten zeigt die Abbildung auf Seite 31.
Eine Anforderung an die Pflanzen ist in jedem Fall besonders wichtig: sie müssen den Gartenboden davor bewahren, abgeschwemmt zu werden, und dies muß schnell geschehen. Diesen Vorzug haben die Gehölze, besonders die sogenannten bodendeckenden. In der überwiegenden Zahl werden daher Gehölze im Dienste der Böschungsbegrünung angewendet. Haben sie einmal „dicht gemacht", ist zudem der Aufwand für Pflege äußerst bescheiden.
Den *Cotoneaster* kennt mittlerweile alle Welt. Diese botanische Bezeichnung hat eine Eindeutschung längst nicht mehr nötig. „Zwergmispel" und „Felsenmispel" sagen dem, der Bodendecker für seinen Garten kaufen will, nicht viel mehr. Solche Popularität weist darauf hin, daß der *Cotoneaster* mit mehreren Arten und Sorten im Garten unentbehrlich geworden ist. Besonders die niedrig wachsenden Sorten bilden eine wichtige Grundlage zu allen Gehölzpflan-

Bodendeckende Gehölze für die Böschung	
Laubgehölze	
Calluna vulgaris	Besenheide in verschiedenen Sorten
Cotoneaster adpressus	Felsmispel
Cotoneaster dammeri	Teppich-Zwergmispel
Cotoneaster praecox	Zwergmispel
Cotoneaster salicifolius 'Parkteppich'	Zwergmispel
Cytisus decumbens	Kriechginster
Erica herbacea (E. carnea)	Schneeheide in Sorten
Euonymus fortunei var. *radicans**	Zwergspindel
Euonymus fortunei var. *vegeta**	Zwergspindel
*Hedera helix**	Efeu
*Helianthemum***	Sonnenröschen in mehreren Arten und Sorten
Hydrangea anomala ssp. *petiolaris*	Kletterhortensie
Hypericum calycinum	Johanniskraut
*Iberis sempervirens***	Schleifenblume
Jasminum nudiflorum	Winterjasmin
*Lavandula angustifolia***	Echter Lavendel
Salix repens ssp. *argentea*	Kriechweide
Nadelgehölze	
Juniperus communis 'Hornibrookii'	Zwergwacholder
Juniperus communis 'Repanda'	Zwergwacholder
Juniperus horizontalis	Kriechwacholder

* Geeignet für schattige Lagen ** Häufig zu den Stauden gerechnet

zungen. Seine Brauchbarkeit hat nur einen Nachteil: sie verführt zur nachlässigen, gedankenlosen Anwendung. Wir werden sehen, daß es viele andere, reizvolle Möglichkeiten gibt.
Welche Qualitäten verlangt die Böschung von „ihren" Gehölzen? Sie müssen die Fähigkeit zum Kriechen, Wuchern und Verfilzen haben (jedenfalls die bodendeckenden), ihr Wurzelwerk muß den Boden zusammenhalten. Sie müssen frostsicher und widerstandsfähig gegenüber Trockenheit sein und kräftige Sonne ertragen können. Absolutes Ausdauern, möglichst über Jahrzehnte hinweg, wird gefordert. Ebenso wichtig ist die Verträglichkeit mit vielen anderen Pflanzen. Natürlich wird auch eine preiswerte Anschaffung erwartet.
Die **bodendeckenden Gehölze** werden zahlenmäßig wohl immer überwiegen – je größer die Pflanze, desto geringer die Zahl. In wenigen Exemplaren oder einzeln verwendet, kommen auch kostbare Ziergehölze zwischen ihren Begleitpflanzen zur Wirkung. Auf großen Flächen kann durch das Zusammenfassen verschiedener Arten von *Cotoneaster* oder *Erica* eine willkommene zusätzliche Gliederung erzielt werden.

Besonders für starke Böschungen mit großer Ausdehnung sind neben den flachwachsenden auch **halbhohe Kleinsträucher** in größeren Gruppen und Mengen notwendig (*Cotoneaster*, Wildrosen, Zierquitten, Berberitzen, Schneebeeren). Die Schneebeere ist allerdings nur mit Vorbehalt für den Hausgarten zu empfehlen; in der Regel ist er für diese struppige, wenig schmückende Pflanze zu schade. Für Lärmschutzwälle dagegen und andere großflächige Pflanzungen ist die Schneebeere nicht zu entbehren. Ähnliche Eigenschaften bei schmuckerer Tracht bieten die Heckenkirschen *Lonicera pileata* und *Lonicera nitida (L. pileata* f. *yunnanensis)*. Letztere wächst etwas kräftiger. Die niedrigen oder halbhohen Heckenkirschen wachsen dicht und sind schattenverträglich. Das zierliche Blattwerk bleibt auch im Winter grün.
Unter den **Wildrosen** finden wir einige Arten, die sich in der Böschung wie „zu Hause" fühlen und niedrig bleiben: *Rosa nitida, Rosa carolina* und *Rosa pendulina*. Da ihre Blütezeit kurz ist und das Aussehen im Winter etwas borstig, werden auch sie mehr zur Straßen- als zur Hausgartenbegrünung herangezogen. In

Halbhoch und höher werdende Gehölze für die Böschung	
Berberis thunbergii	Berberitze
Betula nana	Zwergbirke
Caryopteris × clandonensis	Bartblume
Caryopteris incana 'Heavenly Blue'	Bartblume
Choenomeles japonica	Zierquitte
Cotoneaster wardii 'Pendulus'	Zwergmispel
Cotoneaster microphyllus var. *melanotrichus*	Zwergmispel
Cytisus × praecox	Elfenbeinginster
Mahonia aquifolium	Mahonie
Perovskia abrotanoides	Perovskie
Rosa	Rosen in verschiedenen Arten und Sorten, Wildrosen, Strauch-, Kletter- und Parkrosen
Salix purpurea 'Gracilis'	Purpurweide
Spiraea × arguta	Spierstrauch
Symphoricarpos chenaultii 'Hancock'	Schneebeere

Großsträucher und Bäume für die Böschung (Beispiele)	
Laubgehölze	
Acer ginnala	Feuerahorn
Buddleja davidii	Sommerflieder
Buddleja alternifolia	Buddleie
Caragana arborescens	Erbsenstrauch
Colutea arborescens	Blasenstrauch
Elaeagnus angustifolia	Ölweide
Hippophaë rhamnoides	Sanddorn
Malus floribunda	Zierapfel
Prunus subhirtella	Japanische Frühlingskirsche
Pyracantha coccinea	Feuerdorn
Nadelgehölze	
Juniperus	Wacholder
Pinus	Kiefer
Taxus	Eibe

kleinen Gruppen, zwischen den Bodendeckern und vor höheren Sträuchern angeordnet, sind sie aber nicht ohne Reiz.

Kleinsträucher. Ähnlich wie diese Rosen werden wir einige Berberitzen-Arten vereinzelt und in kleinen Gruppen unterbringen *(Berberis buxifolia, B. thunbergii, B. candidula).* Bescheidene Ansprüche an Boden und Feuchtigkeit sind auch ihre Stärke. Die rotblättrigen Sorten sind willkommen zur Kontrastbildung. Genügsam erweist sich auch die Zierquitte *(Choenomeles japonica),* wenngleich diese durch ihre Blüten, die sehr früh erscheinen, eine besonders wichtige Rolle im Garten spielt.

Der Fingerstrauch, in verschiedenen, recht niedrig wachsenden Formen reich und unermüdlich blühend, stellt einen ganz besonderen Schmuck für die Böschung dar. Er ist genauso unentbehrlich wie *Cotoneaster* und Heide. Noch im November, lange nach den ersten Frösten, leuchten seine gelben Blüten aus dem längst braunen und welkenden Laub heraus. Es gibt kaum ein Gehölz in unseren Breiten, von einigen Rosen vielleicht abgesehen, das hartnäckiger blüht als diese robuste Pflanze.

Noch ein paar Sätze zu einigen wichtigen Vertretern der **Koniferen**: Kriechwacholder, Chinesischer Wacholder, Kriecheibe und Latschenkiefer. Diese Gehölze sehen, wenn sie eingekauft werden, oft recht handlich und bescheiden aus. Später, im Verlauf von einem Dutzend und mehr Jahren, haben sie sich zu stattlichen und schließlich kolossalen Gebilden entwickelt. Alles um sie herum, was kleiner wächst als sie, ist dann niedergewalzt oder verdrängt. Man wird dies in den meisten Fällen dulden, wenn nicht gar ganz gerne sehen, weil die dunkelgrünen Büsche zu Schmuckstücken für sich geworden sind. Aber diese Folgen sind bereits bei der Pflanzung zu bedenken.

Größere Sträucher und Bäume. Mit Größen über 1,50 m beginnen die „normalen“ Gartensträucher, die auf der Böschung schmückende und belebende, vielleicht auch abschirmende Funktion haben. Brauchbar sind die allermeisten, die der Baumschulkatalog aufzählt, wenngleich in unterschiedlichem Maße, je nach Ansprüchen an Boden, Bodenfeuchte, Klima und Sonne. Untergebracht werden sie wohl stets in geringeren Stückzahlen oder einzeln. Flieder und Goldregen, Forsythie, Feuerdorn, Hahnendorn, Zierapfel- und Zierkirschenbüsche, Kletterrosen, Tamarisken und viele andere mehr bringen in eine gut ausgewogene Unterpflanzung Farbe und Leben. Im Idealfall können dann noch Stauden und Ziergräser, ergänzt mit Zwiebelblumen, den letzten Glanz liefern.

Ein und dieselbe Böschung, unterschiedlich bepflanzt

Die drei folgenden Beispiele verdeutlichen Gruppierungen und Zahlenverhältnisse. Angenommen ist eine Böschung von 25 m Länge und 4 m Breite, also gerade 1 Ar groß, nach Süden geneigt und vom Garten ab nach außen, zur Straße hin, gelegen. (Zur Erläuterung ist die Böschung in vier Zonen eingeteilt: vorn, vordere Mitte, hintere Mitte, hinten – von der Straße aus gesehen.)

Beispiel 1. Die Pflanzung soll den Boden festigen, vor dem Abrutschen sichern und den oberhalb der Böschung anschließenden Wohngarten etwas gegen die Straße abschirmen. Die Pflege darf keinen erheblichen Aufwand erfordern; dies wird für wichtiger gehalten als reichliche Blüte. Die Pflanzung soll auch im Winter ihre abschirmende Wirkung behalten.

220 *Cotoneaster salicifolius* 'Parkteppich' (Zwergmispel), 160 *Cotoneaster dammeri* (Teppich-Zwergmispel), 90 *Cotoneaster adpressus* (Felsmispel), 10 *Cotoneaster horizontalis* (Anzahl der *Cotoneaster* 20 Prozent mehr oder weniger, je nach Größe der Pflanzen), 15 *Potentilla fruticosa* var. *rigida (P. fruticosa* var. *arbuscula,* Fingerstrauch), 6 *Caryopteris incana* 'Heavenly Blue' (Bartblume), 15 *Pyracantha coccinea* 'Praecox' (Feuerdorn), 3 *Amelanchier canadensis* (Felsenbirne), 2 *Acer ginnala* (Feuerahorn), 5 *Taxus baccata* (Eibe), 15 *Mahonia aquifolium* (Mahonie), 3 *Choenomeles japonica* (Zierquitte), 1 *Viburnum* × *burkwoodii* (Duftschneeball), 3 Strauchrosen 'Schneewittchen' und 2 Kletterrosen 'New Dawn'.

In der vorderen Zone wächst *Cotoneaster adpressus,* in der vorderen Zone und teilweise in der vorderen Mittelzone *Cotoneaster dammeri.* Hinten, in den Mittelzonen und in zwei bis drei Gruppen wird auch vorne *Cotoneaster salicifolius* 'Parkteppich' gepflanzt. In der hinteren und zum Teil in den mittleren Zonen stehen Feuerdorn, Kletterrosen, Eiben und Feuerahorn, in den mittleren Zonen Mahonien, Felsenbirnen, Strauchrosen und Duftschneeball (dieser kann ganz frei stehen, vielleicht in der Nähe des Eingangs). Einzeln und zum Teil in kleinen Gruppen wachsen vorn und in der Mitte Fingerstrauch, Bartblume und Zierquitte.

Beispiel 2. Wir gehen von derselben Situation und Absicht wie im ersten Beispiel aus, jedoch spielt die ganzjährige Abschirmung keine so große Rolle, daher werden weniger immergrüne Gehölze benötigt.

160 *Cotoneaster praecox* (Zwergmispel), 200 *Cotoneaster dammeri* (Teppich-Zwergmispel), 30 *Cotoneaster adpressus* (Anzahl 20 Prozent oder weniger, je nach Größe der Pflanzen), 30 *Juniperus communis* 'Repanda' (Zwergwacholder), 8 *Caryopteris incana* (Bartblume), 10 *Potentilla fruticosa* var. *rigida* und 'Klondike' (Fingerstrauch), 4 *Tamarix parviflora* (Tamariske), 5 Kletterrosen 'New Dawn' und andere Sorten, 2 *Crataegus crus-galli* (Hahnendorn), 1 *Prunus serrulata* 'Kanzan' (Japanische Blütenkirsche), 2 *Cotinus coggygria* 'Rubrifolius' (Perückenstrauch) und 6 *Amelanchier laevis* (Felsenbirne).

In der vorderen Zone stehen *Cotoneaster dammeri, Cotoneaster adpressus* und Fingerstrauch, in den mittleren Zonen Felsenbirne, Perückenstrauch, Hahnendorn, Fingerstrauch, *Cotoneaster dammeri* und Kriechwacholder. Hinten und in den mittleren Zonen werden *Cotoneaster praecox,* Tamarisken, Kletterrosen

und Bartblumen eingesetzt. In der vorderen Mittelzone befindet sich eine buschig wachsende Zierkirsche.
Beispiel 3. Wieder setzten wir dieselbe Situation voraus, jedoch sind viele abwechslungsreich blühende Gehölze erwünscht. Wenig Wert wird auf Sichtschutz gelegt, und der Pflegeaufwand spielt keine so große Rolle.
150 *Erica herbacea* 'Vivellii', 100 *Erica herbacea* 'Winter Beauty', 80 *Erica herbacea* 'Snow Queen', 60 *Cotoneaster praecox*, 120 *Cotoneaster dammeri* (Stückzahlen bei *Erica* und *Cotoneaster* 20 Prozent mehr oder weniger, je nach Größe der Pflanzen), 20 *Potentilla fruticosa* (Fingerstrauch), 5 *Deutzia gracilis* (Deutzie), 8 *Caryopteris incana* 'Heavenly Blue' (Bartblume), 2 *Hibiscus syriacus* (Roseneibisch in verschiedenen Sorten wie 'Coelestis' und 'Totus Albus'), 5 *Amelanchier laevis* (Felsenbirne), 1 *Prunus cerasifera* 'Nigra' (Blutpflaume), 8 Strauchrosen 'Schneewittchen', 'Elmshorn', 'Dirigent', 3 *Malus floribunda* (Zierapfel), 2 *Picea omorica* (Serbische Fichte) und 3 *Perovskia abrotanoides* (Perovskie).
Die Sorten des Heidekrauts werden zu größeren und kleineren Flächen zusammengefaßt und überwiegend in den mittleren Zonen und vorn zueinander geordnet – zum Teil durch Streifen und Flächen von *Cotoneaster* voneinander getrennt. Die restlichen *Cotoneaster praecox* stehen hinten und *Cotoneaster dammeri* vorn. Fingerstrauch wird vereinzelt und in kleinen Gruppen in und am Rande von Heide und *Cotoneaster* gesetzt, ebenso verfährt man mit Deutzie, Eibisch und Perovskie, diese Sträucher stehen jedoch in jeweils einer Gruppe beisammen.
Zieräpfel, Rosen und Bartblumen kommen nach hinten, im Anschluß an die Flächen mit Heide, dazwischen Serbische Fichte mit Blutpflaume und gut verteilt die Felsenbirnbüsche. Zur weiteren Belebung können nun noch Gräser und Stauden wie Nachtkerze *(Oenothera missouriensis)*, Palmlilie *(Yucca filamentosa)*, Schleifenblume *(Iberis)*, Salbei *(Salvia)*, Königskerze *(Verbascum)*, Wollziest *(Stachys)* und Pfingstrose *(Paeonia)* dazwischengepflanzt werden. Die Zahl der benötigten Pflanzen von *Erica* und *Cotoneaster* müßte dann entsprechend verringert werden.

Stauden auf der sonnigen Böschung

Je mehr die Böschung den Auftrag zu schmükken erhält, desto größer wird auch der Anteil der Stauden sein. Beetstauden brauchen in der Regel doch etwas mehr Pflege als die robustesten Bodendecker unter den Gehölzen. Aber es gibt genügend Wildstauden oder solche, die zu einer Art der Verwilderung befähigt sind. Sie können die Böschung befestigen und zudem schmücken.
Allerdings haben Stauden eben eine Zeit, in der sie „nicht da" oder auf alle Fälle nicht ansehnlich sind. Diese Ruhezeit muß man ihnen zugestehen. Man muß akzeptieren, daß sie nicht andauernd in voller Pracht stehen können. Viele wachsen auch nicht so schnell und so dicht zusammen, daß sich nicht doch das eine oder andere Unkraut dazwischen breitzumachen versucht.
Der Standort Böschung befähigt viele Stauden erst richtig zur Entfaltung all ihrer Schönheit. Für viele andere freilich wäre er eine Zumutung, die sie mit Kümmern oder Absterben beantworten müßten. Ungeeignet sind selbstredend alle Stauden, die einen feuchten Standort verlangen wie *Ligularia, Trollius* und *Lythrum.* Zumindest für steilere Böschungen entfallen viele Stauden, die zum guten Gedeihen offenen, öfters bearbeiteten und gedüngten Boden haben müssen wie Rittersporn und die Margeriten *Chrysanthemum coccineum, C. leucanthemum* und *C. maximum.* Favoriten sind alle sogenannten Steingartengewächse. Kriechende, wuchernde Formen und fast alle Gräser zeigen hier ihre Überlegenheit. Zur Zwischenpflanzung im Einzelstand zwischen bodendeckenden Gehölzen müssen sie hoch und kräftig wachsen und mit robusten Wurzeln ausgerüstet sein.
Wie bei anderen Pflanzungen ist die Zahl der Individuen einer Art sehr unterschiedlich zu halten, je nachdem ob eine Pflanze als besonders markant einzeln wirken soll, oder ob eine Menge anderer Stauden den Rahmen und die Basis für eine bestimmte Pflanze bildet.
Da die meisten Wohngebäude nach Süden orientiert sind, überwiegt die sonnige, trokkene Böschung in den Gärten. Der Boden magert dort noch zusätzlich aus, falls nicht ohne-

dies von vornherein der Bauaushub zur Böschung aufgeschüttet worden war. Auf Sonne und Trockenheit geeichte Pflanzen werden dadurch in weitaus größerer Zahl gebraucht als schattenliebende. Trotzdem bleibt eine lange Liste verwendbarer Stauden. Sie können hier gar nicht alle erwähnt werden.

Bodendecker und Böschungsbegrüner mit wenig auffallender Blüte. Einige *Sedum*-Arten (Fetthenne) kommen noch mit den allerdürftigsten Böden zurecht, so *Sedum album* mit der besonders in der Herbstfärbung sehr hübschen Sorte 'Coral Carpet' oder die saftig hellgrüne Sorte *Sedum album* ssp. *micranthum* 'Chloroticum'. Noch weniger durch Trockenheit zu erschüttern ist *Sedum acre*, der Mauerpfeffer. Seine überschwengliche Massenblüte hält nicht lange an. Als Bodenbefestiger haben diese Pflanzen wenig Wirkung; dazu sind ihre Würzelchen zu zart.

Gänzlich unscheinbar blühen das Fiederpolster *(Cotula squalida)*, das sich auch für schattige Stellen eignet, und das Stachelnüßchen *(Acaena magellanica* und *A. microphylla)*. Dies trifft auch für die Mauermiere *(Paronychia kapela* ssp. *serpyllifolia)* zu. Sie hat mit den genannten *Sedum* eines gemeinsam: eine unbedingte Forderung nach voller Sonne. *Sedum* und Mauermiere ähnlich in der Bereitschaft, jeden Boden zu beleben, wenn er nur trocken ist, zeigen sich einige Thymianarten, so *Thymus praecox* var. *pseudolanuginosus* und der vom Wuchs zarte, in der Blüte aber nicht zu übersehende *Thymus serpyllum* 'Coccineus'. *Thymus × citriodorus* ist seines gelblich-kränklichen Aussehens wegen nicht jedermanns Sache. Der Steinsame *(Buglossoides purpurocaerulea)* liebt die Sonne, ist aber auch gut zur Unterpflanzung unter Gehölzen verwendbar.

Als Pionierpflanze auf den Schotterhängen der Gebirge wächst die Silberwurz *(Dyras octopetala)*. Deren Gartenform *Dryas × suendermannii* steht uns zur Verfügung. Sie ist ein wirklicher Bodenbefestiger. Ihr der Erde dicht anliegender Filz holziger Triebe und die dichte Blätterdecke geben kein Krümelchen mehr frei. Selten dringt ein angeflogener Unkrautsamen in sein Keimbett durch. Die weißen Blüten sind ebenso schmuck wie später im Jahr die fedrigen Samenstände, nur werden sie im Lauf der Zeit spärlicher.

Was wäre eine sonnenseitige Böschung ohne allerlei silberweiß behaarte und blaugrau bereifte Teppiche und Polster? Pflanzen mit mehr grauen, silbernen und weißen Blättern sind in vielerlei Schattierungen zu haben, mit und ohne Blüten. Wollziest *(Stachys byzantina)*, die Edelrauten *Artemisia nitida, A. schmidtiana* 'Nana' und *A. stelleriana* sowie das Katzenpfötchen *Antennaria dioica* 'Rubra' sind dafür typisch. *Artemisia* und *Antennaria* leisten *Sedum*- und *Thymus*-Arten selbst noch auf dünnsten Bodenspuren Gesellschaft. Leuchtendblaue Blüten über silbernem Blattwerk trägt *Veronica spicata* ssp. *incana*, ein zarter und filziger Ehrenpreis. Besonders niedrig bleibt *Veronica surculosa.*

Weniger Wasser und weniger Erde als die Hauswurz *(Sempervivum)* braucht vielleicht keine von all unseren Stauden. Von ihr gibt es viele Arten und Sorten, aber nur wenige eignen sich zum Bekleiden einer Böschung, es sei denn, ihre Nachbarn wären sorgsam auf sie abgestimmt. Auf blanke Steine können sie grüne Tupfen Leben heften, im normalen Gartenboden aber erliegen sie der wuchernd-feindlichen Umwelt, wenn sie nicht ständig Schutz erfahren. Dort behaupten sich nur die Arten mit den großen Rosetten.

Die Gräser sind nicht zu entbehren: die Schwingel *Festuca alpina* und *F. amethystina*, dann *F. glauca* mit seinen Silberbüscheln und der wohlbekannte Bärenfellschwingel *(F. gautieri)*, der sich auch im Schatten ohne weiteres zurechtfindet.

Bodendecker oder Polsterstauden mit Blütenwirkung. Silberweiße Polster bilden Hornkraut *(Cerastium tomentosum, C. candidissimum)* und Perlpfötchen *(Anaphalis triplinervis)*. Die ebenfalls weiße Blüte stimmt mit ihrer Blatttracht überein. Die Blattfarbe des zähen Lavendels *(Lavandula angustifolia)* und einiger Nelken wie *Dianthus gratianopolitanus* spielen ins Blaugraue. Quadratmeterweise können Nelken den Boden bedecken; ein Genuß ist's, wenn sie blühen.

Robust sind Knäuelglockenblumen *(Campanula glomerata)*, Schleifenblume *(Iberis sempervirens)* und Sonnenröschen *(Helianthe-*

Die Böschung wurde mit einer Trockenmauer abgefangen. Auf der gut besonnten Böschung gedeihen wärmeliebende, trockenheitsverträgliche Stauden.

mum-Hybriden) ebenso wie Seifenkraut *(Saponaria ocymoides)*, die Fetthennen *Sedum hybridum* 'Immergrünchen' und *Sedum floriferum.* Bleiwurz *(Ceratostigma plumbaginoides*, Johanniskraut *(Hypericum calycinum)* und Knöterich *(Polygonum affine)* können in ungünstiger Lage auch einmal winterliche Rückschläge erleiden. Sie sind aber, besonders die beiden zuletzt genannten, für Hangflächen geradezu prädestiniert.

Reizend in der Blüte und zuverlässig im Zusammenwachsen – vor allem auf magerem Boden – sind die Habichtskräuter *(Hieracium aurantiacum, H.* × *rubrum* und *H. villosum).* Aber nur wer sich über das unkrautartige Dahinwuchern dieses Kräutchens im klaren ist, sollte es in seinen Garten pflanzen. An manchen Stellen braucht man Pflanzen dieser Art einfach, und dort können sie bezaubernde Gartenszenen ergeben, die passende Begleitung vorausgesetzt.

Die Asterarten *Aster alpinus, Aster tongolensis* und *Aster-Dumosus-Hybriden* stellen deutlich höhere Ansprüche an den Boden, aber auf flacheren Böschungen sind sie durchaus brauchbar. Besonders auf die *Aster-Dumosus-Hybriden* mit ihrer intensiven herbstlichen Farbenkraft kann man eigentlich nicht verzichten.

Stauden für kleine Gruppen oder für verstreuten Einzelstand. Die in der Tabelle zusammengestellten Arten und Sorten bleiben allgemein niedrig, zeigen aber eine bemerkenswerte Gestalt oder Blattfarbe, oder sie blühen auffällig. Diese Pflanzen können von Stauden der beiden bereits besprochenen Kategorien oder auch von robusten niedrigen Gehölzen umgeben sein.

Die meisten Pflanzen aus der Tabelle sind absolut standfest und dauern über Jahrzehnte aus, einige sind kurzlebiger, und Islandmohn und Lein wechseln sogar ihren Standort durch Aussamen.

Stauden für den Einzelstand. Als „Solitärs" kommen nur Pflanzen von stolzem, kräftigem Wuchs oder pittoreskem Aussehen in Frage. Sie können ihre Vorzüge am besten darbieten, wenn sie keine direkten Nachbarn haben oder nur solche, die ganz speziell für sie ausgewählt sind. Das Paradebeispiel hierfür ist die Palmlilie *(Yucca filamentosa)*. Einige Königskerzen *(Verbascum bombyciferum)*, die *Verbascum-Hybride* 'Densiflorum', die Alpendistel *(Eryngium alpinum)* und die Gräser *Miscanthus sinensis* 'Gracillimus' und 'Silberfeder', die wuchtige Büsche bilden, stellen ähnliche Ansprüche. Von diesen auffälligen Pflanzengestalten werden nur einige wenige Exemplare oder vielleicht nur eine einzige in einem Garten verwendet.

Pflanzen im Regenschatten

Als Regenschatten bezeichnet man zunächst alles, was ein Dach oder ähnliches über sich hat. Regenschatten entsteht aber auch – oder wird dadurch verbreitert –, wenn die bei Niederschlägen vorherrschende Luftströmung an einem Hindernis von dessen „Leeseite" den Regen wegsaugt. Meist sind diese Hindernisse Gebäude oder Mauern, seltener auch größere Bäume. Plätze bei Bäumen sollen im folgenden unberücksichtigt bleiben, weil sie, bedingt durch den Wurzeldruck, noch strengere ökologische Bedingungen bringen. Pflanzen im Regenschatten von Gebäuden haben im Gegensatz dazu nicht gleichzeitig noch unter Wurzeldruck zu leiden.

Grundsätzlich ist hier, wie bei den meisten Pflanzsituationen, zu unterscheiden, ob ein Minimum an Begrünung erstellt und erhalten werden soll, oder ob man mit einiger Bereitschaft zum Aufwand mit pflanzlichen Ausdrucksmitteln das Besondere eines Platzes betonen, verbessern und vertiefen will. Im ersten Fall wähle man robuste Pflanzen, um den Pflegeaufwand gering zu halten. Allerdings vertragen viele Liebhaberstauden für den Steingarten Plätze im Regenschatten recht gut. Der Pflanzenenthusiast wird daher an diesen Ex-

Stauden und Gräser für die Böschung: Pflanzung in kleinen Gruppen oder für den Einzelstand

Bergenia cordifolia und *Bergenia-Hybriden*	Bergenie
Carlina acaulis	Silberdistel
Eremurus × isabellinus 'Shelford-Hybriden'	Steppenkerze
Eriophyllum lanatum	Wüsten-Goldaster
Euphorbia polychroma	Goldwolfsmilch
Gypsophila repens und *Gypsophila-Hybriden*	Schleierkraut
Helleborus foetidus	Nieswurz
Hemerocallis	Taglilie
Linum perenne	Lein
Papaver nudicaule	Islandmohn
Pulsatilla vulgaris	Küchenschelle
Salvia nemorosa und *Salvia officinalis* 'Purpurascens'	Salbei
Solidago-Hybriden	Goldrute
Veronica longifolia	Ehrenpreis
Gräser	
Elymus arenarius	Blaustrandhafer
Helictotrichon sempervirens	Blaustrahlhafer
Molinia arundinacea und *M. caerulea*	Pfeifengras
Pennisetum alopecuroides	Federborstengras

tremstandorten unter Ausnutzung all seines Wissens gern mit besonderen Pflanzen experimentieren.

Eine Pflanzenauswahl für dürre Flächen

Spärlich bewachsene, staubig-trockene Flächen wirken unansehnlich. Daher sollten Regenschattenflächen, die nicht intensiv beobachtet und deren Vegetation nicht zusätzlich betreut werden will, zur Verbesserung des Gesamteindrucks, aber auch zur Verbesserung der Wachstumsbedingungen mit groben Kieseln abgedeckt werden. Die Zahl der Pflanzen wird verringert und die einzelne bekommt mehr von der knappen Bodenfeuchtigkeit. Wenn weiter die ohnehin wenigen Pflanzen aufgrund verschiedenster Eigenschaften noch besonders dürrefest sind, kommt die Fläche auf die Dauer praktisch ohne Pflege aus. Starthilfe und Betreuung für etwa zwei Jahre sind allerdings erforderlich.
Die Dürrefestigkeit kann auf verschiedenen morphologischen Merkmalen beruhen: besonders starkes, weitstreichendes Wurzelwerk, hartes, ledriges Blattwerk, wollige oder haarige Oberflächen.
Besonders bewährt haben sich hier Efeuarten und -varietäten (kletternde und freiwachsende Altersformen), starke Schildfarne *(Polystichum)* und Wurmfarne *(Dryopteris)*. Gut sind auch die weitgehend winterharten Formen der Zistrosen *(Cistus)*, außerdem *Euonymus fortunei* (die Sorte 'Coloratus' wächst mehr bodendeckend, die Varietät *E. fortunei* var. *vegeta* mehr strauchig, 'Kewensis' dagegen zwergig) und *Euonymus kiautschovica* sowie *Yucca*-Arten und -Sorten. Von den kleineren Pflanzen wählen wir verschiedene *Sedum*-Arten mit immergrünem Laub *(S. spathulifolium, S. album, S. sexangulare)*. Sie bilden die Stütze eines ganzjährig guten Eindrucks, und ihr sukkulenter Aufbau schützt sie vor Dürre. Auch *Sempervivum*-Arten sind geeignet. Für ganz heiße Stellen empfiehlt sich *Delosperma cooperi*. Weniger extreme Plätze können auch mit *Geranium sanguineum* und *G. macrorrhizum* bepflanzt werden.

Die Besonderheiten von Trockenstandorten

Viele, den Pflanzenfreund besonders lockende Schätze kommen aus Gebieten mit ausgesprochenen Trockenzeiten. Viele Schotter- und Felspflanzen, selbst aus niederschlagsreichen Gebirgen, lieben eher Trockenheit. Plätze im Regenschatten bieten ohne großen Aufwand Schutz vor Nässe oder sichern die nötigen Ruhezeiten durch die Trockenheit. Andererseits müssen wir jedoch für das Wachstum sorgen. Das ist ungleich einfacher als das Abschirmen gegen Regen und geschieht einfach durch Wässern und Düngen im richtigen Zeitraum.
Viele Pflanzen benötigen das Ausreifen durch Trockenzeiten für den Blütenansatz, bei anderen ist es fürs Überleben wichtig. Das lehrt uns, daß in den meisten Gärten zuviel gegossen wird. Selbst Pflanzen, die es wirklich nicht brauchen, werden gegossen und gedüngt, als gelte es Zuwachsrekorde zu brechen.
Wer sich mit ausgefalleneren Pflanzen beschäftigen will, muß sich überlegen, warum die meisten von ihnen so selten sind. Vielfach bleiben sie es, weil sich wenige Gartenbesitzer die Mühe machen, sich nach den standortgeprägten Eigenarten dieser Pflanzen zu richten. Das Wasserangebot macht einen der wichtigsten Standortfaktoren aus. Und gerade besondere Pflanzen besiedeln extreme Standorte mit meist knapper und oft nur periodisch anfallender Feuchtigkeit. Wie oft heißt es bei Kulturhinweisen: Schutz vor Winternässe erforderlich! Im Regenschatten haben wir ihn ohne zusätzliche Maßnahmen.
Damit ist noch nicht alles gewonnen; auch der Lichteinfall und die Bodenverhältnisse müssen berücksichtigt werden. Der Boden läßt sich für kleinere Pflanzen gut beeinflussen. Aber der Lichteinfall hat an jedem gebäudenahen Standort einen eigenen Jahresrhythmus durch den jahreszeitlich bedingten Stand der Sonne. Auch im Lauf des Tages wechseln Sonne und Schatten, und beide Faktoren beeinflussen sich gegenseitig je nach Größe und Zahl der schattenwerfenden Hindernisse.
Die Pflanzenauswahl hat sich an der Besonnung zu orientieren. Gerade bei Gebäuden ergeben sich vielfach erhebliche Unterschiede in

den Jahreszeiten. Grundsätzlich schwierig sind Plätze mit viel Wintersonne.
Entsprechend der Einstrahlung von Licht und Wärme mindern Hindernisse die nächtliche Abstrahlung von Wärme. Das führt zum Beispiel in Innenhöfen zu wesentlich milderen Winterverhältnissen als im Freien und erlaubt uns, empfindlichere Pflanzen an Mauern zu setzen. Diese Situation wird ganz extrem für Gehölze an echten Spalieren genutzt, denn die reflektierende Schutzwirkung einer Mauer reicht nur wenige Zentimeter weit.

Pflanzen für Trockenstandorte rund ums Haus

Für die **Nord- und Nordwestseiten** ist die Auswahl an Pflanzen nicht sehr groß, allerdings dürfte sich hier der Regenschatten, wenn er überhaupt gegeben ist, wenig auswirken, weil die Einstrahlung gering bleibt. Mit gelegentlicher Nachhilfe gedeihen hier hartlaubige Farne wie *Polystichum-aculeatum*-Formen und *Polypodium*-Arten sowie *Carex morrowii, Luzula sylvatica, Hedera helix, H. colchica* in allen möglichen Formen, *Buxus* und andere Trockenwaldpflanzen. Bei etwas Winterfeuchtigkeit gedeiht auch *Arum italicum.*
Reicher werden die Möglichkeiten in Richtung Osten. In **Nordostlagen** gedeihen alle Kabschia-Saxifragen sehr gut, hier fände also ein kleines Alpinum oder ein mit diesen Alpinen bepflanzter Trog einen geeigneten Platz. Von ausgesprochenen Ruhezeiten kann man bei den Steinbrechen nicht sprechen; der Regenschatten bewahrt sie lediglich vor einem schädlichen Übermaß an Nässe. Lewisien kommen nicht nur längere Zeit ohne Gießen aus, ihnen gefallen zeitweilige Trockenheit und die Lage nach Osten besonders. In Frage kommen *Lewisia cotyledon, L. heckneri* und *L. cotyledon* var. *howellii* sowie deren zumeist im Handel befindliche Hybriden. Wenn sie dann während ihrer Wachstumszeit (April bis Juli) häufig schwach gedüngt werden (etwa 0,2 Prozent eines guten Flüssigdüngers), kann man für Mai bis Juni eine herrliche Blütenpracht erwarten. Ganz besonders gut im Griff hat man diese herrlichen Felspflanzen der Rocky Mountains in Trögen, Schalen oder Töpfen, die an der **Ostseite** aufgestellt werden. Die tieferen Erdschichten in Topf und Freiland sollen für Lewisien aus kräftiger, mineralischer Erde mit wenig Kalk bestehen, die Oberfläche aus mehr grobem Material – schottrig-luftig und alles gut dräniert.
Guter Wasserabzug ist auch für viele Erdorchideen wichtig. *Pleione bulbocodioides* (und versuchsweise auch andere Pleionen) kann sich in normaler, sandiger Gartenerde an der Ostseite eines Hauses jahrelang behaupten. Als Winterschutz genügt pro Pflanze eine kräftige Handvoll luftiger Nadelstreu, rechtzeitig im Dezember gegeben. Die Ruhezeit reicht von August bis März.
Vorteilhaft bremsend wirkt sich herbstliche Trockenheit auf den Austrieb von *Ranunculus calandrinoides* aus, der bei zu großer Wüchsigkeit zwar überraschend im Dezember schon blüht, jedoch vielfach danach leidet. An heller Stelle kann man eine Reihe schwieriger Iris mit ähnlichen Problemen versuchen: Arten und Sorten aus der Sektion Regelia, die eine strenge sommerliche Ruhe benötigen, und die Kalifornischen Hybriden, die es nur gegen Winterende bis zur Blüte feucht haben wollen. Auch den Juno-Iris kommt es vor allem auf eine warmtrockene, sommerliche Ruhezeit an, und Zwiebeln der Sektion Reticulata erweisen sich dann als besonders dauerhaft. Ähnliche Verhältnisse scheint *Narcissus asturiensis* zu lieben und wohl noch manche Blumenzwiebel aus ähnlichen Herkunftsgebieten.
Nicht immer und überall können so typische Liebhaberpflanzen angesiedelt werden. Auch Gehölze werden gebraucht, und unter ihnen gibt es manche, denen es bei uns zuviel regnet. Ginsterarten aus dem mediterranen Bereich bleiben an trockenen Stellen typisch kurztriebig und dicht.
Säckelblumen (*Ceanothus*-Hybriden) und in milden Gegenden vielleicht auch immergrüne *Ceanothus*-Arten kommen dicht an Mauern gepflanzt besser durch den Winter. Der Perückenstrauch *(Cotinus coggygria)*, von dem es übrigens auch rotlaubige Sorten gibt, der duftende Mittelmeerginster *(Spartium junceum)*, Mönchspfeffer *(Vitex agnus-castus)* und *Leycesteria formosa* fühlen sich dicht an Wänden wohl. *Salvia officinalis* in schönen buntlaubigen Sorten und die kleinere *Salvia officinalis*

Guter Wasserabzug ist wichtig für viele Erdorchideen. Daher gedeiht die Erdorchidee *Pleione bulbocodioides* recht gut im Regenschatten.

ssp. *lavandulifolia* entwickeln sich wie Lavendel zu aromatischen, dichten, immergrünen Sträuchern. Sie können dazwischengepflanzten *Cistus*-Sorten oder auch einem ledrig-dornigen Wildzitronenbusch *(Poncirus trifoliata)* als Wurzelschutz dienen.

Auf breiteren Streifen lassen sich rund um markante *Yucca*-Horste typische **Xerophytengärten** anlegen. Den *Yucca* heimatlich verbunden sind *Opuntia*-Arten, aber auch andere Kakteen wie *Echinocereus coccineus* und *Escorbaria vivipara (Coryphantha vivipara)* kommen an wintertrockenen Plätzen nicht nur durch den Winter, sondern auch zu sehr attraktiver Blüte. Besonderheiten könnten dann noch *Lewisia nevadensis*, *L. rediviva* und die raren harten *Agave*-Arten sein oder die leider sehr selten gewordene *Romneya coulteri*, der Kalifornische Baummohn.

Die asiatische Variante dieser Partie bestünde aus *Caragana jubata* mit *Acantholimon*-Arten, im Frühjahr farbig durchtupft mit kleinen Tulpen-Arten wie *Tulipa linifolia*, *T. batalinii* und *T. urumiensis*. Über lange Sommerwochen hinweg könnte dann *Glaucium flavum* blühen, der gelbe Hornmohn, mit bizarren, langen Samenschoten.

Aus dem mediterranen Bereich kommt *Euphorbia characias*. Sie scheint wie geschaffen für den Regenschatten, gedeiht dort beinahe peinlich üppig, sät sich sogar selbst aus und erinnert den Hausherrn an den Urlaub in südlichen Gefilden. Aus Kleinasien kommen strauchige *Verbascum*-Arten: nur spannhoch – aber breite Matten bildend – wird *Verbascum dumulosum*; zu kugeligen, strahlend gelben, dornigen Büschen wächst *Verbascum* 'Letitia' heran. Zu ihnen gesellt man *Teucrium subspinosum*, ein dorniges Miniaturgehölz, das am schönsten zwischen Steinen steht, und *Teucrium polium* 'Aureum'. Hier fände auch *Pelargonium endlicherianum* Platz.

Zwischen runden Kissen von *Astragalus angu-*

Der Poleigamander (*Teucrium polium*), ein Miniaturgehölz, wirkt sehr schön, wenn er zwischen Steinen wächst. Königskerzen (*Verbascum*) ergeben dazu gute Partner.

stifolius und silbrig belaubten *Alyssum saxatile*, deren zwergiger Form 'Plenum' und der sanften gelben 'Citrinum' wuchern blaublühende *Lithodora oleifolia*. Diese sich unterirdisch ausbreitende Art scheut weder unsere Winter noch kalkhaltigen Boden. Anders die strahlend enzianblau blühende *Lithodora diffusa* 'Heavenly Blue'. Vielleicht findet sie gerade in Anlehnung an ein Haus mehr Schutz vor Kälte und Wintersonne.

Allerdings paßt der dunkelgrüne Teppich von *Lithodora diffusa* nicht mehr zur Xerophytenpartie, eher wohl zu *Choisya ternata* und *Viburnum tinus*, zwei problemlosen Kübelpflanzen, die man aber auch ins Freie zu pflanzen riskieren kann. Besonders *Choisya* reagiert auf trokkenen Stand (besser noch periodisch wechselndes Trockenhalten) mit besonders reichem Ansatz weißer, duftender Orangenblumen.

Viburnum tinus, an warmen **Südweststellen** angesiedelt, reiht sich unter die Winterblüher ein. Von diesen steht *Jasminum nudiflorum* besonders gern an ähnlichen Stellen. Natürlich erfahren auch gängige, aber nicht ganz sichere Stauden wie Garten-Chrysanthemen und Fackellilie *(Kniphofia)* eine verbesserte Ausdauer an wintertrockenen Stellen, genau wie die genannten Kostbarkeiten, aber passionierte Pflanzenliebhaber müssen mit solchen besonderen Plätzen schon geizen. Gedeihen doch dort auch *Morea spathulata*, eine goldgelb im Mai–Juni blühende Iris-Verwandte mit Netzstrümpfen an der Basis der langen, sich aus der Erde schiebenden Blätter, oder die Pankrazlilie *(Pancratium illyricum)*, eine große, flaschenförmige Zwiebeln bildende Pflanze mit bläulichgrünem „Amaryllislaub“ und sternigen, gelbweißen, duftenden Blüten in stattlichen Dolden. Diese kostbare Pflanze erfordert sicheren Schutz vor Frost und perfekte Dränage. Gleiches gilt für *Nerine bowdenii* und Belladonnalilien (*Amaryllis bella-donna*).

Vielleicht sollte man sich gerade bei solchen Schätzen mehr der neuen Isoliertechnik bedienen und Abdeckungen basteln, die nach Sandwichart zwischen robusten Außenschichten Styroporplatten enthalten. Das erlaubt dann auch, an einige hierzulande nicht winterharte *Cyclamen*-Arten zu denken oder die stattliche *Curtonus paniculatus*, die in Südafrika als „Tante Eliza“ bekannt ist. Nicht ganz so schutz-

Die strauchigen *Hebe*-Arten aus Neuseeland (hier *Hebe traversii*) kommen mit den trockenen Standorten im Regenschatten gut zurecht. Allerdings empfiehlt sich für solche immergrünen Pflanzen ein Platz, der etwas geschützt vor der winterlichen Morgensonne liegt.

bedürftig ist offensichtlich *Crocosmia masoniorum*. Beide haben einige Ähnlichkeit mit Montbretien, nur sind sie viel schöner und größer.

Pflanzen mit nicht so hohem Wärmebedarf, die eher auf einen ausgeglichenen Temperaturverlauf eingerichtet sind, finden bessere Bedingungen an nach **Westen** oder **Südwesten** gerichteten Plätzen. Besonders Immergrüne leiden im Winter, wenn sie bei Lufttemperaturen unter 0 °C von der Morgensonne getroffen werden. Besser stehen sie an Stellen, wo die Sonne sie erst im Laufe des Tages erreicht. Das mag für viele strauchige *Hebe*-Arten gelten, jene neuseeländischen *Veronica*-Verwandten, und auch für nordamerikanische *Penstemon*. Beide Gattungen sind bei uns nur andeutungsweise bekannt, obwohl die Winterhärte besonders der alpinen Arten beider Gattungen bestimmt ausreicht; *Hebe pinguifolia* 'Pagei' oder *Penstemon pinifolius* beweisen dies.

Neue *Penstemon*-Züchtungen überraschen durch leuchtende Farben und gefällige Laubbüsche. Gedeihen und Überwinterungschancen werden erhöht durch einen Rückschnitt nach der Blüte, ein Abdecken des Bodens mit grobem Schotter und notfalls einer Winterdecke. Nicht so charakteristisch für eine bestimmte Seite am Haus, aber nicht weniger originell, ja sogar bizarr, sind die *Ephedra*-Arten, die zu den Nadelgehölzen zählen, aber eher wie Schachtelhalme aussehen. Mit ihrer Anpassung an Trockengebiete empfehlen sie sich naturgemäß besonders für trockene Stellen. Wenn sie sich wohlfühlen, schmücken sie ihr Rutengewirr recht dekorativ mit Früchten, die kleine *Ephedra minutissima* zum Beispiel trägt rote Scheinbeeren.

Der Garten im Kalk

Kalkhaltige Böden gelten als kritisch im Hinblick auf die Pflanzenauswahl. Viele Gartenstauden harren an solchen Standorten nicht sehr lange aus, besonders wenn auch das Gießwasser einen hohen Härtegrad aufweist. Vor allem in Süddeutschland findet sich kalkreicher Untergrund (aus unterschiedlichen Erd-

zeitaltern) auf weiten Flächen. Allerdings erlaubt das Ausgangsgestein nicht immer direkte Rückschlüsse auf die saure, neutrale oder alkalische Reaktion der Krume. Im Zweifelsfall sollte eine Bodenuntersuchung die Verhältnisse im Gartenboden klären.
Wir wollen uns hier nicht näher mit den physiologischen Gründen befassen, warum manche Pflanzen Kalk fliehen oder warum andere Kalk tolerieren, wenn sie nicht gar Kalk zum guten Gedeihen benötigen. Uns interessieren schlicht die Pflanzen für den kalkhaltigen Gartenboden.
Die größte Pflanzenauswahl steht uns natürlich bei mäßigem Kalkgehalt zur Verfügung. Hier fehlen nur die Extremen, die Kalkfreunde wie die Kalkfeinde. Die Toleranz ist bei vielen Pflanzen recht weit, bei einigen aber auch äußerst eng. Letztere interessieren hier vor allem.
Als ausgesprochen empfindlich gegen Kalk sind die Rhododendren allgemein bekannt. Trotzdem werden sie fleißig feilgeboten. Oft ohne jeden Hinweis. Ebenso fleißig werden sie gekauft und selbstredend auch gepflanzt – ohne besondere Umstände. Im ersten Jahr blühen sie wunderbar, vielleicht auch im zweiten. Aber dann läßt der Verfall nicht mehr lange auf sich warten. Die Blätter werden krüppelig und fahl, der Austrieb unterbleibt, mit Verzweiflungsblüten dann und wann siecht das arme Gewächs dem Tode entgegen. Es gibt einige Ausnahmen unter den Rhododendren, aber auch diese nehmen nur eine schwach alkalische Reaktion hin. Beim Garten „im Kalk" müßten also auch die „Ausnahme-Rhododendren" ein eigens gerichtetes Beet bekommen.
Was für Rhododendren gilt, trifft ebenso zu für alle Arten der Lavendelheide *(Pieris)*, für *Hydrangea arborescens* 'Grandiflora', für Färberginster *(Genista tinctoria)*, *Enkianthus campanulatus*, Federbuschstrauch *(Fothergilla)*, Scheinbeere *(Gaultheria)*, Schneeglöckchenbaum *(Halesia)*, für *Calluna* und *Erica* (hier aber mit Ausnahmen!), für die Edeltanne *(Abies procera)* und die japanische Schirmtanne *(Sciadopitys verticillata)*.
Rotblättrige japanische Ahorne *(Acer palmatum)* sieht man zuweilen kümmern. Auch das kann am falschen Boden liegen, an zuviel Kalk. Schädigungen an Eßkastanienbäumen *(Castanea sativa)*, bei Magnolien, bei Gartengoldregen *(Laburnum × watereri* 'Vossi'), beim Tulpenbaum *(Liriodendron tulipifera)* und bei der Apfelrose *(Rosa rugosa)* können dieselbe Ursache haben.
Was macht man nun mit *Rhododendron* und Besenheide, mit Lavendelheide und Schirmtanne, wenn der Garten auf kalkigem Grund liegt? Ganz einfach: verzichten! Wer freilich unter allen Umständen seine *Rhododendron*-Gruppe im Vorgarten haben muß, kann sich einen Trog oder eine mit Folie abgedichtete Wanne bauen lassen, diese mit Weißtorf oder einer dafür bestimmten Substratmischung füllen und Regenwasser zum Gießen sammeln.
Aber ist das eigentlich nicht schade? Es gibt doch so viele Gehölze, die am kalkreichen Standort den Boden bekommen, den sie tolerieren oder in dem sie sogar ideale Lebensbedingungen vorfinden und dann ihre volle Schönheit zeigen können. Bei diesen Pflanzen muß die Auswahl für den Garten anfangen. Je eindeutiger der Standort in eine bestimmte Richtung ausschlägt, desto kompromißloser sollte ausgewählt werden.
Beim ausgesprochenen Kalkgarten kann wohl auch angenommen werden, daß die Humusschicht dünner, der Boden karger und magerer und das Gestein der Erdoberfläche näher ist als an Standorten mit neutraler Bodenreaktion. Warum sollte man aus dieser Situation nicht das Beste zu machen versuchen? Hierher gehören die Pflanzen, die an solchen Stellen unschlagbar sind. Wie zauberhaft kann da ein Schwarm der sonst gar nicht so aufregend wirkenden Nieswurz *(Helleborus foetidus)* aussehen, und zwar nicht im Sommer, sondern den Winter über und zur Blütezeit im frühen Frühling. Unübertrefflich unter den Stauden und angesichts ihrer Ausdauer im Blühen geradezu überwältigend ist das Schleierkraut *(Gypsophila)*. Warum es nicht auch mit Stauden versuchen, die man sonst recht selten sieht: mit der Eberwurz *(Carlina acaulis)*, der Küchen-

Selten wächst in Gärten der Frauenschuh ▷
(*Cypripedium calceolus*). Der Artname weist schon auf die Kalkverträglichkeit hin. Staudengärtnereien führen Pflanzen aus gärtnerischer Anzucht.

Eine Auswahl kalkliebender Pflanzen

Stauden und Staudenähnliche

Anthericum liliago, A. ramosum	Graslilie
Aster amellus	Sommeraster
Aubrieta	Blaukissen
Bletilla striata	Japanorchidee
Buglossoides purpureocaerulea	Steinsame
Buphthalmum salicifolium	Ochsenzunge
Campanula carpatica	Karpatenglockenblume
Centranthus ruber	Spornblume
Ceratostigma plumbaginoides	Bleiwurz
Cyclamen coum, C. purpurascens u. a.	Alpenveilchen
Cypripedium calceolus, C. himalaicum u. a.	Frauenschuhorchideen
Dianthus carthusianorum, D. deltoides, D. gratianopolitanus u. a.	Nelken
Dryas octopetala, D. × suendermannii	Silberwurz
Edraianthus, verschiedene	Büschelglocke
Euphorbia myrsinites, E. polychroma u. a.	Wolfsmilcharten
Gentiana-Acaulis-Hybriden u. a. (aber nicht alle!)	Enzianarten
Globularia	Kugelblümchen
Helianthemum	Sonnenröschen
Helleborus niger, H. foetidus u. a.	Nieswurz und Christrosen
Hepatica triloba	Leberblümchen
Hieracium aurantiacum u. a.	Habichtskraut
Horminum pyrenaicum	Drachenmaul
Hypericum calycinum	Johanniskraut
Iberis sempervirens	Schleifenblume
Lavandula angustifolia	Lavendel
Oenothera missouriensis	Missouri-Nachtkerze
Onosma stellulatum	Lotwurz
Opuntia, mehrere Arten	Feigenkaktus
Physalis alkekengi var. *franchetii*	Lampionblume
Phyteuma scheuchzeri	Teufelskralle
Salvia officinalis, S. patens, S. pratensis, S. × superba u. a.	Salbeiarten
Saxifraga der Sektion Rosetten- und Polstersteinbreche	
Scabiosa caucasica, S. ochroleuca	Skabiose
Stachys grandiflora, S. olympica	Ziest
Teucrium chamaedrys	Gamander

Farne

Ceterach officinarum	Schriftfarn
Phyllitis scolopendrium	Hirschzungenfarn

Gräser

Poa-Arten	Rispengras
Stipa-Arten	Federgras

Laubgehölze

Ailanthus altissima	Götterbaum
Alnus incana	Grauerle
Amelanchier	Felsenbirne
Aralia	Aralie
Berberis (ausgenommen *B. thunbergii)*	Berberitze
Buddleja	Sommerflieder
Buxus	Buchsbaum
Carpinus	Hainbuche
Cercis siliquastrum	Judasbaum
Choenomeles	Scheinquitte
Clematis-Arten	Waldrebe
Colutea	Blasenstrauch
Cornus mas, C. kousa, C. sanguinea	Kornelkirsche Hartriegel
Corylus	Hasel
Cotinus coggygria	Perückenstrauch
Crataegus	Weißdorn u. a.
Daphne cneorum, D. mezereum	Seidelbast
Erica herbacea (E. carnea)	Schneeheide
Euonymus europaea	Spindelbaum
Fraxinus ornus	Blumenesche
Hedera	Efeu
Hippophaë	Sanddorn
Prunus avium	Vogelkirsche
Prunus mahaleb	Steinweichsel
Prunus spinosa	Schlehe
Pyracantha coccinea	Feuerdorn
Rhus typhina	Essigbaum
Ribes alpina	Alpenjohannisbeere
Robinia	Robinie
Sambucus nigra	Holunder
Sophora japonica	Schnurbaum
Staphylea	Pimpernuß
Symphoricarpos	Schneebeere
Syringa vulgaris	Flieder
Viburnum lantana, V. opulus	Schneeball

Nadelgehölze

Cedrus atlantica 'Glauca'	Zeder
Juniperus communis, J. sabina	Wacholder, Sadebaum
Picea omorica (und andere Fichten)	Serbische Fichte
Pinus nigra 'Austriaca'	Schwarzkiefer

schelle *(Pulsatilla vulgaris)*, vielleicht auch mit dem Diptam *(Dictamnus albus)* oder gar mit einer Frauenschuhorchidee *(Cypripedium calceolus)*? Solche kleinen Besonderheiten geben einem Garten die eigene Note.
Die Tabelle nennt eine ganze Reihe kalkfreundlicher Pflanzen. Aus dem Gros aller hier nicht genannten kommen noch manche dazu, die Kalk, wenn auch nicht lieben, so doch tolerieren – vor allem dann, wenn die Verhältnisse nicht ganz extrem, sondern in der Nähe des Normalen liegen.

Ein Heidegarten auf kalkhaltigem Boden

In der Regel dient die Calluna-Heide als Vorbild für Heidegärten. Gemeint ist jener Heidetyp, der im atlantischen Klimabereich auf sandigen, sauren, das heißt kalkfreien Böden von Natur aus vorkommt. Als bekanntestes Beispiel einer solchen Landschaft gilt allgemein die Lüneburger Heide mit ihren weiträumigen und flächenhaften Heidekrautbeständen. In Gebieten, in denen entsprechende Bodenverhältnisse vorherrschen wie etwa in Norddeutschland, bereitet die Anlage eines „echten" Heidegartens keine besonderen Schwierigkeiten. Dort aber, wo kalkhaltige und schwere Böden anstehen, muß man auf die „saure" Calluna-Heide im Garten verzichten, sofern man aufwendige Bodenverbesserungen – mit sehr viel Torf und kalkfreiem Sand – nicht scheut. Als Ersatz für einen herkömmlichen Heidegarten kann man aber die Steppenheide wählen.

Die Steppenheide – das natürliche Vorbild

Auch in Süddeutschland ist die Bezeichnung Heide für bestimmte Landschaften schon seit langer Zeit gebräuchlich, so zum Beispiel „für unbewaldetes Trockenland, das nicht oder nur sehr extensiv genutzt wird" (R. Gradmann: „Das Pflanzenleben der Schwäbischen Alb"). Gradmann prägte auch den Begriff der Steppenheide für eine Geländeformation mit bezeichnenden, urwüchsigen Pflanzenmischbeständen, die gebietsweise im Jura anzutreffen ist.
Im Gegensatz zu den weiträumigen Heidegebieten des Nordens sind die Steppenheiden im südlichen Binnenland schon seit langer Zeit nur noch auf kleine Areale beschränkt. Als Steppenheiden werden lockere Bestände von Wildstauden und Gräsern bezeichnet, in die außerdem noch kleinlaubige Gehölze meist mit strauchigem und knorrigem Wuchs eingestreut sind. Diese Pflanzengesellschaften besiedeln kalkhaltige, oftmals auch sehr steinige, stets wasserdurchlässige Böden in immer nach Süden exponierten Lagen.
An Stellen, wo das Gestein stärker in Erscheinung tritt, spricht man von einer felsigen Steppenheide, in der Schweiz auch als „Felsenheide" bezeichnet. Schließlich kennt man noch den Steppenheidewald. Darunter sind sehr lockere, lichte Gehölzbestände zu verstehen, die sich am Rande der offenen Steppenheide angesiedelt haben mit unterschiedlichen, geländebedingten Ausdehnungen. Er bildet oftmals den Übergang zum geschlossenen Wald.

Die Pflanzenwelt der natürlichen Steppenheiden

Den extremen Lebensbedingungen in diesen Gebieten haben sich die darin vorkommenden Pflanzen sehr gut angepaßt. Trockene, wasserarme Böden in sonnigen und sehr warmen Lagen zwingen viele der Steppenheidegewächse, sich vor zu starker Licht- und Wärmeeinwirkung wirksam zu schützen – durch eine besondere Gestaltung und Form ihrer oberirdischen Organe (lederartige Oberhaut oder blaugrauer Wachsbelag der Blätter, Behaarung). Ebenso sind bei vielen dieser Pflanzen die Blätter nur sehr klein und schmal ausgebildet. Bei manchen Gräserarten rollen sie sich vom Rande her ein und bewirken so einen Verdunstungsschutz. Viele der sogenannten Leit- und Charakterpflanzen der mitteleuropäischen Steppenheiden haben ihre Hauptverbreitung in den Steppen von Südosteuropa – im pontischen und sarmatischen Florengebiet. Von dort sind sie nach der Eiszeit nach Mitteleuropa eingewandert.

Querschnitt durch einen kleineren Steppenheidegarten auf schwerem, undurchlässigem Boden. Auf diese Unterlage kommt eine Schicht aus grobem Schotter. Darauf wird die mit Sand und Kies angereicherte Pflanzerde gebracht. Einzelne größere Steine in flacher Lage und einige dazwischen gelegte kleinere Steinbrocken geben der Anlage einen natürlichen Anstrich. Dazu kommen passende Gehölze wie Wacholder, die im Hintergrund als Randpflanzung stehen.

Der Artenreichtum der Steppenheide-Pflanzung wird noch dadurch gesteigert, daß sich in diese Gemeinschaften auch Pflanzen einstellen, die auf anderen ähnlich gearteten Standorten vorkommen, zum Beispiel im Kalkmagerrasen und auf steinigem Gelände. Nicht wenige Besiedler der Steppenheide zeichnen sich durch farbenprächtige Blüten aus, nur als Beispiele seien Küchenschelle, Pfingstnelke und Ochsenauge genannt.

Die Bodenvorbereitung

Das Gelände für eine „Steppenheide" im Garten muß nicht unbedingt eben sein; auch eine nicht zu steile Hanglage eignet sich gut. Wie aus dem bisher Gesagten zu ersehen ist, kommen in jedem Fall nur freie und sonnige Lagen in Betracht.

Die in Aussicht genommene Fläche gräbt man, am besten im Herbst, spatentief um. Sehr steinige Böden wird man zweckmäßig nur mit dem Pickel lockern. Auf eventuell vorhandene Wurzelunkräuter ist sehr zu achten! Schwere, bindige Böden werden mit grobem Sand oder feinem Kies (Kalksplitt) angereichert; ebenso wird man – besonders bei humusarmen, leichteren Böden – feuchten Torf oder unkrautfreie Komposterde einarbeiten.

Am besten werden die Materialien zur Bodenverbesserung auf die im Winter ausgefrorene Fläche im Frühjahr ausgebreitet. Die Mengen von Sand, Kies oder Torf lassen sich nicht generell für jede Bodenart genau angeben; man muß sie der Beschaffenheit des anstehenden Bodens mit etwas Fingerspitzengefühl anpassen. Zum Beispiel würden bei einem normalen, lehmigen Gartenboden für 10 m^2 Fläche etwa ein Ballen Torf und zwei Schubkarren Sand ausreichen.

Bei kalkarmen Böden hebt man den zu niedrigen pH-Wert mit kohlensaurem Kalk an (man verwendet Düngekalk, etwa 200 bis 400 g/m^2). Eine mäßige Gabe von organischen Düngern (50 bis 100 g/m^2) schadet nicht. Unbedingt sollte man bei organischen Düngern, die nur wenig Kalium enthalten, diesen wichtigen Pflanzennährstoff in Form von Patentkali (Schwefelsaure Kalimagnesia) mit 30 g/m^2 zusätzlich geben.

Auch Bentonit (Gesteinsmehl) ist zur Bodenverbesserung unserer Steppenheide gut geeignet (etwa 100 bis 200 g/m^2), weil darin verschiedene Spurenelemente enthalten sind. Zerkleinerte Lavaschlacke, sofern erhältlich, mit einer Körnung von 0 bis 20 mm leistet gleichfalls gute Dienste. Man kann, wenn schwere, tonige, also feuchte Böden (zum Beispiel Knollenmergel) vorhanden sind, einzelne Pflanzstellen oder auch kleinere Flächen besonders „standortgerecht" für unsere Pflanzen herrichten. Dazu kommt in den Untergrund eine etwa 15 bis 20 cm starke Schicht aus grobem (Kalk-) Schotter; darauf wird in einer Mächtigkeit von etwa 15 bis 30 cm die Pflanzerde aufgeschüttet. Bei größeren Flächen wird man diese aufwendige Arbeit nach der Art des Rigolens ausführen.

Der Diptam (*Dictamnus albus*) gehört zu den charakteristischen Stauden auf der freien Heidefläche.

Die Gestaltung

Der Pflanzplatz. Wer nur über wenig Platz in seinem Garten verfügt, wird vielleicht mit einem Beet entlang der Südseite des Wohnhauses zufrieden sein und dort seine Pflanzenschätze unterbringen. Ein weiter Dachvorsprung schützt dort manche empfindliche Pflanze vor übermäßiger Nässe. Man kann auch eine prallsonnige Gartenböschung mit den wärme- und lichtliebenden Pflanzen aus dem Kreis der Steppenheide bepflanzen. Als einen besonderen Gartenteil für sich kann man die Heidefläche dort gestalten, wo es die Platzverhältnisse erlauben. Dabei wird man im ebenen Gelände die Bodenoberfläche etwas modellieren und flache Hügel anlegen (siehe dazu auch Seite 24ff.).
Eine ganze Anzahl der in diesem Zusammenhang genannten Pflanzen eignet sich außerdem für eine Bepflanzung von nicht zu kleinen Trögen, Pflanzkübeln und Schalen. Die eingebauten Pflanzwannen auf den Balkonen moderner Terrassenwohnungen – in denen oftmals anspruchsvollere Pflanzen darben und schmachten – bieten gleichfalls eine gute Möglichkeit, manche schöne und interessante Pflanze aus dem hier beschriebenen Kreis unterzubringen.
Selbst für kleine Anlagen von wenigen Quadratmetern Ausdehnung benötigen wir für die spätere Pflege eine **Begehungsmöglichkeit.** In den meisten Fällen werden unregelmäßige Trittplatten aus Naturstein (Kalk- oder Sandstein) diesen Zweck erfüllen. In einem naturnahen Garten vermeide man aber eine gerade Linienführung bei der Verlegung dieser Platten. Besonders in Hanglagen wird die Verwendung und der richtige Einbau von geeigneten Steinen nicht nur den Eindruck der „Felsheide" hervorrufen, sondern gleichzeitig die Erde vor Abschwemmung schützen. Doch man hüte sich

Der Blutrote Storchschnabel (*Geranium sanguineum*) schmückt sich mit pinkfarbenen Blüten, im Herbst verfärbt sich die Pflanze rot.

vor einer Anhäufung von Steinen, denn wir wollen keinen Steingarten oder ein Alpinum errichten. Größere Steine sind immer flach zu legen und niemals in unnatürlicher Weise senkrecht zu stellen. Flache Steine werden, geschickt plaziert, zu Trittsteinen.
Selbst für einen kleineren Heidegarten empfiehlt es sich, vor Beginn der Bepflanzung wenigstens eine **kleine Skizze** anzufertigen, weil wir dadurch eine bessere Vorstellung bekommen, außerdem läßt sich daraus der Bedarf an Pflanzen leicht ermitteln. Es interessiert aber nicht nur die Anzahl der verschiedenen Pflanzenarten, sondern auch die richtige Auswahl und Verteilung. Denn davon hängt das Gelingen einer jeden Pflanzung ab. Das unterschiedliche Höhen- und Breitenwachstum der Pflanzen muß stets mit der Größe des Gartens in Einklang stehen.
Die **Pflanzenbeschaffung** bereitet keine allzu großen Schwierigkeiten, denn im Sortiment vieler Staudengärtnereien und Baumschulen findet man sehr viele der benötigten Pflanzen. Freilich werden Raritäten nur selten angeboten, aber auf keinen Fall sollte man in freier Natur irgendwelche Pflanzen ausgraben. Die beste Pflanzzeit für Stauden, Gräser und Kleingehölze liegt erfahrungsgemäß im Frühjahr; größere Gehölze setzt man auch schon im Herbst.

Die Pflege

Obwohl von Haus aus recht anspruchslos, kommen die Pflanzen der Steppenheide auf den künstlich geschaffenen Standorten im Garten ohne eine gewisse Pflege nicht aus. Selbstverständlich ist das Angießen von Neupflanzungen und das gelegentliche Wässern von älteren Pflanzenbeständen bei anhaltender Trockenheit. Mit dem Düngen, abgesehen von einer mäßigen Vorratsdüngung, sollte man sehr zurückhaltend sein und frühestens nach einigen Jahren mit organischen Düngemitteln etwas nachhelfen. Hohe mineralische Stickstoffgaben würden unsere Steppenheidepflanzen „ins Kraut schießen“ lassen, und bei blaugrauen Pflanzen, zum Beispiel bei Gräsern *(Festuca)*, ginge die charakteristische Blattfärbung verloren.
Einer steten Unkrautbekämpfung durch gründliches Jäten darf man nicht aus dem Wege gehen; unter Umständen nisten sich hartnäckige Unkräuter (Winden, Disteln, Giersch) ein, die man nie mehr loswird. Ein Winterschutz mit Fichtenreisig wird nur bei einigen wenigen etwas frostempfindlichen Gewächsen in Frage kommen, etwa bei manchen Ginstern, Heiligenkraut *(Santolina)*, Salbei (*Salvia*-Arten) und *Perovskia*. Im Laufe der Zeit werden sicherlich der Pflanzen zu groß und bedrängen sich manchmal gegenseitig. Teilbare Pflanzen werden dann am besten im Frühjahr herausgenommen, geteilt und neu eingepflanzt; dies betrifft vor allem die Gräser und bodendeckenden Stauden. Küchenschellen, Adonisröschen, Diptam und *Eryngium*-Arten läßt man möglichst unberührt stehen, weil sich diese Pflanzen erst im Laufe der Jahre zu ansehnlichen Exemplaren oder Horsten entwikkeln. Mit Argwohn sind Pflanzen mit starkem Samenansatz, vor allem manche Gräser *(Festuca, Melica)*, zu beobachten, weil sie sich oftmals stärker als gewünscht ausbreiten.

Die Pflanzen

Eine derartige Anlage wird immer nur etwas für den speziellen Pflanzenfreund und Kenner sein. Wenn sich auch im Garten niemals eine stilechte Steppenheide nachbilden läßt, so kann man durch eine gute Auswahl von geeigneten Pflanzen – auch auf kleinem Raum – „ziemlich naturnahe“ Motive schaffen. Mancher wird außer den aufgezählten Arten immer noch die eine oder andere ausfindig machen, die in den besonderen Lebensbereich der Steppenheide gut hineinpaßt. In den Tabellen sind außer den heimischen Pflanzenarten und deren Gartenformen auch zahlreiche andere interessante Pflanzen enthalten, welche die gleichen Ansprüche an Boden und Standort stellen und sich somit gut in diese Gemeinschaft eingliedern lassen.

Stauden für die offene Heidefläche nennt die Tabelle auf Seite 112 und 113. Die erwähnten Pflanzen sind ausgesprochene Wildstauden, viele davon bilden Teil unserer heimischen Flora. Aus Platzgründen ist auf Angaben über Wuchshöhe, Blütenfarbe und -zeit verzichtet worden; nähere Pflanzenbeschreibungen findet man in der Fachliteratur und in vielen Staudenkatalogen.

Stauden zur Zwischen- und Unterpflanzung der Randgehölze findet man am Rande und im lichten Schatten des Steppenheidewaldes. Im Garten fühlen sie sich an ähnlichen Standorten sehr wohl als Begleiter der Gehölze.

Wie schon erwähnt, kommen die holzartigen Gewächse in der offenen Steppenheide nur spärlich vor. Im Steppenheidewald findet sich dagegen eine Anzahl von **Bäumen und Sträuchern** in lockerem Bestand zusammen, wie Feldahorn, Traubeneiche, Rotbuche, Wildrosen, Wolliger Schneeball, Liguster, Mehlbeere und andere. Als Vertreter der Nadelgehölze trifft man regelmäßig die Waldkiefer und den Gewöhnlichen Wacholder an.

Von allen diesen Wildgehölzen werden aber nur die wenigsten für eine Anpflanzung – vor allem im kleineren Garten – in Frage kommen. Auch wird niemand den Gedanken hegen, sich einen Steppenheidewald auf seinem Grundstück anzulegen. Bei einer größeren Anlage kommt es aber darauf an, ihr durch passende Gehölze einen natürlichen Rahmen mit Hilfe einer Randbepflanzung zu geben. Gleichzeitig sollen aber diese Pflanzen auch einen bestimmten Zweck erfüllen: als Wind- und Sichtschutz oder als Abgrenzung des Heidegartens gegen andere Gartenbereiche.

In die offene, das heißt in die eigentliche Heidefläche setzen wir ausnahmslos nur kleine Gehölze, meist als Einzelpflanzen. Zu bemerken ist noch, daß manche Sträucher der (felsigen) Steppenheide wie *Amelanchier ovalis*, *Cotoneaster nebrodensis* und *C. integerrimus* gar nicht im Handel erhältlich sind; wir ersetzen sie durch ähnliche Arten. Ebenso wird man anstelle von hoch- oder breitwachsenden Kiefern *(Pinus sylvestris)* im kleinen Garten die Bergkiefer *(Pinus mugo)* pflanzen. Letztlich kommen für unsere Steppenheide im Garten auch noch andere trockenheitsverträgliche Gehölze in Betracht, besonders solche, die sich durch eine späte Blütezeit auszeichnen wie Bartblume *(Caryopteris)*, *Perovskia* und Buschklee *(Lespedeza)*. Auch wird es keinen Stilbruch bedeuten, wenn sich ein Gartenfreund in seiner Steppenheide an geeigneter und vorbereiteter Stelle (etwas Torf einbringen) die Schneeheide *(Erica herbacea)* anpflanzt. Diese allbekannte Gartenpflanze, von der zahlreiche Gartenformen existieren, besiedelt im Voralpengebiet und in der montanen Region der Alpen auf Kalkuntergrund lichte Kiefernwälder und offene Bergmatten. Gerade durch die Schneeheide läßt sich der Flor unseres Heidegartens in die blütenarmen Monate ausdehnen.

Zu den Bestandteilen der natürlichen Pflanzendecke aller Heidetypen gehören auch viele **Gräserarten**. Es gibt wohl kaum eine Stelle im Garten, wo sie sich harmonischer einfügen als gerade in einem Heidegarten. Außer den heimischen Arten – von denen es auch eine große Anzahl von Gartenformen gibt – wird man gerne einige fremdländische Gräser verwenden, die ebenfalls von Trockenstandorten stammen.

In den natürlichen Steppenheiden, zum Beispiel auf der Schwäbischen Alb, findet sich stellenweise als einzige Zwiebelpflanze die Kleine Traubenhyazinthe *(Muscari botryoides)*. Trotzdem kann man ohne Bedenken andere geeignete **Kleinblumenzwiebeln** in unserem Heidegarten unterbringen. Einige davon – wie Krokus, Laucharten und Zwiebeliris – passen als Steppenpflanzen gut in den Heidegarten.

Stauden für die offene Heidefläche	
Achillea conjuncta, A. serbica, A. tomentosa	Schafgarbe
Adonis vernalis	Frühlingsadonisröschen
Alyssum montanum	Bergsteinkraut
Anaphalis triplinervis	Perlkörbchen
Anthemis marschalliana	Bergkamille
Anthemis tinctoria	Färberkamille
Anthericum liliago, A. ramosum	Traubige und Ästige Graslilie
Artemisia schmidtiana 'Nana'	Edelraute
Aster amellus in Sorten	Berg- oder Kalkaster
Astragalus angustifolius F	Tragant
Buphthalmum salicifolium	Ochsenauge
Carlina acanthifolia	Golddistel
Carlina acaulis und *C. acaulis* ssp. *simplex*	Silber- oder Wetterdistel
Centranthus ruber	Spornblume
Cerastium arvense 'Compactum', *C. tomentosum* var. *columnae*	Hornkraut
Coronilla coronata	Bergkronenwicke
Coronilla vaginalis F*	Umscheidete Kronwicke
Dianthus carthusianorum	Karthäusernelke
Dianthus gratianopolitanus F	Pfingstnelke
Dianthus knappii F	Nelke
Dictamnus fraxinella	Diptam
Draba aizoides F	Immergrünes Felsenblümchen
Echinops ritro, E. bannaticus, E. niveus	Kugeldistel
Eryngium bourgatii, E. planum, E. tricuspidatum	Edeldistel
Euphorbia polychroma	Wolfsmilch
Filipendula vulgaris	Spierstaude
Fumana procumbens F	Zwerg-Sonnenröschen
Gentiana lutea	Gelber Enzian
Geranium sanguineum	Blutroter Storchenschnabel
Globularia trichosantha	Kugelblume
Helianthemum canum, H. lumulatum, H. nummularium, H. macedonicum	Sonnenröschen und Gartensorten
Helichrysum thianshanicum	Strohblume
Hieracium pilosella 'Niveum'	Habichtskraut
Hippocrepis comosa	Hufeisenklee
Inula ensifolia 'Compacta'	Alant
Iris aphylla, I. germanica, I. graminea, I. pumila und Sorten, *I. sambucina, I. variegata*	Schwertlilien
Linum flavum	Gelber Lein
Linum perenne	Staudenlein
Linum viscosum	Klebriger Lein
Lotus corniculatus 'Plenus'	Hornklee
Matricaria caucasica	Teppichkamille
Onosma stellulata und andere Arten	Lotwurz
Origanum hybridum, O. laevigatum, O. vulgare und Formen	Heidegünsel oder Dost
Petrorhagia saxifraga F	Felsennelke
Potentilla verna	Fingerkraut
Prunella grandiflora und Formen	Große Braunelle
Pulsatilla vulgaris und Formen	Küchenschelle
Satureja montana	Bergminze
Saxifraga paniculata F	Traubensteinbrech
Sedum acre, S. album und Formen, *S. dasyphyllum, S. reflexum* und andere Arten F	Fetthenne oder Mauerpfeffer
Stachys byzantina 'Silver Carpet', *S. lavanduliflora*	Ziest

Stauden für die offene Heidefläche (Fortsetzung)	
Teucrium montanum F	Berggamander
Thalictrum minus 'Adiantifolium'	Wiesenraute
Thermopsis fabacea	Fuchsbohne
Thymus in vielen Arten und Sorten	Thymian
Verbascum bombyciferum, Verbascum-Hybriden, V. olympicum, V. phoeniceum	Königskerze
Veronica prostrata, V. spicata, V. spicata ssp. *incana, V. austriaca* ssp. *teucrium* und Sorten	Ehrenpreis

*F = Pflanzen felsiger Standorte

Gehölze für die Steppenheide	
Kleine Gehölze für die offene Heidefläche	
Caryopteris × clandonensis, C. incana	Bartblume
Cytisus decumbens, C. × kewensis, C. purpureus	Geißklee oder Ginster
Daphne cneorum und Formen	Rosmarinseidelbast
Erica herbacea (E. carnea) und Formen	Schneeheide
*Genista hispanica, G. lydia, G. radiata, G. sagittalis, G. tinctoria**	Ginster
Juniperus communis in niedrigen Formen, *J. horizontalis*	Wacholder
Lavandula angustifolia und Formen	Lavendel
Ononis rotundifolia	Rundblättrige Hauhechel
Perovskia abrotanoides, P. atriplicifolia	Blauraute
Potentilla in niedrigen Formen	Fingerstrauch
Salvia officinalis und Formen	Echter Salbei
Santolina chamaecyparissus, S. virens	Heiligenkraut
Teucrium chamaedrys	Edelgamander
Gehölze für Einzelstellung in größeren Heidegärten und als Randbepflanzung kleinerer Anlagen	
Berberis wilsoniae	Berberitze
Coronilla emerus	Strauchwicke
Cytisus nigricans	Geißklee
Juniperus communis, Säulenformen	Wacholder
Lespedeza thunbergii	Buschklee
Pinus mugo, P. mugo ssp. *mugo*	Bergkiefer
Pinus sylvestris 'Fastigiata' und 'Watereri'	Waldkiefer
Potentilla fruticosa in höheren Formen	Fingerstrauch
Rosa pimpinellifolia (ausläuferbildend)	Bibernellrose
Tamarix chinensis	Tamariske
Gehölze für eine Randbepflanzung größerer Heidegärten	
Acer campestre, A. ginnala	Feld- und Feuerahorn
Amelanchier laevis	Felsenbirne
Colutea arborescens, C. × media	Blasenstrauch
Cotoneaster acutifolius, C. dielsianus, C. divaricatus	Zwergmispel
Elaeagnus multiflora	Ölweide
Juniperus communis in hohen Formen	Wacholder
Lespedeza bicolor	Buschklee
Ligustrum vulgare 'Atrovirens' und 'Lodense'	Liguster
Pinus sylvestris	Waldkiefer
Rosa canina 'Kiese', *R. foetida* 'Bicolor', *R.-pimpinellifolia-Hybriden* wie 'Frühlingsgold', 'Frühlingsmorgen', *R. rubiginosa, R. rubrifolia*	Wild- und Strauchrosen
Sorbus aria und Formen	Mehlbeere

**Genista sagittalis* und *G. tinctoria* lieben keinen zu hohen Kalkgehalt

Stauden zur Zwischen- und Unterpflanzung der Randgehölze	
Viburnum lantana	Wolliger Schneeball
Anemone sylvestris	Großes Windröschen
Aquilegia vulgaris	Akelei
Buglossoides purpurocaerulea	Blauroter Steinsame
Campanula persicifolia	Pfirsichblättrige Glockenblume
Convallaria majalis	Maiglöckchen
Cypripedium calceolus	Frauenschuh
Digitalis lutea, D. grandiflora	Fingerhut
Gentiana cruciata	Kreuzenzian
Helleborus foeditus	Stinkende Nieswurz
Hepatica nobilis, H. transsylvanica	Leberblümchen
Lathyrus vernus	Platterbse
Melittis melissophyllum	Immenblatt
Polygala chamaebuxus	Zwergbuchs
Polygonatum odoratum	Salomonssiegel
Potentilla alba	Weißes Fingerkraut

Gräser für die Steppenheide	
Achnatherum calamagrostis	Silberähren- oder Rauhgras
Bouteloua oligostachya	Moskitogras
Carex montana	Bergsegge
Festuca amethystina, F. glauca, F. ovina, F. valesiaca und deren Formen	Schwingel
Helictotrichon sempervirens	Blaustrahlhafer
Koeleria glauca	Schillergras
Melica altissima, M. ciliata, M. transsilvanica	Perlgras
Sesleria caerulea und Formen, *S. argentea* und andere	Blau- oder Kopfgras
Spodiopogon sibiricus	Graubartgras
Stipa pulcherrima f. *nudicostata, S. capillata, S. gigantea, S. grandis, S. pennata* und andere	Federgras

Zwiebelpflanzen für die Steppenheide	
Allium cyaneum, A. flavum, A. karataviense, A. montanum, A. oreophilum, A. karinatum ssp. *pulchellum* und andere	Zierlauch
Crocus ancyrensis, C. angustifolius, C. chrysanthus, C. tommasinianus und Sorten	Frühjahrsblühende Krokusarten
Crocus pulchellus, C. speciosus und Sorten	Herbstblühende Krokusarten
Iris danfordiae, I. reticulata und andere	Zwiebeliris
Muscari armeniacum, M. botryoides	Traubenhyazinthe

Der Vorgarten

Es lohnt sich, dem kleinen Stück Gartenland zwischen Straße und Haus mehr Beachtung zu schenken, als es häufig geschieht. In unseren immer mehr verbauten und zubetonierten Städten ist der Vorgarten als reines Repräsentationsgrün oder nur als Abstellplatz für Auto, Mülltonnen und Fahrräder viel zu schade.

Der soziale Aspekt

In den Wohnvierteln der vorindustriellen Zeit bis in das Industriezeitalter hinein waren Wohnen, Arbeiten, Feiern und Spielen zur Straße hin orientiert. Der sich ändernde Lebensstil der Menschen und die Funktionsveränderung der Straßen zur reinen Verkehrsfläche führten zu einer Funktionsverarmung der Straße. Die soziale Verkümmerung der Menschen, der wir zunehmend begegnen, hat eine ihrer Ursachen in der Verarmung des „Sozialraums Straße". Besonders Kinder sind von dem Verlust des vor der Haustür liegenden Kontaktbereichs betroffen. Es wurde ihnen der Teil der Welt geraubt, der ihnen Erkennen und Aneignen sozialen Verhaltens zwischen allen Altersstufen bot. Kinder spielen am liebsten in der Nähe der Erwachsenen, in ihrem natürlichen sozialen Umfeld. Kinderspiel darf nicht aus der Verflechtung menschlichen Zusammenlebens herausgelöst werden.

Dieser soziale Aspekt bei der Anlage und Gestaltung von Vorgärten wird viel zu wenig berücksichtigt. Lebensgerechte Gestaltungen werden ganz besonders durch die Vegetation am Haus geschaffen, sollten aber nicht ausschließlich dekorativen und repräsentativen Zwecken dienen. Es werden so viele Möglichkeiten für Naturerlebnisse und menschliche Kontakte verschenkt, nicht aus Kostengründen, sondern aus mangelnder Überlegung und Phantasie. Für Bewohner und Besucher, aber auch für Passanten soll ein Vorgarten harmonisch und einladend wirken. „Man soll sich freuen, wenn man kommt, und bedauern, daß man gehen muß" (Alfred Reich).

Was ist bei der Anlage oder Umgestaltung zu bedenken?

Vorgärten bestimmen nicht nur das Bild des einzelnen Hauses, sie prägen einen ganzen Straßenzug. Bäume, auch kleinkronige, wachsen im Vorgarten besser als in engen Pflanzgruben am Bürgersteig; oft ist dort auch kein Platz für eine Bepflanzung vorhanden. Ebenso ist der Baustil des Hauses zu berücksichtigen. Bei lebhaft gegliederten Fassaden mit vielen Fenstern, Mauervorsprüngen usw. sollte der Vorgarten zurückhaltend gestaltet werden. Ruhige oder eintönige Hausflächen dagegen werden durch eine abwechslungsreiche Bepflanzung aufgelockert und belebt.

Es ist manchmal nur schwer verständlich, warum um wenige Quadratmeter, die zudem nie betreten werden, ein **Zaun** gezogen werden muß, der im Verhältnis zur Größe der Fläche viel zu hoch, zu massiv und wuchtig ist. Der

Bereits ein einzelner Busch oder ein großer Baum setzt Haus- und Vorgarten wirkungsvoll in Szene.

kleine Garten wird dadurch optisch noch mehr eingeengt. Hecken aus Pflanzen mit Dornen oder Stacheln, wie Rosen (*Rosa rugosa* und andere) oder Sauerdorn (*Berberis* in Sorten), schützen besser und fügen sich harmonisch ein.

Der Gleichförmigkeit der heutigen genormten **Haustüren** kann man mit einfachen Mitteln begegnen; Eingangsbereiche erhalten eine persönliche Note, sie wirken freundlich und einladend, zum Beispiel durch eine Kletterpflanze, die den Eingang umrankt, die Verbreiterung des Zugangsweges, schönes Material für den Wegebelag oder den Platz für eine Bank oder einen bepflanzten Kübel. Man erhält so einen unverwechselbaren Lebensraum.

Die **Wegeführung** wird bei jedem Haus verschieden sein. Manchmal ist es sinnvoll, Hauszugang und Garageneinfahrt zusammenzulegen, um eine größere Pflanzfläche zu bekommen. Will man aus Gestaltungsgründen auf eine gerade Wegeführung verzichten, sollte man in die Ecke oder Biegung des Weges einen Baum oder Solitärstrauch setzen, um die Richtungsänderung zu begründen. Man denkt später, daß der Weg um den Baum herumgeführt werden mußte; dadurch wirkt der Verlauf selbstverständlich und natürlich.

Das Einfamilienhaus liegt an einer Nebenstraße ohne Bürgersteig. Gewünscht wurden ein zusätzlicher Autostellplatz, die unauffällige Integrierung der Mülltonnen, die von der Küche aus direkt erreichbar sein sollten, und eine pflegeleichte, abwechslungsreiche Bepflanzung.

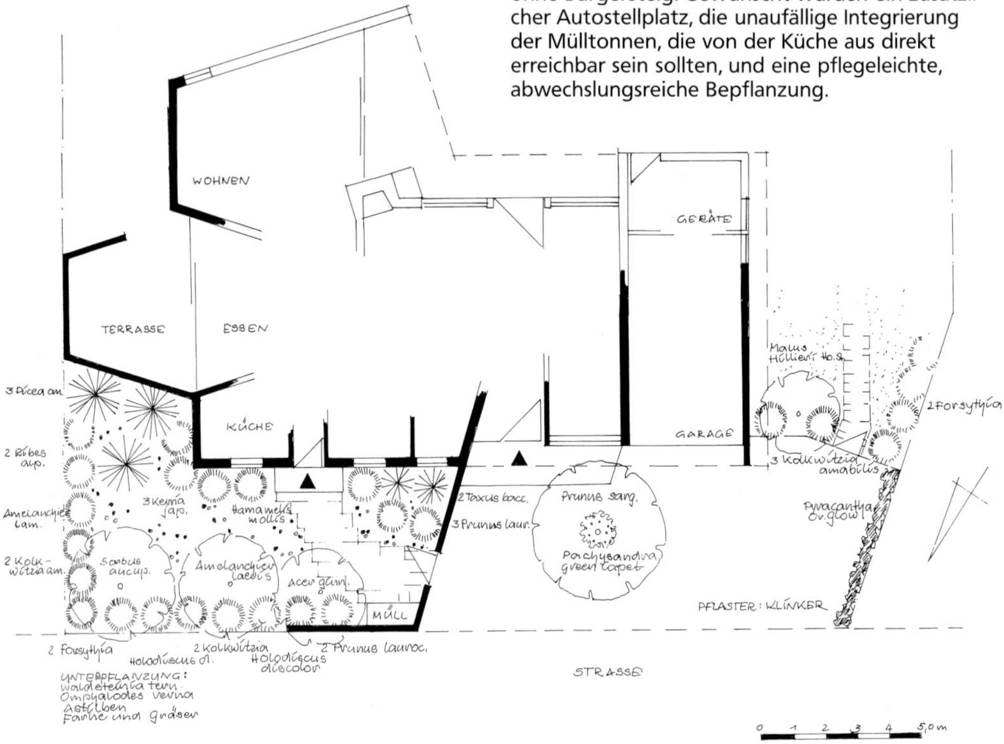

Der Vorgarten des Mehrfamilienhauses ist gleichzeitig „Straßenbegleitgrün" einer Vorortstraße. Trotz vorheriger Skepsis des Bauherrn wird der Sitzplatz von Alt und Jung gerne genutzt.

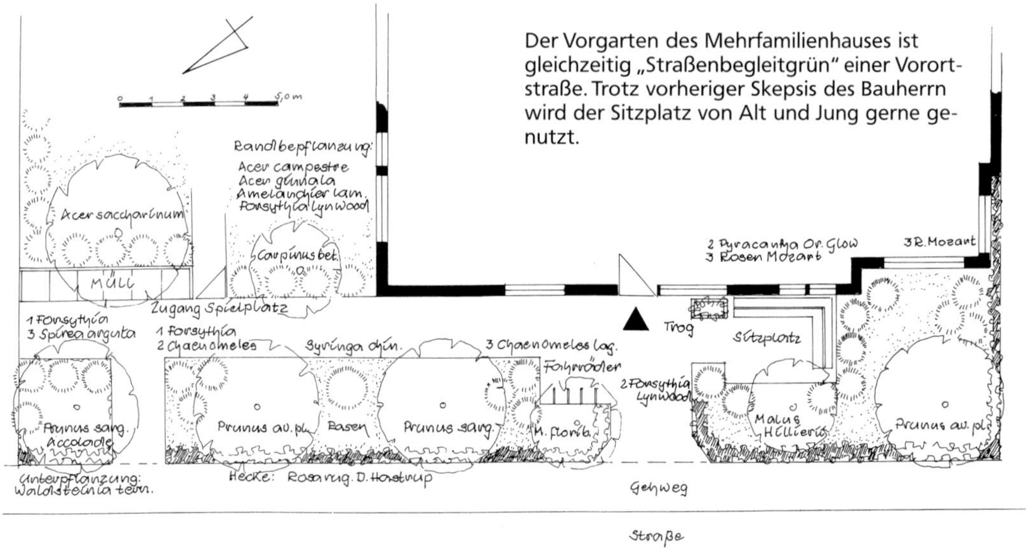

Wege sollten bequem begehbar sein. Für zwei nebeneinander gehende Personen rechnet man mit einer Mindestbreite von 1,20 m.
Für **Stufen** gilt: Lieber mehrere flache und breite als wenige und steile Stufen. Einzelne Stufen übersieht man sehr leicht; es sind manchmal richtige Stolperschwellen. Werden sie durch seitliche, von der übrigen Bepflanzung sich abhebende Gewächse betont, übersieht man Treppen nicht so leicht.
Für welchen **Belag**, welche Platten oder Pflaster man sich entscheidet, hängt vom Geschmack und vom Geldbeutel ab. Immer sollte man sich vor dem Kauf größere, fertig verlegte Flächen zeigen lassen; einzelne Steine oder kleine Musterflächen geben kein genaues Bild. Je weniger verschiedene Materialien verwendet werden, desto großzügiger und harmonischer wirkt der Vorgarten. Viel wichtiger als das Material ist die handwerklich saubere Verlegung. Einfache Betonplatten, gut verlegt, sehen nobler aus als eine aus billigen Ausschuß-Natursteinplatten zusammengeflickte Fläche. In den seltensten Fällen werden Wegebeläge später ausgewechselt, so daß es sinnvoll ist, hierfür etwas mehr Geld auszugeben und vielleicht bei der Pflanzung zu sparen.
Mülltonnen sind notwendig, aber häßlich und schwierig zu integrieren, wenn ihr Standplatz oder Aufbewahrungsort nicht schon bei der Hausplanung berücksichtigt wurde, zum Beispiel durch Einbau in Gartenmauern, Nischen oder in Verbindung mit Garagen. Müllschränke aus Beton verdecken zwar die Tonnen, fallen aber eigentlich noch stärker auf. Wir sollten sie auf jeden Fall begrünen und dadurch unauffälliger machen. Immer müssen die Sträucher höher wachsen als die Behälter, die dann kleiner wirken. Geeignet sind wintergrüne Gehölze, die den Behälter zu jeder Jahreszeit gut verdecken. Tonnenschränke aus Holz dominieren weniger, man kann aber auch die Tonnen hinter einer Wand aus senkrecht gestellten Kantholzpalisaden oder hinter Rankelementen aus Holz verstecken und zuwachsen lassen.
Wichtig ist eine zweckmäßige **Beleuchtung**. Niemand sucht gerne in der Dunkelheit Hausnummer oder Schlüsselloch. Ein freundlich beleuchteter Eingangsbereich wirkt einladend und schützt auch vor unerwünschten Besuchern. Außerdem haftet der Hausbesitzer, wenn ein Gast in der Dunkelheit über eine schlecht oder nicht beleuchtete Stufe stürzt, und muß mit Schadenersatzforderungen rechnen.

Eine einfühlsame Bepflanzung hat aus diesem Hauszugang einen intimen Lebensraum geschaffen.

Die Bepflanzung

Keinen Gartenteil betritt man so oft und bei jedem Wetter wie den Vorgarten. Deshalb sollten wir auf die Bepflanzung größeren Wert legen, als es meist geschieht. Pflegeleicht muß nicht auch langweilig sein, wie zum Beispiel eine *Cotoneaster*-Plantage. Den Wechsel der Jahreszeiten wird man gerade im Vorgarten intensiv erleben können, weil man die Pflanzen täglich sieht.
Schon ein einzelner **Baum oder Großstrauch** gibt einem sonst schlichten Vorgarten eine persönliche Note. Für die meist kleinen Flächen eignen sich kleinkronige Bäume. Hat man mehr Platz, so zeigt der Hausbaum natürlich mehr Wirkung. Die Größe des Baumes im ausgewachsenen Zustand ist auf alle Fälle schon beim Kauf zu bedenken. Nadelbäume fügen sich nicht so gefällig ein, außerdem verdunkeln sie oft im Winter die Fenster, während das kahle Geäst der Laubgehölze auch in der dunk-

Selbst der kleinste Vorgarten kann zur unverwechselbaren Visitenkarte werden.

len Jahreszeit genügend Licht durchläßt. Zu den kleineren Laubbäumen oder Großsträuchern gehören zum Beispiel Feldahorn *(Acer campestre)*, Feuerahorn *(Acer ginnala)*, Felsenbirne *(Amelanchier laevis, A. lamarckii)*, Zieräpfel *(Malus)*, Zierkirschen *(Prunus)* oder Ebereschen *(Sorbus)*.

Nicht nur als Sichtschutz sind **Sträucher** von Bedeutung. Man kann mit ihnen langweilige Winkel begrünen, den Eingang betonen oder eine Hausecke in den Garten einbinden. Die Auswahl ist so groß, daß man für Sonne, Halbschatten und tiefen Schatten immer eine passende Art finden wird. Schön sind im Vorgarten die Frühblüher, wie zum Beispiel die Zaubernuß *(Hamamelis)* oder der Duftschneeball *(Viburnum fragrans)*, über deren Blüten und Duft man sich schon im Januar täglich freuen kann. Alle Sträucher entwickeln sich besonders schön, wenn sie frei stehen und sich entfalten können. Mit einem regelmäßigen Ausschnitt alter Äste dicht am Boden erhält man ihren charakteristischen Wuchs über viele Jahre. Herabfallende Blätter von Bäumen und Sträuchern kann man liegenlassen, sie werden regelrecht „verschluckt" und bilden Humus.

Vorgartenflächen sind oft für eine Rasenansaat zu klein oder so stark beschattet, daß Rasen trotz Schnitt und Düngung schütter bleibt und vermoost. Auf solchen Flächen stellen **bodendeckende Stauden** einen unentbehrlichen Ersatz dar. Leider werden sie immer noch zu selten verwendet. Sie sind pflegeleicht wie *Cotoneaster*, nur bringen sie mit hübschem Blattwerk und mit ihren Blüten Abwechslung und Farbe. Teilweise behalten sie das Laub auch im Winter, so daß keine kahlen Flächen entstehen. Beachten sollte man nur, daß es stark- und schwachwachsende bodendeckende Stauden gibt, die man nicht in zu enger Nachbarschaft verwenden sollte. Die schwächeren Arten werden sonst von den robusteren überwachsen.

Um ein großzügiges Bild zu bekommen, sollten etwa zwei Drittel der Pflanzfläche mit ein bis zwei Arten als „Grundthema" bepflanzt werden. Eine bewährte flächige Bepflanzung entsteht zum Beispiel aus Waldsteinie *(Waldsteinia ternata)* mit gelben Blüten und hübschem immergrünem Laub und Gedenkemein *(Omphalodes verna)* mit Vergißmeinnicht-ähnlichen, leuchtendblauen Blüten. Unverwüstlich sind für schattige Lagen und großflächige Bepflanzungen Dickanthere *(Pachysandra terminalis)*, Immergrün *(Vinca minor)* und Efeu (*Hedera helix* 'Hibernica'). Für sonnige Böschungen eignen sich auch Polsterpflanzen oder bodendeckende Rosen, allerdings erfordern sie einen höheren Pflegeaufwand.

Auch auf **höherwachsende Stauden** sollte man nicht verzichten. Sie ergänzen die Bodendekker oder dienen Rosen als Begleitpflanzen. Auch wenn man sich um sie etwas mehr kümmern muß, man wird dafür mit einem abwechslungsreichen Blütenflor entschädigt.

Der Gartenhof

Im Vergleich zum zuvor betrachteten Vorgarten liegt der Gartenhof nicht einsehbar hinter dem Haus. Bildet der Vorgarten die Zone des Kommen und Gehens, ist der Gartenhof ein Bereich des Verweilens; der Vorgarten öffnet sich dem Besucher oder zeigt sich dem Passanten, im Gartenhof will man ungestört, unbeobachtet bleiben. Diese unterschiedliche Bestimmung wirkt sich auf die Ausgestaltung mit aus.

Ursprünglich war der Gartenhof ein Innenhof des Hauses ohne Verbindung mit der Natur. Jenes Atrium stellt heute bei uns die Ausnahme dar, weil das Haus nur noch in seltenen Fällen den Hof allseitig umschließt. Der moderne Gartenhof ist in Mitteleuropa vielmehr dem Haus vor- oder angelagert und auf die angrenzenden Wohnräume ausgerichtet. Geblieben ist die allseitige Umschließung, die hier durch Mauern und Trennwände, mitunter auch durch eine streng geschnittene, hohe Hecke vom Haus aus fortgesetzt wird. Daraus ist ein Wohnhof als erweiterter Wohnraum unter freiem Himmel entstanden – ein Raum, der durch die allseitige Umgrenzung überwiegend privaten Charakter hat.

Das Kleinklima im Gartenhof

Das Klima des Gartenhofes weicht in wesentlichen Merkmalen vom Klima des geographischen Ortes ab. Es zeichnet sich bei geschickter Hofgestaltung durch einen günstigeren kleinklimatischen Haushalt aus. Es wird zwar niemals möglich sein, das Kleinklima im voraus exakt zu berechnen, doch sind uns einige Faktoren bekannt, bei deren Berücksichtigung sich das Kleinklima günstig beeinflussen läßt.

Die Lage des Hofes zur Himmelsrichtung. Ein rechteckiger Hof, dessen Längsachse Ost-West-orientiert ist, birgt bei geringer Raumtiefe die Gefahr schlechter Besonnung. Von Nord nach Süd ausgerichtete Höfe sind deshalb bei kleiner Grundfläche unbedingt vorzuziehen.

Die Höhe der Bebauung. Die Idee des Gartenhofes wäre verfehlt, wenn hohe Mauern (vor allem auf der Südseite) die Sonne abschirmen würden. Die Gefahr sommerlicher Überhitzung läßt sich dagegen leicht durch Schattenbäume, Sonnenschirme oder Wasserflächen verringern.

Die Belüftung. Das Kleinklima wird günstig beeinflußt, wenn wenigstens eine Wandseite des Hofes luftdurchlässig ist. (Es besteht dann weniger leicht die Gefahr, daß sich Hitze staut oder daß sich Kaltluft bildet.) Technisch kann dies durch entsprechend durchlässiges Wandmaterial erreicht werden. Einfacher geht es jedoch, wenn man eine Wand nicht ganz durchlaufen läßt. Ein Strauch mit lockerem Wuchs kann die entstehende Öffnung verstellen. Nebenbei bemerkt kann eine solche Lösung auch dem „psychologischen Klima" des Gartenhofes gut tun, birgt doch eine allseitige Umgrenzung die Gefahr, daß sich die Bewohner isoliert fühlen.

Das Baumaterial. Helligkeit und Dichte der Baumaterialien beeinflussen aufgrund ihrer unterschiedlichen Reflexion und Speicherfähigkeit von Licht beziehungsweise Wärme das Kleinklima entscheidend.

Einige Überlegungen zur Pflanzenauswahl

Nirgendwo ist die Auswahl der Pflanzen so wichtig und entscheidend für das Gesamtbild wie beim Gartenhof. Allein die Tatsache, daß die meisten Wohnräume auf den Hof blicken und die Pflanzen täglich in unserem Blickfeld stehen, unterstreicht ihre Bedeutung. Hier wünscht man sich ganzjährig und auf lange Zeit eine gepflegte Umgebung. Deshalb werden jene Straucharten sparsam verwendet, die ein häßliches Bild nach der Blüte hinterlassen wie etwa Forsythien. Gleiches gilt für die Frühlings- und Vorsommerarten unter den Prachtstauden (Klatschmohn, Gemswurz, Schwertlilie), denen wir deshalb im Hintergrund der Pflanzfläche oder im Bereich der Gehölze einen Ort zuweisen. Dagegen stellen wir die krautigen Sommer- und Herbstblüher in den Vordergrund von Pflanzflächen, weil sie hier lange vor der Blüte durch ihr frischgrünes Blattwerk beleben und gleichzeitig ihre Vorblüher verdecken.

Der Gartenhof will sehr sorgfältig eingerichtet sein, damit niemals der Eindruck von Enge und Düsterkeit entsteht. Durch Staffelung, besonders durch ein seitliches Verstellen des Raumes mit Pflanzen, läßt sich durch die Kulissenwirkung sogar eine größere Raumtiefe vortäuschen. Immer aber sollte man die Kunst des Weglassens üben, also auf Arten auch einmal verzichten oder Pflanzen sparsam im Raum verteilen, damit Großzügigkeit und Weite das Bild bestimmen.

Bei der Auswahl von Bäumen und Sträuchern wird häufig ihre Größe im ausgewachsenen Zu-

stand mißachtet, so daß sich sehr bald ungünstige Raumverhältnisse ergeben. Dabei bieten Baumschulen und Gartencenter zahlreiche klein- und mittelkronige Bäume an, die dem Gartenhof sogar als Hausbäume dienen können (zum Beispiel kleinere Ahornarten, das Judasblatt, Goldregen).
Der Charakter des Hofes wird schließlich sehr stark von der Physiognomie seiner Vegetation bestimmt. Wir können immer wieder beobachten, wie einzelne Pflanzenarten ihre Nachbarn durch die unterschiedlichen Wuchsformen, die stark gegensätzlichen Blattstrukturen (Laub- oder Nadelblatt) oder die Blattfärbung (hell-dunkel) optisch übertönen und verdrängen. Das Vegetationsbild wirkt dann sehr unruhig. Natürlich vermag es der Erfahrene auch, mit kontrastreichen Arten eine gute Einheit zu schaffen.
Wir können uns entweder auf bewährte Arten beschränken, deren Wuchsverhalten und Pflegebedarf bekannt ist und die auch an unterschiedlichen Standorten noch ähnliches Verhalten zeigen, oder wir müssen jene Pflanzen testen, die wir besonders schätzen. Grundsätzlich gilt es zu bedenken, daß sich die Vegetation weiterentwickelt, verändert, daß sich einzelne Arten vordrängen und das ursprünglich angestrebte Vegetationsbild stören. Dieser ungünstigen Entwicklung läßt sich durch ständigen Eingriff, sprich intensive Pflege, entgegenwirken.
Ersparen können wir uns aber solche Fehlschläge, wenn wir uns nicht allein von optischen Gesichtspunkten leiten lassen, sondern auch das langjährige Wuchsverhalten der Pflanzen beachten. Die Wüchsigkeit der Arten und der damit verbundene Pflegeanspruch hängen sehr stark von ihrer ursprünglichen Herkunft wie auch dem züchterischen Einfluß ab. Die prächtig blühenden Ziersträucher mit ihren zahlreichen Sorten altern beispielsweise viel rascher als die zahlreichen durchaus gartenwürdigen Arten. Das „Dauergerüst" eines Gartenhofes sollte deshalb aus langlebigen fremden oder heimischen Arten bestehen, in deren Umfeld dann die Zuchtformen als einzelne „Solitärs" eingefügt werden. Im Gartenhof sind wir etwas unabhängiger von der Umgebung und können freier über Zuchtformen verfügen. Meist bringt die räumliche Trennung von Arten und Zuchtformen überzeugendere Vegetationsbilder, wobei die Wildformen wiederum überwiegen dürfen.

Stauden und Gehölze für die unterschiedlichen Zonen im Hof

Ähnlich wie die Gehölze lassen sich auch die Stauden in pflegeaufwendige und anspruchslose Arten einteilen. Zur ersten Gruppe zählen die Beetstauden, die offenen Boden verlangen, also keine Konkurrenz durch ausläuferbildende Arten ertragen, die ihnen eine zu starke Nährstoffkonkurrenz bedeuten. Zu diesen anspruchsvollen Arten zählen Rittersporn, Pfingstrose, hohe Schafgarbe, Sonnenbraut *(Helenium)* und andere, die uns ebensosehr als begehrte Schnittstauden bekannt sind. Beetstauden pflanzen wir auf eigene Beete, wo sie leicht für die Pflege erreichbar sind und vor ruhigem Hintergrund (Hecke, Mauer) gut zur Geltung kommen.
Gegenüber diesen traditionellen Gartenpflanzen findet die zweite Gruppe der Wildstauden heute immer mehr Beachtung. Sie gewinnen verstärkt an Ansehen, weil sie in der Lage sind, spezifische Lebensräume zu besiedeln, so beispielsweise den Schatten der Gehölze (Wald), wechselschattige Stellen (Waldsaum), den Wasserrand, das Wasser sowie den Bereich von Stein und Mauer (Steingarten). Im Gartenhof lassen sich ähnliche Bereiche für diese Stauden schaffen, denn hier bilden sich allein durch die verschieden ausgerichteten Wände die unterschiedlichsten ökologischen Standorte aus. Vor der Südwand gedeihen beispielsweise jene Arten, die durch starke Behaarung oder sonstigen Verdunstungsschutz auf Trockenheit und Wärme eingestellt sind: Thymian, Ziest, Königskerze, Schafgarbe, Spornblume und andere. Dagegen finden die Waldstauden einen günstigen Platz vor der kühlen Nordwand, die zweifellos das ausgeglichenste Kleinklima aufweist. Hier gedeihen neben den Farnen auch die anspruchsvollen immergrünen Strauch- und Staudenarten, daneben die empfindlicheren Arten aus luftfeuchten Gebieten. Die Westwand bietet ebenfalls günstige Standorte für

Die Mauern, die den Gartenhof von mehreren Seiten umschließen, schaffen unterschiedliche Klimazonen. Daraus lassen sich für die Bepflanzung recht verschiedene Wachstumsbedingungen ableiten. Auf die richtige Artenwahl kommt es an, damit aus dem engen Hof ein behagliches „grünes Zimmer“ wird.

Arten aus humiden Zonen (etwa ostasiatische Sommerprimeln), während die Ostwand oft durch die Lage im Regenschatten benachteiligt ist, aber etwas kühler bleibt als ihre Gegenseite. Beide Seiten sind dem starken Wechsel zwischen Schatten und Sonne ausgesetzt, was an den Pflanzenblättern gelegentlich zu Verbrennungen führen kann, und im Winter kann es vor allem an der Westwand zu Frostschäden kommen.

Damit Sträucher und Stauden in dauerhafter Gemeinschaft wachsen, müssen die Lebensformen sich gegenseitig ergänzen. Deshalb scheiden Arten mit lästigen Ausläufern wie der Essigbaum aus. „Bodenräuber“ unter den Gehölzen, also Arten mit einer hohen Saugtätigkeit der Wurzeln, sollten ebensowenig verwendet werden, weil sie sich meist sehr schlecht unterpflanzen lassen. Dazu zählt zum Beispiel die Birke. Unter den Sträuchern finden sich Arten, die im Alter eine sogenannte Schleppe bilden und dadurch den Stauden keinen Zutritt lassen, wie beispielsweise der Sibirische Hartriegel *(Cornus alba)*. Staudenfreundlicher und deshalb als Begleiter sehr geeignet sind dagegen jene Gehölze, die Bodenfreiheit gewähren, wie Haselstrauch, Zaubernuß, Felsenbirne und andere.

Beispiele für gelungene Gärten

Die hier beschriebenen Gärten zeigen, wie auf großen und kleinen Grundstücken schöne, bewohnbare und vielseitig nutzbare Gärten entstehen können. Architektur und Ausstattung entsprechen den Bedürfnissen der Bewohner. Egal ob sich um den winzigen Garten am Reihenhaus oder um den großzügigen, architektonisch strengen Garten mit Atrium handelt, stets sind die Gärten aufgeteilt in unterschiedliche Räume, werden unterschiedliche Zonen der Nutzung und der Bepflanzung geschaffen. Diese Gärten entwickeln sich im Verlauf der Jahre, und sie verändern ihr Bild sehr deutlich im Wechsel der Jahreszeiten. Somit wird der Garten zur Erlebniswelt in unmittelbarer Nachbarschaft zum Wohnbereich. Auch die Umgestaltung eines bestehenden Gartens kommt mehrfach zur Sprache. Hier zeigt sich dann der Vorteil, wenn von Anfang an nicht gleich alles fest und für Jahrzehnte gebaut wurde. Die Bewohner der Gärten und ihre Ansprüche ändern sich, deshalb sollte eine Gartengestaltung Alternativen für die Zukunft bereithalten oder zumindest nicht ausschließen.

Ein Haus mit vielen Gartenteilen

Das folgende Beispiel zeigt nicht so sehr einen großartigen Garten, das Besondere daran sind die vielen Bereiche und die sehr unterschiedlichen Möglichkeiten der Nutzung. Eine geschickte und detaillierte Planung verbindet Haus, Garten und Familie zu einer organischen Einheit. Seit geraumer Zeit hatte das Bauherrenehepaar die Absicht, für die eigene Familie ein Wohnhaus mit Garten zu bauen. Die Suche nach einem geeigneten und erschwinglichen Grundstück in München war nicht leicht. Im Ortsteil Obermenzing wurde endlich ein quadratisches Grundstück mit etwas weniger als 600 m^2 Fläche gefunden. Da sich die Bauherren neben einem Haus auch eine große Familie wünschten, hatte der Architekt die schwierige Aufgabe, auf dem kleinen Grundstück ein anspruchsvolles Haus für eine Arztfamilie mit vier Kindern zu planen, das allen familiären (kinderfreundlich), aber auch allen gesellschaftlichen Ansprüchen gerecht werden sollte.

Der Glücksfall war nicht das Grundstück, sondern der Architekt (Adolf Schnierle). Es ist ihm gelungen, ein zum Teil zweigeschossiges Haus mit Wintergarten und offener Galerie im Obergeschoß zu entwickeln, das innen äußerst großzügig und ausdrucksstark gestaltet ist. Der Grundriß des Hauses und seine Stellung auf dem Grundstück wurden so geordnet, daß ringsherum Flächen übrigblieben, die man zunächst als „Restflächen" hätte bezeichnen können. Doch die Arbeit an den Freiflächen wurde ebenso konsequent und ernsthaft fortgesetzt. So konnten trotz sehr enger Verhältnisse zwischen Haus und Nachbargrenzen eine ganze Reihe von Gartenräumen entstehen, die – unmittelbar am Haus gelegen – nach allen Himmelsrichtungen orientiert und dabei unterschiedlichsten Belichtungsverhältnissen ausgesetzt sind. Dies führte dazu, daß alle diese Gartenräume sehr intensiv und ebenso wie Wohnräume im Haus genutzt werden und dadurch gerade in den Sommermonaten ganz in das Familienleben einbezogen sind.

Die Ausstattung des Gartens

Um wirklich private Freiräume zu erhalten, mußten im Grenzbereich zur Straße, zur Einfahrt und zu zwei Nachbarseiten Mauern oder dichte Holzzäune als Grundgerüst der Raumbildung vorgesehen werden, da die abgrenzenden Pflanzflächen maximal nur 2 m breit sein konnten. Daneben wurde auch von den Möglichkeiten unterschiedlicher Geländehöhen Gebrauch gemacht. Der größte Gartenraum im Südwesten mit einer Rasenfläche von etwa 60 m^2 und einem Frischwasserbrunnen liegt 55 cm unter dem Niveau der Wohnräume und der Mittelterrasse. Man geht dadurch in einen kleinen Senkgarten hinunter, der in erster Linie dem freien Spiel der vier Kinder und ihrer vielen Freunde gewidmet ist. Die Süd- und die Westterrasse liegen auf einem Zwischenniveau von –30 cm, unmittelbar vor den Wohnräumen, und sie wirken wie mediterrane Wohnhöfe.

Aus der Dachkonstruktion wurden Holzbalken schräg abfallend über beide Terrassen geführt und wie eine Pergola über den Grenzmauern aufgeständert. Der Bewuchs mit Glyzinen auf der Südterrasse und ein untergehängter weißer Stoffvorhang auf der Westterrasse verstärken die gute Raumwirkung beider Terrassen. Auch Besucher fühlen sich dort gleich wie zu Hause oder wie im Urlaub. Die Terrassen sind mit einer Raumgröße von 7 × 4,5 m auch äußerst vielseitig von den verschiedenen Familienmitgliedern nutzbar.

Die Nordwestecke erhielt einen kleinen Sandspielplatz mit Sitzmauer und einen erhöhten, runden Spieltisch (Durchmesser 100 cm) als Steinplatte für die noch kleineren Kinder. Die vielen Fahrräder und Spielgeräte sind zusammen mit den Gartengeräten in einer seitlich schlitzartig offenen und damit luftigen Gerätehalle untergebracht. Analog dazu wurde der

Im Grenzbereich von Straße und Garten, von Öffentlichkeit und Privat, entstanden zwei großzügige Vorplätze. Der Hausbaum markiert den Zugang.

überdachte Stellplatz für das Auto im Norden konstruiert. Beide schließen im Norden und im Osten mit Durchgangsmöglichkeit direkt an das Wohnhaus an. Dadurch entsteht in der Nordostecke des Grundstücks ein Küchen- und Wirtschaftshof, der sich auch an den überglasten Wintergarten anschließt. Die stille, ruhige Ecke wird nicht nur als Arbeitsplatz, sondern bei Sonnenschein auch als Frühstücksplatz genutzt.

Man konnte sich bei diesem Konzept sogar einen offenen Einfahrtsplatz an der Straße erlauben. Vor dem Tor wurde eine Platane als eigentlicher Hausbaum gepflanzt. Daneben kann ein Fahrzeug stehen, so daß der „Vorhof“ zwischen Tor und Hauseingang immer frei bleibt. Kletterrosen an der Hauswand, Wilder Wein an der Grenzmauer und Sommerblumen in Töpfen und Kübeln empfangen freundlich, und man hat Platz genug, Empfang und Abschied opulent zu gestalten. Daneben hat ein freier Vorhof unschätzbare Qualitäten für Kinder aller Altersstufen. Vom Dreiradfahren bis zum Tischtennisspielen ist alles möglich.

Die „pflegeleichte" Bepflanzung

So bleibt noch über das Pflanzkonzept zu berichten, das so angelegt ist, daß es die Raumbildung verstärkt, daß eine heitere, helle Stimmung entsteht, daß eine konsequente Staudenunterpflanzung die Bodenbearbeitung erübrigt und damit die Pflege auf ein Minimum reduziert wird, daß immer etwas blüht und nebenbei auch Früchte im Garten sind. Neben der Platane am Vorplatz sind als größere Gehölze an der Süd- und Westgrenze Baumhasel und freiwachsende Hainbuchen als Solitärbäume verwendet. Beide Arten vertragen einen

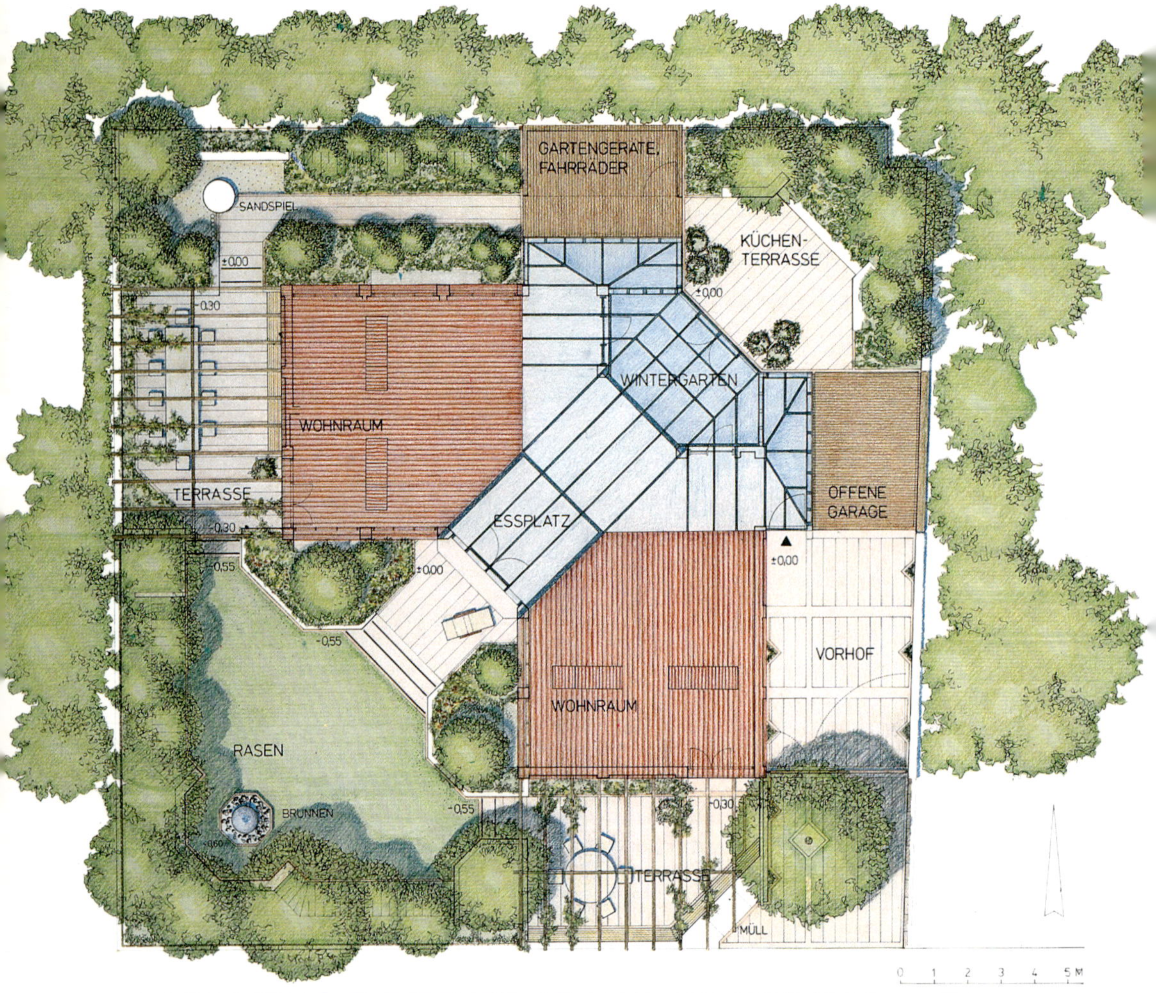

Der Plan zeigt, wie auf engstem Gartenraum unterschiedliche Nutzungsbereiche geschaffen wurden. Obwohl das Haus an der Straße liegt, ist es doch sehr privat im Grün eingebunden. Einzelne Details zur Ausführung der Beläge an Treppen, Wegen und Terrassen zeigt die Abbildung auf Seite 126.

Schnitt zur Formung einer beständigen Raumkulisse, auch in späteren Jahren.
Ergänzende und blühende Gehölze sind Felsenbirnen, Japanische Kirschen (*Prunus* 'Accolade') als Frühblüher, Zieräpfel (*Malus floribunda* und *Malus* 'Hillieri'), Kornelkirsche *(Cornus mas)*, Zaubernuß *(Hamamelis japonica)*, Kerrien *(Kerria japonica)* sowie Duftschneeball *(Viburnum fragrans)*. An den Wänden der Wohnräume wurde Spalierobst und in der Nähe des Spielplatzes wurden Johannisbeeren mit Walderdbeeren darunter gepflanzt. Haselnuß, Hartriegel, Kranzspieren, Liguster und Mahonien ergänzen die Kulisse.
Mit Stauden und bodendeckenden Gehölzen wie *Waldsteinia geoides*, *Vinca minor*, *Pachysandra terminalis*, *Epimedium pinnatum* und *Hedera helix* läßt sich, gemischt gepflanzt, eine wunderbare, absolut dichte Unterpflanzung der Gehölze erzielen, die durch die Blüte der Geophyten im Frühjahr, bevor das Laub der Gehölze kommt, sehr bereichert wird.
In den helleren Bereichen wurden *Geranium-*, *Salvia-* und Lavendelarten verwendet, Lilien, Taglilien, Weiderich, aber auch Solitärstauden wie Federmohn *(Macleaya cordata)* und der hohe Sonnenhut (*Rudbeckia nitida* 'Herbstsonne'), und natürlich auch Rosen wurden gepflanzt.
Die Kletterpflanzen sollten in jedem Garten, so auch hier, eine wichtige Rolle spielen, da sie eine große Bereicherung bringen und den Garten im wahren Sinne des Wortes abrunden und damit viel zu einer wohlverstandenen wie selbstverständlichen Gartenbehaglichkeit beitragen.
Schließlich noch ein paar technische Daten: Alle Mauern wurden aus Beton errichtet, die höheren Grenzmauern glatt geschalt und weiß gestrichen, die niedrigen Gartenmauern nachträglich gespitzt. Für alle Gartenbeläge wurde durchgehend Klinkerpflaster, überwiegend in Rollschicht, verwendet, so daß durch das schmale Format an der Oberfläche zarte Belagsstrukturen entstehen konnten (siehe Abbildung auf der nächsten Seite).
Die Flächenbilanz zeigt, daß im Verhältnis von Vegetations- und Pflasterflächen ein hoher Nutzungsgrad zum Ausdruck kommt und doch ein echter Wohngarten entstehen konnte: Gesamtgrundstück 580 m², Gebäude 170 m², Geräte- und Abstellplatz 30 m², Einfahrt und Vorhof 80 m², Terrassen, Wege und Spielplatz 90 m², Rasenfläche 60 m² und Pflanzfläche 150 m².

Einen Ort der Geselligkeit markiert die westliche Terrasse, umgeben vom Licht und vom Grün.

Während dieses Planungskonzept die kleine Fläche optimal ausnutzt, um verschiedene Nutzungsmöglichkeiten für eine Familie zu schaffen, geht es im folgenden Beispiel darum, mit Hilfe der Bepflanzung und gestalterischen Mitteln die Enge eines abgeschlossenen Bereiches zu überwinden. Die unterschiedlichen Klimabereiche und Standortbedingungen entlang der angrenzenden Mauern geschickt ausnutzend, entsteht eine grüne Insel mit naturhaftem Charakter.

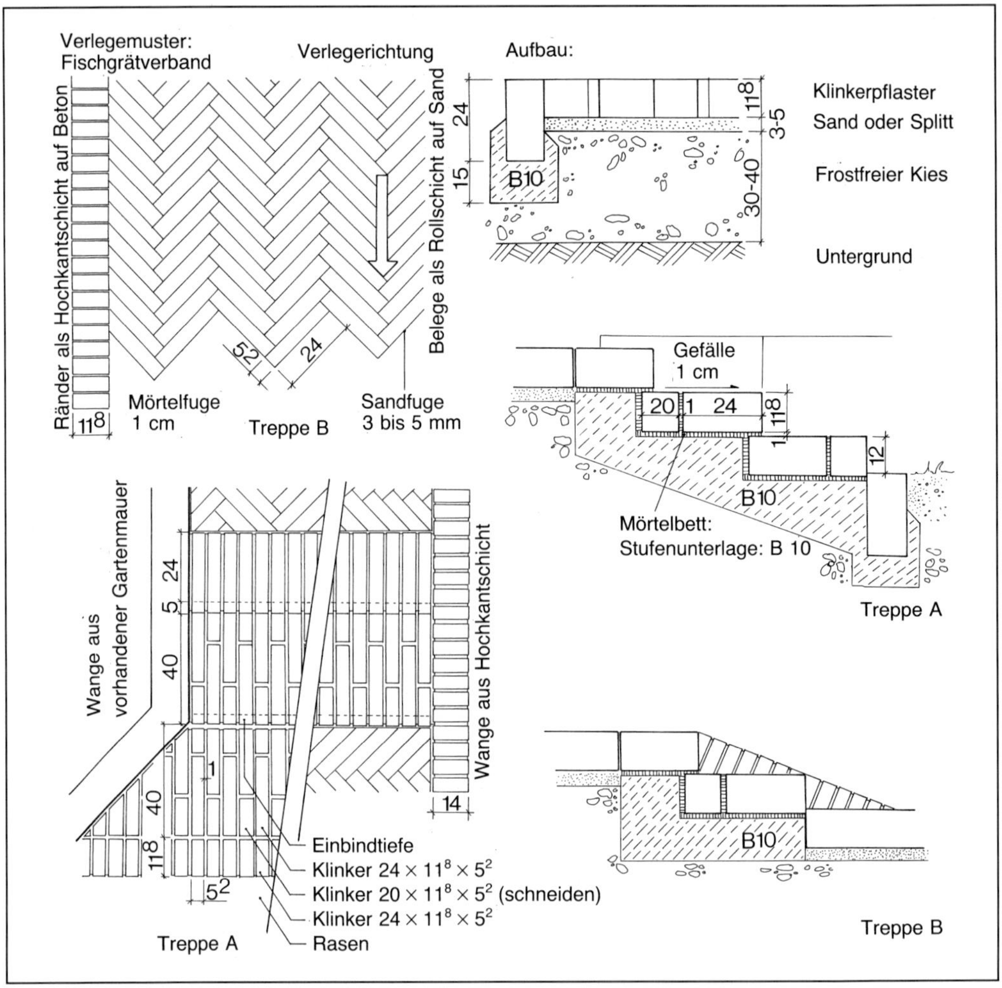

Treppen, Terrassen und Wege aus dem „Haus mit vielen Gartenteilen": Die wohldurchdachte Planung von Haus und Garten setzt sich fort in der sorgfältigen Ausführung der Beläge. Die Klinkerpflaster wurden in Rollschicht, also hochkantig verlegt. Dadurch entsteht ein feingliedriges Erscheinungsbild, und es ist die Gewähr für eine dauerhafte Nutzung gegeben.

Ein kleiner Reihenhausgarten

Gärten an Reihenhäusern geben dem Planer wie dem Bauherrn wegen der meist geringen Ausmaße häufig Nüsse zu knacken. Eine überlegte Planung, eine fundierte Kenntnis der Baumaterialien und das Einschränken eigener Wünsche bilden eine ebenso wichtige Voraussetzung wie eine Verständigung mit den Nachbarn, wenn es um Grenzprobleme, insbesondere um die Pflanzung von Bäumen und Hekken geht.

Die Situation im fest umgrenzten Gartenraum

Der hier vorgestellte kleine Garten unterscheidet sich von seinesgleichen durch die von Anfang an errichteten Betonmauern. So entstand vor den zweigeschossigen Häusern ein fest umgrenzter Gartenraum. Er ist dem auf ganzer Breite verglasten Wohnzimmer nach Süden vorgelagert und bietet sich förmlich als großes,

Von oben betrachtet wird die minimale Größe dieses Reihenhausgartens deutlich. Leider sind solche Gärten heute keine Seltenheit mehr.

grünes Gartenzimmer an. Seitlich am Haus läßt die Mauer eine 2 m breite Öffnung als Zugang und Durchblick. Regelmäßig eingefügte Holzlattenwände – breitere zur Straße und schmalere zum Nachbarn – lockern die starren Mauern auf.

Zwei Häuser sind immer zu einer Gruppe mit jeweils spiegelbildlichem Grundriß zusammengefaßt. Als Bindeglied dienen die weit zurückgesetzten, überbauten Garagen mit den Hauseingängen. Durch die beiden Zufahrten werden zwischen den Häusern, denen die nächsten Rücken an Rücken folgen, breite Öffnungen gebildet. In der Gesamtanlage wird so das Bild einer regelmäßigen Aneinanderreihung gleicher Typen vermieden. Die Einfahrten bilden vor den Gartentoren einen gemeinsamen kleinen, einladenden Vorhof zwischen den von Rosen, Wildem Wein und Jasmin überwachsenen Mauern. Dagegen verhindert auf der Grenze im vorderen Bereich eine kurze Sichtschutzwand – ganz von Wildem Wein umsponnen – den Einblick in den Garten des Nachbarn. Die daran anschließende Ligusterhecke trennt die Zufahrten, ermöglicht aber auch ein Gespräch hinüber und herüber.

Ist es der Vorteil der anfangs mit viel Kritik bedachten Mauern, einen höchst dauerhaften Schutz bei geringem Platzbedarf zu bieten, so stellen sie doch auch eine gewisse Einengung dar. Denn mit 7,50 m in der Breite und etwa 8,60 m in der Tiefe, also ganzen 65 m^2 ist der Raum nicht eben üppig dimensioniert. Daran hätte sicher auch ein schöneres (und teureres) Baumaterial nichts geändert.

Wildnis kontra Enge und kahle Mauern

Mit Hilfe von Pflanzen und unterschiedlichen gestalterischen Mitteln mußte es aber möglich sein, die räumliche Enge und Kahlheit der Mauern zu überwinden. Dem kam der Wunsch des Bauherrn und Planers entgegen, sich ein zwar kleines, aber doch weitgehend naturnahes Pflanzenreich zu schaffen – „naturnah" ist hier nicht als kaum machbare Nachahmung der Natur zu verstehen, sondern im Sinne eines freien Wachsens mit stetigem Wandel, so daß wohl immer wieder regulierende Eingriffe, nicht aber ständige aufwendige Pflege erforderlich sein würden.
In diesem Sinn anspruchsvolle Hochzuchtstauden schieden also von vornherein aus. Ebenso mußte auf Rasen verzichtet werden. Dagegen sollte eine Vielfalt von Stauden mit Wildcharakter, Farnen, Gräsern, Blumenzwiebeln und Wasserpflanzen neben wenigen, für den kleinen Raum geeigneten Bäumen und Sträuchern einen Lebensraum finden.
Bei der Pflanzenauswahl war zu berücksichtigen, daß sich innerhalb der Mauern ein eigenes Kleinklima bilden würde und daß hinter ihnen wechselnde Schattenzonen entstehen, später noch verstärkt durch die heranwachsenden Bäume. Hinzu kam, daß der größte Teil des Gartens – bis auf die fensternahe Zone – im Winter im Schatten liegt. Mit steigender Sonne – dies ist ein interessanter Effekt – entstehen so regelrechte „Klimazonen", so daß der Frühling hier von Nord nach Süd voranschreitet.
Die Schwierigkeit, aber auch der Reiz lagen also darin, eine geeignete Pflanzenauswahl zu treffen, diese aber später mit wachsendem Einfluß der größer werdenden Bäume zu ergänzen oder umzustellen, um schließlich bleibende Gruppierungen zu finden. Und nicht zuletzt sollte sich inmitten der Pflanzen auch menschliches Leben entfalten können.

Ein Blick vom Obergeschoß des Hauses zeigt, daß es trotz der kleinen Fläche gelungen ist, den Garten abwechslungsreich zu gestalten. ▷

Die recht unterschiedlichen Pflanzflächen, verteilt auf zwei, wenn man die Mauerflächen hinzunehmen will, drei Ebenen, gruppieren sich um eine mit dem Wohnzimmer niveaugleiche, etwas seitlich verschoben liegende Terrasse. Sie bietet ausreichend Platz für Tisch und Stühle, gewährt einen Überblick übers Ganze und schafft vor allem den notwendigen Abstand, der den Raum erlebbar macht. Und zwangsweise muß sie den Rasen ersetzen.
Über die völlig begrünten Mauern hinaus (hier finden sich außer den schon genannten Kletterpflanzen noch Efeu, *Lonicera, Clematis, Euonymus* und außerhalb am Drahtspalier *Pyracantha*) sind es die Bäume, die den Raum nach oben begrenzen und auch erweitern. Nach Süden steht erhöht an einer Innenecke eine mehrstämmige, schlanke Eberesche *(Sorbus aucuparia)*, während die gegenüberliegende Ecke von außen durch einen Weißdorn *(Crataegus × lavallei)* überragt wird, der zugleich Straßenbaum ist. Seitlich der Terrasse gegen den Eingang breitet eine vieltriebige *Aralia elata* ihr breites Blätterdach über die Mauer aus, darunter fühlt sich eine zahlreiche Untermieterschaft von Stauden offenbar recht wohl. Etwas abgerückt von diesem Bereich gedeihen – ausnahmsweise – Rittersporn *(Delphinium)* und eine *Aster novae-angliae*. Das Blühen beginnt im Frühjahr vor dem Laubaustrieb mit zahlreichen Blumenzwiebeln und endet im Herbst mit den Herbstzeitlosen und anderen.
Nach Süden begrenzt ein Wasserbecken (Größe 2,40 × 1,20 m) die Terrasse mit einer bepflanzten Hockerbank aus zwei U-Steinen davor, die zum Sitzen und Beobachten einlädt. Das Becken bildet – zumal für Kinder – immer wieder einen Anziehungspunkt; für sie wird es spannend, wenn die Fische Nachwuchs bekommen oder Libellenlarven sich ihrer letzten Haut entledigen, um später zur Eiablage zurückzukehren.
U-Steine haben sich als einfaches und nützliches Baumaterial erwiesen, weil man sie in ver-

Zur Belebung trägt besonders ein kleines Wasserbecken bei, an dem sich die verschiedensten Tiere einstellen, was nicht nur für Kinder einen Anziehungspunkt schafft.

schiedenen Anordnungen auch begehen kann. Mit ihrer Hilfe entstanden in weitem Winkel um die Terrasse erhöhte Pflanzebenen, um den Mauern die Höhe zu nehmen und die räumliche Wirkung zu fördern, so vor der westlichen Mauer, an die sich die Terrasse mit dem Becken unmittelbar anlehnt, und vor der weiter entfernten südlichen Mauer, deren Schattenseite der Efeu mittlerweile in eine immergrüne Hecke verwandelt hat. Vor ihr gedeihen Farne, Gräser, Stauden des heimischen Waldes und andere, überragt von *Sorbus*, *Ilex* und *Hydrangea*. Hier ist nach anfänglichem Fehlschlag auch der Frauenschuh *(Cypripedium calceolus)* heimisch geworden. Davor bilden Wiesenstauden, teilweise im Sumpf, Begleitung und Hintergrund zur kleinen Wasserfläche. Dazu zählen *Lythrum*, *Filipendula*, *Veronica*, *Iris laevigata*, *Caltha*, *Trollius*, im Frühjahr Primeln, *Crocus*, Narzissen und *Chionodoxa*. Im Wasser wächst neben kleinblütigen Seerosen unter anderem *Lysichiton americanus*, der im Sommer seine mächtigen Blätter über den Beckenrand hebt. Aus den offenen U-Steinen am Becken quellen Funkien *(Hosta)*, *Alchemilla*, *Geum urbanum* und *Thalictrum* hervor.

Die Wege im kleinen Garten sind kurz. Dafür genügen einige Schrittplatten im Grün, die wie die U-Steine zugleich gliedernde Elemente darstellen. Am Becken vorbei führt ein schmaler, abgewinkelter Pfad zu einem im Sommer hinter hohen Stauden verborgenen, kleinen grünen Platz in der entfernten Ecke unter dem Weißdorn mit verschiedenen Farnen, *Kirengeshoma* und anderen.
Eine zweite, notwendige Verbindung führt von der Terrasse seitlich nach draußen zur Zufahrt. Sie begrenzt die sonnige Zone vor dem Wohnzimmerfenster. Das Bild bestimmt hier das ganze Jahr über ein Pampasgras *(Cortaderia selloana)*, das im Herbst seine ganze Pracht entfaltet. Teilweise zwischen Steinen gedeihen Opuntien, Lavendel, Silberdisteln, Diptam, Lilien und *Sternbergia*, um nur einige zu nennen. Durch Selbstaussaat wechseln ihren Standort häufig *Campanula persicifolia*, *Digitalis grandiflora* sowie *Stipa* und bilden immer neue Gruppierungen.
Natürlich fehlen auch Topf- und Kübelpflanzen nicht, wie *Agapanthus* und *Erythrina*, *Hibiscus* und *Fuchsien*, die sich mit anderen um die Terrasse einfinden.
Nach nunmehr zehn Jahren ist so ein kleines Pflanzenreich entstanden, das sein Aussehen nicht nur im Jahreslauf, sondern durch Neuankömmlinge – meist Sämlinge, gelegentlich auch durch Neuerwerbungen – immer wieder verändert. Es bekommt dadurch etwas Naturhaftes, um nicht zu sagen Wildnishaftes.
Schließlich sei noch auf die wichtige Bodenpflege hingewiesen, deren Ziel es ist, durch dauernde Rückgabe pflanzlicher Bestandteile an den Boden und regelmäßige Laubzufuhr im Winter vor allem in Schattenbereichen eine ständig wachsende, belebte Humusschicht zu schaffen und zu erhalten. Manche Pflanzen sind hierauf regelrecht angewiesen. Mineralische Dünger sind so gut wie ausgeschlossen, von gezielter Anwendung in Einzelfällen abgesehen.
Die Wirkung und der Wert eines solchen Gartens können natürlich nicht von großen Blütenmassen ausgehen. Das tut vielleicht alljährlich einmal eine über die Mauer wachsende Kletterrose. Vielmehr tritt hier die Einzelpflanze in Gemeinschaft mit anderen in den Vordergrund. Die Beobachtung ihres Wandels, ihrer Reaktion auf die Nachbarschaft, nicht zuletzt zusammen mit der Tierwelt, bietet immerwährende Beschäftigung und Befriedigung.

Ein Reihenhausgarten wandelt sich

Ein Garten muß keinesfalls immer gleich bis in die letzte Ecke fertig angelegt werden. Das Leben in einem Garten wirkt zurück auf seine Bewohner. Somit ergeben sich Wünsche und Korrekturen, die sich wohlbedacht auch später noch in das Ganze einfügen lassen sollten. Man wird dann froh sein, wenn leicht veränderbar gebaut wurde und nicht zu viel fest betoniert ist. Wie ein Reihenhausgarten eine Umgestaltung erfuhr, weil sich das Alter und die Bedürfnisse der Bewohner geändert haben, darum geht es im folgenden.

Die Ausgangssituation

Im Winter 1968/69 bezog eine junge Familie mit zwei kleinen Kindern ein dreigeschossiges Reihenhaus mit Garten. Das Gartengrundstück, an der Südseite des Hauses gelegen, hat die Form eines typischen „Handtuchs“: 5 m breit und 11 m lang, geneigt mit 2,30 m Höhenunterschied. Zugänglich ist es über das Gartengeschoß, dessen großer Raum damals als Kinderzimmer eingerichtet war, so daß die Kinder direkt in den Garten gelangen konnten. Der Wohnraum im darüberliegenden Geschoß hat einen Balkon mit schöner Fernsicht zur Schwäbischen Alb. Haus und Garten wurden „von der Stange“ durch eine Baugesellschaft geliefert. Änderungen waren zum Zeitpunkt des Erwerbs nicht mehr möglich. Während das Haus innen recht brauchbar konzipiert ist, kann man das vom Garten nicht sagen. Es heißt dazu lediglich in der Baubeschreibung: „Eine Terrasse 2 m breit aus Betonplatten wird am Gartengeschoß hergestellt. Die restliche Gartenfläche wird planiert, umgefräst und mit Gras eingesät. Für Pflanzungen ist ein Betrag von 100 DM vorgesehen.“
Ein Gartenplan existierte nicht. Man ging davon aus, daß sowieso jeder machen wird, was er

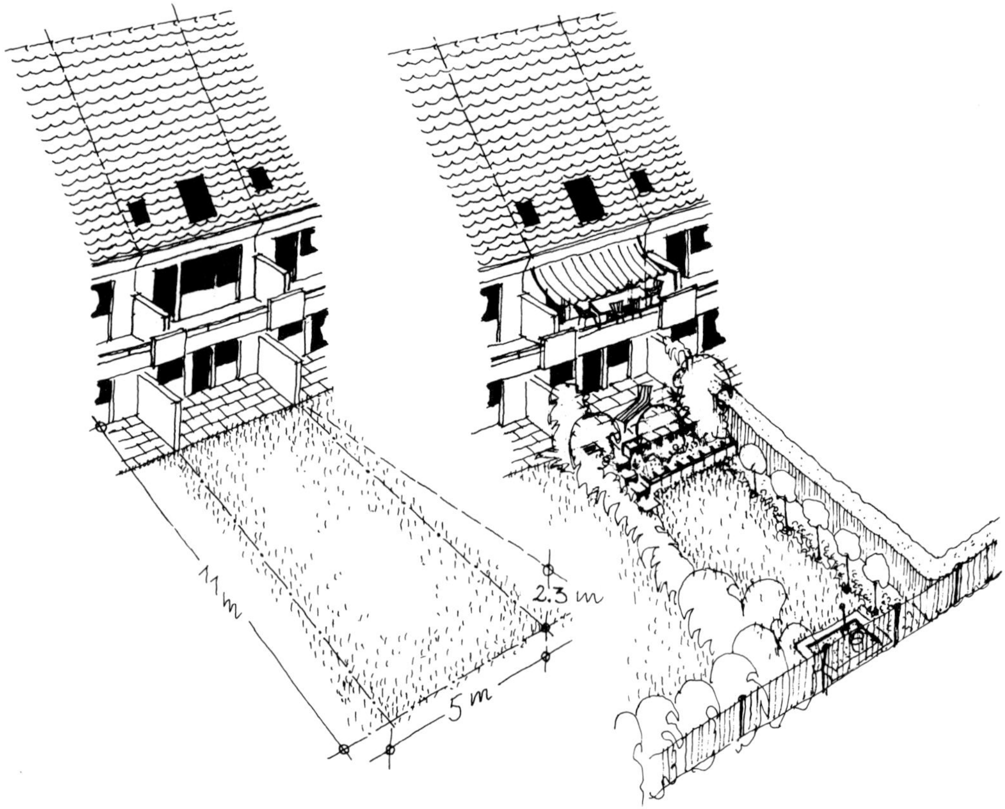

Links: Die Ausgangssituation des Gartens. Rechts: innerhalb der ersten Jahre wurde der untere Gartenteil ganz auf die Bedürfnisse der Kinder abgestimmt. Die Fotos aus neuerer Zeit (Seite 133 und 134) zeigen, wie viele Möglichkeiten so ein kleiner Reihenhausgarten bieten kann. Nach etlichen Jahren entstand im unteren Teil des Gartens ein behaglicher Sitzplatz.

möchte. Das ist im Prinzip auch nicht falsch, nur fehlt es dann meist an der gegenseitigen Abstimmung der Nachbarn, wenn grundsätzliche Vorstellungen fehlen. Das Gartengrundstück wurde von der Familie bewohnbar hergerichtet und schließlich nach vielen Jahren nochmals den inzwischen geänderten Verhältnissen angepaßt.
Die Umgestaltung bedeutete im übrigen ein recht mühsames Unterfangen, da sämtliches Material durchs Haus transportiert werden mußte. Die beiden Zeichnungen auf dieser Seite zeigen die ersten zwei Phasen in der Geschichte dieses Gartens.

Phase 1: Die Zufallspflanzung

Zu dem Zeitpunkt, als das Haus bezogen wurde, waren die Terrasse aus Waschbetonplatten am Gartengeschoß zwischen den gemauerten Sichtschutzwänden und ein Rasenhang vorhanden, entsprechend der zuvor erwähnten Baubeschreibung. Nachdem das Haus eingerichtet war, ging nun jeder Hausbesitzer innerhalb der Zeile daran, den Garten zunächst in irgendeiner Form abzugrenzen. Dazu beauftragten die beiden Nachbarn den mit der „Grundausstattung" beschäftigten Gärtner, der dann auf Sonderwunsch die „Grenzpflanzungen" nach eigener Wahl durchführte. Die erwähnten 100 DM wurden dabei angerechnet. So kam es – wie so oft – zu einer Zufallspflanzung. Die Nachbarn zu beiden Seiten unseres Beispielgartens hatten nicht vor, ihre Gartenflächen auf irgendeine Weise zu nutzen. Die Balkone blieben für die Nachbarn die Hauptaufenthaltsbereiche im Freien.

Phase 2: Terrasse und Spielwiese

Vermutlich weil man sich vor den beiden kleinen Kindern schützen wollte, pflanzten beide Nachbarn die Grundstücksgrenzen dicht zu: Links wuchs eine geschnittene Ligusterhecke hoch, rechts eine freiwachsende Hecke aus Nadelgehölzen und immergrünen Sträuchern. Entlang der unteren Grenze verlief ein Zaun, den der unten angrenzende Nachbar ziehen ließ. Die Pflanzungen sahen zunächst ganz harmlos aus, weshalb unser Gartenbesitzer auch keine Einwände erhob. Die Gehölze entwickelten aber alsbald ein enormes Höhenwachstum, so daß sie den Garten immer mehr einschlossen und räumlich ungünstig beeinflußten.
Im Gegensatz zu den nachbarlichen Balkonbenutzern wollte die Familie das Gartenleben mehr auf die Gartenterrasse verlagern. Das hatte neben der besseren Gartennähe auch den Vorteil akustischer Distanz. Deshalb erhielt die Fläche eine Plattenverbreiterung um 1 m. Die nun entstandene Böschungskante wurde durch eine Sitzmauer räumlich begrenzt. Der Böschungsfuß erhielt eine U-Stein-Abstützung. Auch die erforderlichen Stufen ergaben sich sinnvoll aus dem gleichen Material. Zwei große Sträucher schützten den vergrößerten Sitzplatz vor dem Einblick aus dem unteren Nachbargrundstück, dessen Zaun unbepflanzt blieb. Einige Stauden in Belagaussparungen und eine Kletterrose an der Trennwand sowie ein kleiner Brunnentrog schufen eine gemütliche Stimmung.
Der untere Gartenteil blieb den Kindern überlassen: Spielrasen zum Zeltaufstellen oder als Meerschweinchenweide, eine Sandkiste ganz unten, Johannisbeer- und Stachelbeerhoch-

Ein Weg führt in den unteren Gartenteil. In lebendiger Verbindung zu den seitlichen Pflanzungen wirken auch Betonplatten nicht öde.

Der Weg zum Sitzplatz führt entlang von terrassierten Beeten. Im oberen Beet vor der Fußmauer wachsen Walderdbeeren, davor wird Gemüse angebaut, im unteren Beet finden sich Einjahresblumen und Stauden.

Wie eine Lichtung innerhalb der hochgewachsenen Gehölze an den Grundstücksgrenzen wirkt der neue Sitzplatz vom Nachbarhaus aus betrachtet.

stämmchen entlang der geschnittenen Hecke, darunter Erdbeeren zum Naschen. Erst als die Kinder nicht mehr im Garten spielten, die Hausfrau Beete zum Bewirtschaften wollte und der Vater das Grasmähen leid war, ergaben sich nach etwa neun Jahren Änderungswünsche.

Phase 3: Drei Aufenthaltsbereiche

Zu den zuvor genannten Gründen, die für eine Änderung des Gartens sprachen, kam hinzu, daß man einen größeren Sitzplatz vom Haus entfernt für wünschenswert hielt. Man hatte damit drei unterschiedlich große Aufenthaltsbereiche (Balkon, Terrasse am Haus, Sitzplatz entfernt vom Haus), die das bei der engen Bebauung so wichtige Ausweichen aus akustischen Gründen ermöglichen. Wichtigste Voraussetzung war dabei, daß die nachbarlichen Grenzpflanzungen inzwischen so dicht und hoch geworden waren, daß die räumliche Enge am Haus ein Ausweichen in einen neuen, jetzt durch Pflanzung geschützten Gartenbereich nahelegte.

Es wurde beschlossen, den Rasen aufzugeben und am unteren Gartenende einen Sitzplatz aus braunen Pflasterklinkern über die ganze Grundstücksbreite anzulegen. Eine 170 cm hohen Palisadenwand übernahm die Abschirmung zum unteren Nachbarn. Eine freiwachsende Strauchpflanzung oder auch eine geschnittene Hecke hätten zuviel Platz erfordert. Ein großer, 3 m breiter Schirm, fest verankert in einer Bodenhülse – aber herausnehmbar –, schützt sowohl vor zuviel Sonne als auch vor Einsicht von den Balkonen. Die mittlere Gartenfläche wurde durch horizontal gelegte Bahnschwellen zu Beeten für Blumen, Gemüse und Kräuter terrassiert und der neue Sitzplatz mit dem bisherigen am Haus durch einen schmalen Plattenweg verbunden. Die Kinder waren zu dieser Zeit schon ins Dachgeschoß umgezogen. So wurde das Gartengeschoß ein ruhiger Bereich, zu dem die Eltern ungehinderten Zugang hatten; und sie konnten die Gartenfläche ungestört nutzen.

Trotz gelegentlicher Rückschnitte ließ sich das Höhenwachstum vor allem der vielen zu dicht gesetzten und falsch ausgewählten Nadelge-

hölze des Nachbarn zur Linken nicht aufhalten. Da dieser seinen Rasenhang aber nach wie vor nicht nutzte, lag es nahe, eine Lücke mit Ausblick vom neuen Sitzplatz auf den Nachbarrasen zu schaffen, um die entstandene Einengung etwas aufzubrechen. Nach langen Verhandlungen mit dem Nachbarn öffnete sich durch die Rodung eines Baums ein „Fenster" in dem dichten Gehölzsaum, das sich (siehe Abbildung links unten) sehr positiv auf die Gartenatmosphäre auswirkt.
Erst nach etwa zehn Jahren war dieser kleine Garten richtig fertig. Der Familienvater hat alle Umbaumaßnahmen selbst durchgeführt, ein befreundeter Garten- und Landschaftsarchitekt gab einige Ratschläge zur Planung und half gelegentlich etwas mit.
Aufgrund von veränderten Ansprüchen an den Garten kam es auch im nächsten Beispiel zu einer teilweisen Umgestaltung. Wieder sind die Kinder aus dem Spielalter herausgewachsen, es entsteht Raum für die Wünsche der Eltern.

Wohin mit dem Kräuter- und Gemüsegarten?

Wie jedes Gartendetail, so stellt auch ein Kräuter- und Gemüsegärtchen seine Forderungen. Mensch und Pflanze verlangen gleichermaßen ihr Recht. Der Mensch will das Gärtchen nahe am Hause haben. Es muß zur Küche günstig liegen, um weite Wege bei schlechtem Wetter zu ersparen, und es soll abseits gebaut sein. Würzgärtchen werden nur selten das Auge restlos zufriedenstellen. Um so mehr aber kommt eine andere Sinnesdimension, der Geruch, zu ihrem Recht. Gemüsegärten gehören ihrer Kategorie nach in eine weniger anspruchsvolle Rangstufe als etwa der Rosen- oder der Staudengarten, die sich wiederum im Rang voneinander unterscheiden.
Was die Pflanze anlangt, so braucht sie vor allem viel Licht. Gewürzkräuter, die ätherische Öle enthalten, wie Salbei, Thymian, Majoran, Bohnenkraut oder Basilikum, alle aus der Familie der Lippenblütler, entwickeln ihren Duft nur im Sonnenschein sehr stark. Dazu ist auch Windschutz unabdingbar notwendig!

In unserem Beispiel hatte sich eine Hausfrau ein Kräuter- und Gemüsegärtchen gewünscht. Der Garten besteht seit vielen Jahren, doch damals, bei der Neuanlage, schien dieser Gartenteil entbehrlich – zugunsten anderer Nutzungsbereiche. Wohin soll der Küchengarten kommen, wie groß muß er sein, und wie kann er sinnvoll und ohne zu stören in den gewachsenen Gartenorganismus eingefügt werden?
Das Grundstück ist zusammen mit Haus und Garage etwas über 1000 m^2 groß. Es weist seine Besitzer als rechte Gartenliebhaber aus. Im Süden schließt sich an die Terrasse ein streng geometrisch gehaltenes Rosarium an. Im Bauwich, dem Häuserzwischenraum, an der Südseite ist ein Staudengarten angelegt, umschlossen von einem weit geöffneten Laubengang. Vom Sitzplatz und Wasserbecken mit der Abendsonne im Rücken überschaut man Haus und den wesentlichen Teil der „grünen Wohnung". Die große Rasenfläche ist zu den raumbildenden Gehölzen von Mähkanten eingefaßt. Mit 50 cm sind sie relativ breit, weil sie auch als Trittplatten zu dienen haben.
Im vorliegenden Fall sind die oben erwähnten grundsätzlichen Forderungen für einen Küchengarten nur an einer Stelle zu erfüllen: hinter der Garage. Diesem Gartenstück dort wurde im letzten Jahrzehnt schon zweimal eine andere Zweckbestimmung zugewiesen. Zunächst war es die Spielecke für das Kind. Dann wurde es Wäschetrockenplatz. Man will sich nun mit einer Wäschespinne, die im Rasen aufgestellt wird, behelfen.
Die Sonnenlage dieses Platzes und die Beziehung zum Haus sind geradezu ideal. Der Aufgang vom Keller führt direkt in das geplante Gärtchen. Zur Arbeit begibt man sich von dort aus schon immer in den Garten. Die Geräte, der Rasenmäher, die Gartenstiefel werden im Keller aufbewahrt.
Eine vorhandene *Thuja*-Hecke muß verschwinden. Sie hat der Hausfrau ohnedies nie recht gefallen: „Der Geruch erinnert so an Friedhof!" Dagegen steht ein alter Holunderstrauch in der Deckpflanzung „goldrichtig". Bis zu ihm wird sich das neue Gärtlein nach Westen ausdehnen. Im Süden bildet die verlängerte Hausflucht die Grenze.
Alles in allem verbleiben nicht mehr als 30 m^2.

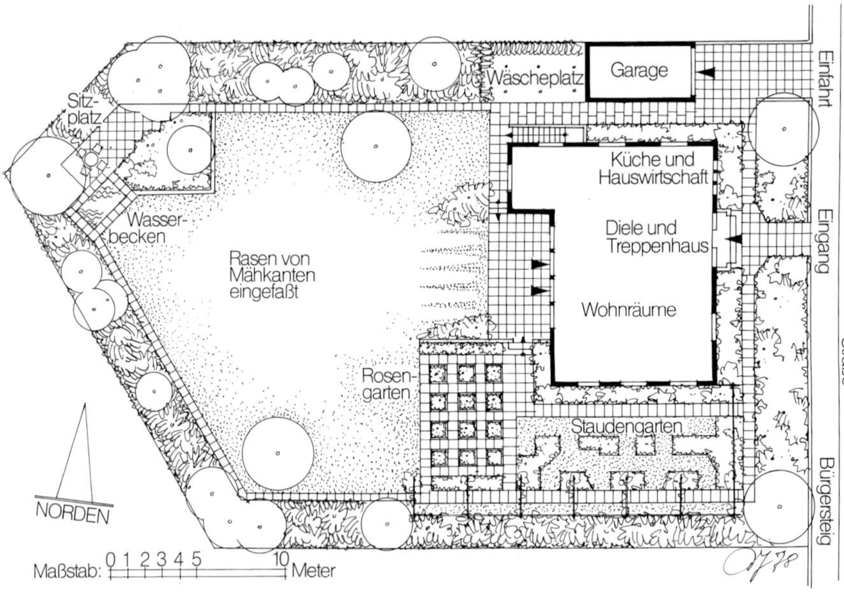
Sitz-
platz
Wäscheplatz
Garage
Einfahrt
Küche und
Hauswirtschaft
Diele und
Treppenhaus
Eingang
Wohnräume
Straße
Wasser-
becken
Rasen von
Mähkanten
eingefaßt
Rosen-
garten
Staudengarten
Bürgersteig
NORDEN
Maßstab: 0 1 2 3 4 5 10 Meter

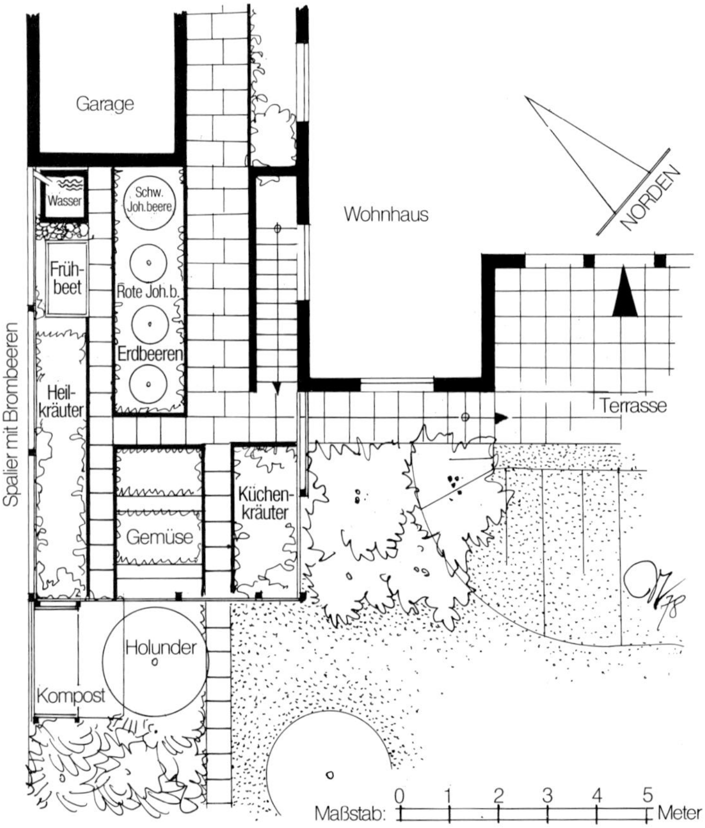
Garage
Wohnhaus
NORDEN
Wasser
Schw.
Joh.beere
Früh-
beet
Rote Joh.b.
Erdbeeren
Spalier mit Brombeeren
Heil-
kräuter
Terrasse
Küchen-
kräuter
Gemüse
Holunder
Kompost
Maßstab: 0 1 2 3 4 5 Meter

◁ Oben: Plan des bestehenden Gartens, in dem zusätzlich im Bereich des früheren Wäscheplatzes ein Kräuter- und Gemüsegärtchen entstehen soll. Unten: Plan des Kräuter- und Gemüsegärtchens.

Das ist sicher nicht groß, aber es genügt. Es können und sollen hier nicht alle denkbar möglichen Kräuter wie in einem Schaugarten aufgepflanzt werden. Nur als Experimentiergärtchen ist es gedacht, als eine Ecke für echte Gartenlust.

Kräuterecken bieten bekanntlich nicht immer einen schönen Anblick. Mehr als irgendwo anders heißt es im kleinen Raum auf strenge Ordnung achten. Das manchmal unharmonische Nebeneinander von Gewürzstauden und Einjahrespflanzen verlangt straff gezügelte Beete. Wir wollen sie mit 8 cm breiten Kantensteinen oder Klinkern einfassen. Die 50 cm breiten Pfade werden mit Platten belegt. Verwendet wird das gleiche Plattenmaterial wie im übrigen Garten. Der Boden besteht aus mittelschwerem Lehm, so daß sich Waschbetonplatten gut eignen. Bei sehr schweren Böden werden sie manchmal abgelehnt, denn in ihrer rauhen Oberfläche setzt sich der Letten fest.

Vor der Anordnung der Pflanzen müssen drei technische Einrichtungen berücksichtigt sein: ein Wasserschöpfbecken, ein Frühbeet und ein Kompostplatz. Das Wasserschöpfbecken wird dicht an die Garagenwand gebaut. Einmal, weil in der Garage schon eine Zapfstelle liegt, zum anderen aber, weil sich hier das Regenwasser vom Dach herunter einfach in das Becken leiten läßt. Bei Sturzregen wird das Wasser in einer darunterliegenden, von Schottersteinen bedeckten Sickergrube aufgefangen.

Das Frühbeet dient zur Anzucht einjähriger Gewürzpflanzen, um etwas Frühgemüse zu kultivieren, und zur Gemüse-Einwinterung. Der Kompostplatz wird beim alten Holunder angelegt.

Den kleinen Raum umschließt ein locker gebautes, sonnendurchlässiges Spalier. Es nimmt seinen Anfang an der Garage und schließt am anderen Ende an der nordwestlichen Hausecke an. In 1 m Höhe vom Boden ist es verbreitet. Das fördert ein günstiges Kleinklima und dient dem Windschutz. Bepflanzt wird es mit Brombeeren, Kletterrosen und Geißblatt.

Das Gärtchen weist vier Beete auf. Dem Kelleraufgang gegenüber ist an der Garage ein Schwarzer-Johannisbeer-Strauch gepflanzt. Es folgen ihm auf diesem Beet noch drei Johannisbeerstämmchen. Darunter wachsen Monatserdbeeren.

Die 1 m breite Ost-West-Rabatte beherbergt die Heilkräuter. Sie sind zum Gebrauch als Tee gedacht: Pfefferminze, Kamille, Eibisch und Melisse. Für die Hausmedizin und als „Riechpflanzen" gibt es Lavendel, Rosmarin, Edelraute, Wermut und Eberraute.

Zwei kleine Gemüsebeete sind vorgesehen. Hier werden Zwiebel, Knoblauch, Sellerie, Paprika, Rettich und Salat angebaut. Das vierte und letzte Beet ist für Würzkräuter, also für die eigentlichen Küchenkräuter, bestimmt. Man faßt am besten mit Petersilie oder Kerbel ein. An Stauden sind Liebstöckel und Estragon aufgepflanzt, als einjährige Kräuter neben den schon oben genannten Lippenblütlern noch Boretsch und Koriander.

Grün bis ins Haus

Wie oft kommt es vor, daß man beim Kauf eines Altbaus auch einen alten Garten übernehmen muß! Ein Teil des vorhandenen Pflanzenbestandes läßt sich durchaus in ein neues Gartenkonzept einpassen, so daß die Umgestaltung zwar den Garten mit neuem Leben erfüllt, aber ohne die gewachsene Atmosphäre zu zerstören.

Alte, ungepflegte Gärten haben nicht selten einen verträumten, romantischen Charakter. Da wuchert Efeu über den Stumpf einer längst in sich zusammengebrochenen Trauerweide, Holunder hat sich an allen Stellen breit gemacht, Kornelkirsche und Schneebeere bilden dichtes Gebüsch, und unter einer Hauszwetsche streben Hundertschaften von Schößlingen gen Himmel. *Rhus typhina*, der Essigbaum oder Hirschkolbensumach, kann den dschungelhaften Eindruck noch verstärken.

So ähnlich gestaltete sich die Situation in dem auf Seite 138 im Plan abgebildeten Garten, bevor neue Besitzer Haus und Grundstück erwarben, um sich nach der Pensionierung einen Ruheplatz zu schaffen. Die naturverbundenen Be-

Ein Teil des alten Baumbestandes wurde in die Neugestaltung des Gartens integriert. Eine kleine Umwälzanlage speist den zwischen Lavabrocken hervortretenden Wasserfall am Teich. ▷

wohner wollten, daß Drinnen und Draußen eng miteinander verknüpft werden. Von allen Seiten sollte das Grün des Gartens in das Haus hineinwirken, damit sich die Bewohner zu jeder Jahreszeit dem Außenbereich nahe fühlen, auch dann, wenn Wetter und Witterung den Aufenthalt im Freien nicht ratsam erscheinen lassen.

Es wurden daher entsprechende Änderungen am Haus vorgenommen. Bis zum Boden reichen nun Fenster und Türen, öffnen sich zu einem atriumähnlichen Innenhof. Eine breite Fensterfront läßt das Tageslicht in den Eßzimmerbereich hereinfluten und gibt den Blick frei auf die Gartenanlage, die Altes und Neues miteinander verknüpft. Der geschützte **Sitzplatz im Freien**, neben der Tür zum Eßzimmer, bietet den besten Blick über den großzügig angelegten, nach Osten geneigten Wohngarten, der viele interessante Gestaltungsmomente enthält.

In kurzer Entfernung plätschert ein schäumender Sprudel über einen seit Jahren sorgsam gehüteten Mühlstein in ein Beet mit runden Kie-

Grundriß des neugestalteten Gartens.
1 Hecke aus *Potentilla* 'Hachmanns Gigant', 2 Klinkerpflaster, 3 *Sorbus vilmorinii*, Unterpflanzung *Potentilla arbuscula*, 4 *Ginkgo biloba*, 5 Bürgersteig, 6 *Syringa* × *swegiflexa*, 7 *Geranium macrorrhizum*, 8 Eiben, 9 *Fargesia nitida*, 10 Wandbrunnen, 11 *Skimmia* × *foremanii*, 12 *Cercis siliquastrum*, 13 Innenhof, 14 Stauden, 15 *Buddleja alternifolia*, 16 Kräuterbeete, Salat, Rhabarber, 17 Mähkante, Klinkerrollschicht, 18 Abpflanzung aus vorhandenen Gehölzen wie Flieder, Kirschlorbeer, Liguster, Kornelkirsche, Fiederspiere, Scheineller, Hainbuche, Feuerahorn, 19 Buschobst, 20 Birkengruppe, 21 Uferstauden, Azaleen, Solitärstauden wie *Ligularia, Rheum, Miscanthus,* Taglilien, Iris, Primula, Frauenmantel, 22 Hainbuche, 23 *Ilex aquifolium*, 24 Abpflanzung aus *Liguster, Rhododendron*, Kirschlorbeer, *Ilex*, Schneeball, 25 Hasel, 26 Alte vorhandene Kornelkirsche, 27 Amberbaum, 28 Kompost, 29 *Viburnum farreri*, 30 *Rhododendron*, 31 Zierapfel, 32 *Cornus florida* 'Rubra', 33 Sitzpaltz, 34 Schrittpflaster, 35 Gartenteich, 36 Wasserfall, 37 Flieder, 38 *Cornus nuttallii*, 39 *Acer capillipes*, 40 Staudenrabatte, Rosen, 41 Sprudelstein, 42 Rasen, 43 Azaleen, *Viburnum plicatum* 'Mariesli', 44 vorhandene Schwarzkiefer, 45 Stützmauer, 2 m hoch, 46 *Rhododendron*, Azaleen, *Hypericum* × *moserianum*, 47 Stauden, *Skimmia japonica, Sorbaria sorbifolia.*

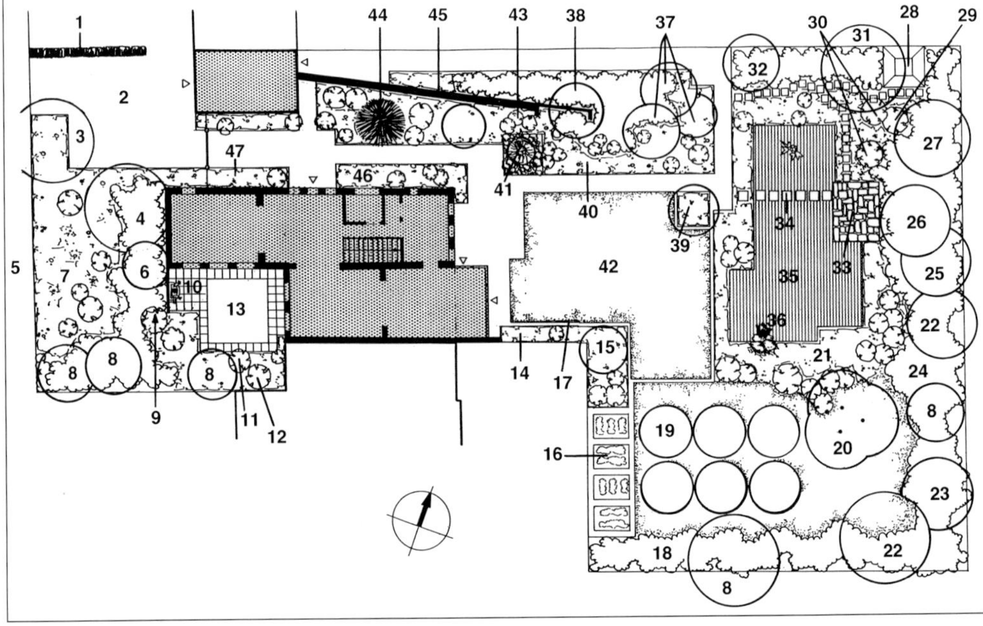

Mit großer Sorgfalt wurde der Innenhof gestaltet. Der verbliebene Mauerrest einer ehemaligen Einfriedung gab den stimmungsvollen Hintergrund für einen ungewöhnlichen Wandbrunnen.

seln und üppiger Randvegetation aus großblättrigen Stauden. Mit Hilfe einer ausgeklügelten Technik war es sogar möglich, den Wasserstrahl von unten her zu beleuchten. Das gibt an lauen Sommerabenden und bei Gartenpartys einen besonders reizvollen Blickfang. Eine Keramiktaube, die an anderer Stelle übriggeblieben war, verleiht der Anordnung einen besonderen Pfiff. Rasen und üppige Staudenrabatte führen zu einer größeren **Teichanlage**, über die man mit Hilfe von Trittsteinen zu einem idyllisch gelegenen, von Astilben, Azaleen- und *Rhododendron*-Büschen gesäumten Sitzplatz gelangt.

Es ist immer wieder ein eigenartiges Gefühl, auf den Steinen über das Wasser zu gehen, dem Treiben der Fische zuzuschauen und den Seerosen mit ihren unvergleichlichen Strahlenblüten „auf Tuchfühlung" nahe zu kommen, die man sonst immer nur vom Ufer aus betrachten kann.

Eine Umwälzanlage im Teich speist einen kleinen Wasserfall, der zwischen Lavablöcken hervorsprudelt. Sie sorgt dadurch für ständige Sauerstoffzufuhr im Wasser, somit ist auch während der heißen Jahreszeit die Gefahr gebannt, daß das Wasser „umkippt".

Trittsteine führen über die Teichanlage zu einem idyllisch gelegenen, von *Rhododendron*-Büschen und Schattenstauden gesäumten Sitzplatz.

Erstaunlich ist, welche Tiere sich innerhalb von nur zwei Jahren im Wasser eingefunden haben. Da laichen Wasserfrosch, Grasfrosch und Erdkröte. Libellenlarven treiben ihr Wesen oder Unwesen zwischen Tausendblatt und Laichkräutern. Zahlreiche Jungfische bevölkern den Teich – auch ohne Zutun des Besitzers. Wasserläufern und Ruderfüßern könnte man stundenlang zusehen. Sogar ein Teichmolch hat sich eingefunden auf dem schwer zugänglichen Grundstück im Stadtrandbezirk.

In einem nicht zurückgeschnittenen Büschel des Lampenputzergrases brütete überraschenderweise eine Ente, die mit ihren Küken um Ostern herum stolz von „ihrer" Wasserfläche Besitz nahm, und es ist nicht weiter verwunderlich, daß von einer mehr als 30 km entfernten Reiherkolonie ab und zu ein Fischreiher die Anlage inspiziert, um eine schnelle Mahlzeit zu ergattern. Die flachen, nur teilweise dicht bewachsenen Uferbereiche sind ideale Badeplätze für Singvögel, und da es in der Nachbarschaft außer den räuberischen Elstern keine Feinde gibt, findet man in Büschen und Bäumen zahlreiche Nester.

Die abwechslungsreiche **Bepflanzung** bietet zu jeder Jahreszeit interessante Höhepunkte. Neben den Blumenzwiebeln im Frühjahr bilden Azaleen- und *Rhododendron*-Blüte ein besonderes Schauspiel farbiger Blütenpracht. Lange hält der Blütenflor von *Cornus nuttallii*, einem Blumenhartriegel mit großen breiten, weißen „Blüten", die schon vor dem Blattaustrieb erscheinen und danach noch lange haften. Dieser Blütenstrauch entfaltet ein flammendrotes Farbenspiel, wenn die Sonne das Herbstlaub aufleuchten läßt.

Sträucher und Stauden wechseln im Sommer mit dem Blühen ab, und im Winter verschönt Beerenschmuck den Garten, solange die Singvögel es gestatten. *Hamamelis*, *Lonicera × purpusii*, das winterblühende Geißblatt, und *Viburnum × bodnantense*, der duftende Winterschneeball mit den kräftigrosa getönten Blütendolden, leiten über zum neuen Blühen im Folgejahr.

An der Stelle eines ehemals vorhandenen, stark ramponierten Gartenschwimmbades, das ohnehin nur an wenigen Tagen im Sommer genutzt werden konnte, gedeiht nun ein kleiner Obstgarten mit Buschobst. Die Blumenwiese, die auf besonderen Wunsch des Besitzers darunter angelegt wurde, konnte sich auf dem nährstoffreichen Gartenboden jedoch nicht halten. So wurde ein Rasen mit Gänseblümchen und einigen anderen Wildkräutern daraus. Auch für etwas Frischgemüse, Rhabarber und einige Küchenkräuter bietet die Aufteilung des Gartens noch genügend Platz.

Große Sorgfalt wurde auf die **Gestaltung des Innenhofes** gelegt, den das Haus winkelförmig im Osten und Norden umschließt und der von den Räumen im Untergeschoß eingesehen werden kann. Ein verbliebener Mauerrest einer ehemaligen Einfriedung wurde zum Hintergrund eines lustigen Wandbrunnens in Form einer wasserspeienden Faungestalt, auf dessen Beckenrand sich lebensgroße Tauben tummeln. Dieser Vogelbrunnen von der Krefelder Bildhauerin A. Langenbach bietet auch zur Winterzeit, wenn das Wasser nicht mehr sprudelt, einen köstlichen Blickfang, der durch die Berankung der Wand mit lanzenblättrigem Efeu, einer Kletterhortensie und den sich von der Seite heranschiebenden Jasmintrieben in das üppige Rahmengrün eingebunden ist. Großblättrige *Hosta* und *Sinarundinaria nitida (Fargesia nitida)* unterstreichen die Nähe des Wassers. Im Sommer belebt ein prächtig mit Sommerblumen bepflanzter Kübel den mit rosafarbenen Granitplatten ausgelegten Patio – ein Refugium, in dem man „die Seele baumeln lassen kann".

Pflegearm ist der **Vorgarten** gestaltet. Den überwiegenden Teil der Fläche nimmt der üppige, bodendeckende wintergrüne *Geranium macrorrhizum* ein. Fingersträucher, Azaleen, Flieder, Blumenhartriegel und Vogelbeere *(Sorbus vilmorinii)* sorgen für Abwechslung auf dieser Fläche, die durch ausgewachsene Straßenbäume (Bergahorn, *Acer pseudoplatanus*) mit mächtigen Kronen reichlich Schatten erhält.

Der **Gehölzbestand** des alten Gartens wurde entrümpelt. Was faul, schlecht, krank oder wild durcheinanderwucherte, wurde gerodet und – soweit möglich – an Ort und Stelle geschreddert und verarbeitet. Dekorative Sträucher der Randpflanzung und eine das Grundstück bestimmende Birkengruppe wurden in die Gestaltung einbezogen und in ihrer Wirkung durch Freistellung oder Ergänzung gesteigert. Selbst ältere Gehölze, die jahrelang an derselben Stelle gestanden hatten, wurden im Rahmen der Neugestaltung mit Erfolg (vorher umstochen) verpflanzt und bilden so einen prächtigen Grünrahmen, für den Jungpflanzen viele Jahre benötigt hätten.

Die geradlinige Struktur des Gartens, das „Grundgerüst", ist in der fertigen Anlage dann kaum noch erkennbar. Längst haben die Pflanzen mit ihrem unterschiedlichen Habitus ihre eigenen Linien und Formen der Anlage aufgeprägt und sind zu einer festgefügten Einheit zusammengewachsen, die sich nach den Gesetzen der Natur aufbaut, so daß sich die Frage nach formaler oder freier Gestaltung gar nicht mehr stellt.

Ein Garten mit Atrium

Alle großen Gärten faszinieren durch ein wirkungsvolles räumliches Konzept. Einen Garten gestalten, heißt Räume zu schaffen und zu definieren. Je mehr diese Räume in Beziehung zu Gebäuden stehen, um so mehr orientieren

sie sich an deren formalen Strukturen. Es ist deshalb nicht verwunderlich, daß gerade durchgestaltete Hausgärten trotz aller Naturnähe häufig eine architektonische Grundstruktur aufweisen.
Auch Horst Schümmelfeder, der Planer des hier vorgestellten Gartens, bevorzugt einen formalen, eher strengen Stil. Daß diese strengen Linien dann von den unregelmäßigen Linien der Vegetation überspielt werden, ist durchaus gewollt.
Vor einer Reihe von Jahren wurde Horst Schümmelfeder beauftragt, innerhalb eines parkartigen Gartens in einem Villenvorort Kölns eine Atrium-Terrasse am Haus umzugestalten. Dieser Auftrag war der Auftakt zu einer immer noch andauernden, freundschaftlichen Zusammenarbeit mit der Bauherrin, die – aufgewachsen in einem englischen Garten – über äußerst fundierte Pflanzenkenntnisse verfügt und ein sehr starkes Interesse für die Gartenkunst hegt. Solche Voraussetzungen sind für einen Landschaftsarchitekten geradezu ideal.
Das Haus stammt ursprünglich aus den fünfziger Jahren: ein Flachdach-Bungalow, wie er zu dieser Zeit modern war. Um- und Anbauten wie eine Schwimmhalle und eine Hausmeisterwohnung kamen in den folgenden Jahren dazu. Auch der Garten wurde von ursprünglich 5000 m² durch Grundstückszukäufe auf heute rund 15 000 m² erweitert.
Von der Erstgestaltung des Gartens aus dem Jahre 1957 waren kaum noch Reste erkennbar. Bis in die achtziger Jahre ließ sich die Bauherrin von einem Gartenarchitekten bei den immer wieder sich verändernden und vergrößernden Pflanzungen beraten. Aus diesen Jahren stammt eine Auswahl seltener und besonders schöner Gehölze, die auch heute noch Teile des parkartigen Gartens prägen.

Die Atrium-Terrasse

Die Atrium-Terrasse ist das Ergebnis dreier Gebäudetrakte (Wohnbereich, Eingangshalle und Schlaftrakt), die ein „U“ bilden, das sich zum Garten hin öffnet. Ein Betonbalken mit zwei Stützen schließt optisch das „U“ zu einem Atrium.

Eine wichtige Aufgabe im Gartenhof übernehmen die Kübelpflanzen. Sie brechen die Linien vor dem streng architektonisch gegliederten Raum und sorgen für jahreszeitlich wechselnde Höhepunkte.

Ursprünglich hatte man versucht, den etwa einen halben Meter tiefer liegenden Garten in diesen Raum hineinzuziehen, was nicht befriedigen konnte. Die neue Intention hingegen war, diesen Raum ganz für sich zu gestalten und ihn über eine großzügige, zum Teil bepflanzte Treppenanlage an den Garten anzubinden.
Den Mittelpunkt der Atrium-Terrasse bildet ein quadratisches, gemauertes Seerosenbekken. Für die Umrandung des Beckens und für die Streifen, die Linien der vorhandenen Architektur aufnehmen, wurden hochkant verlegte, handgeformte Feldbrandklinker verwendet, da auch das Gebäude zum Teil verklinkert ist. Als Plattenmaterial kamen diagonal verlegte Schieferplatten aus der Eifel zum Einsatz, da eine vorhandene Terrasse schon denselben Belag aufweist.
Um ein optisch sehr ungünstiges Fenster (Ankleide) in der Wand gegenüber dem großen Wohnzimmerfenster zu verdecken, wurden vier freistehende, haushohe und massive Spaliere aus Holz entworfen, mit einer skandinavischen Holzschutzfarbe silbergrau gestrichen

Ein großer Garten bietet vielfältige Möglichkeiten, Kunstobjekte und andere Accessoires aufzustellen. Am Rande der großen Treppenanlage stehen zwei kleine Löwen.

und mit verschiedenen Efeuarten bepflanzt. In der Zwischenzeit ist eine immergrüne Wand entstanden, die jährlich streng geschnitten wird, um die einzelnen Spaliere als Scheiben bestehen zu lassen. Dahinter verstecken sich das unschöne Fenster, eine Zapfstelle und Gartenschläuche.

Eine vom Schlosser angefertigte Gartenbank aus schwarz gestrichenem Eisen dient nicht nur als dekorativer Blickpunkt. Die verschiedensten Kübelpflanzen in unterschiedlich großen Terrakotta-Töpfen aus Impruneta (Toskana) „möblieren" und beleben diesen erweiterten Wohnraum im Freien. Eine herrliche Kübelpflanze ist zum Beispiel *Magnolia sieboldii* mit ihren seidig-weißen, wunderschönen Blüten und dekorativen Fruchtkolben. Der Topf muß allerdings groß genug sein, und auf eine ausreichende Bewässerung in den Sommermonaten ist unbedingt zu achten.

Weiterhin steht hier eine *Decaisnea fargesii*, die ab September mit ihren kobaltblauen bohnenähnlichen Früchten besticht, sowie ein *Acer palmatum*, dessen Laubfarbe sich im Laufe des Jahres mehrmals verändert und so die Jahreszeiten versinnbildlicht.

Dazu kommen im Frühjahr Töpfe mit lilienblütigen Tulpen, Narzissen und Hyazinthen. Im Sommer werden diese Töpfe neu bepflanzt; Fleißige Lieschen, Pelargonien, Fuchsien, Schmucklilien und Hortensien geben dann ein anderes Bild. Ausgesprochen dekorativ wirkt die Funkie *Hosta undulata* 'Albomarginata', die es in ihrer Wirkung mit jeder Sommerblume im Topf aufnehmen kann und ausgesprochen robust ist.

An dem Betonbalken ranken inzwischen mächtige Glyzinen *(Wisteria sinensis)*, deren Füße an den Betonstützen für den Winter zusätzlich mit Efeu bepflanzt wurden. Vier Buchsbaumkugeln an den Eckpunkten des Seerosenbekkens geben der Atrium-Terrasse eine fast italienische Note. Jährlich wird eine neue Winterdekoration rund um das Seerosenbecken entworfen.

Zwischen den Betonstützen zum parkartigen Garten hin steht seit kurzem ein Objekt aus Stein der amerikanischen Künstlerin Jenny Holzer. In die Treppenanlage einbezogen wurde eine vorhandene Goldesche. Die Unterpflanzung bilden Elfenblumen *(Epimedium)* und eine hier ausnahmsweise strauchartig wachsende Kletterhortensie *(Hydrangea anomala* ssp. *petiolaris)*.

Die Umgestaltung weiterer Gartenteile

Ein Jahr nach der Umgestaltung des Atriums wurde ein nicht mehr benutztes Schwimmbekken zu einem **Sonnenplatz mit Rosen und Stauden** umgestaltet.

Das Becken wurde mit Schutt verfüllt, und obendrauf entstand ein kreisrunder (12 m Durchmesser) Sitzplatz mit runden Aussparungen als Pflanzflächen. Als Plattenmaterial dienen die alten Randsteine des Schwimmbekkens und die ehemaligen Polygonalplatten aus Dolomit der Atrium-Terrasse. Die Zwischenräume wurden mit Mosaikstein-Pflaster aus Grauwacke ausgefüllt. Diese Art von Recycling und Zusammenstellung verschiedener Steinmaterialien nennen die Engländer lustigerweise „crazy paving".

Ein Gartenteich liegt in der optischen Verlängerung des Hauses. Auf einer Seite des Ufers steigt eine kleine Böschung an, die mit farblich abgestimmten, graulaubigen Stauden bepflanzt ist.

Rosen wie 'Erfurt', 'Moonlight', 'The Fairy', 'Centennaire de Lourdes', 'Swany' und Stauden wie Lavendel, *Geranium*-Arten, Thymian, Glockenblumen und Salbei sowie eingestreute Gräser *(Stipa gigantea)* machen im Sommer den Reiz dieses Sitzplatzes in voller Sonne aus.

Den Hintergrund des Platzes bilden vorhandene Gehölze wie *Viburnum rhytidophyllum*, *Juniperus* und ein rotblättriger Perückenstrauch *(Cotinus)*. Im Mai–Juni ist der nahebei stehende Taschentuchbaum *(Davidia involucrata* var. *vilmoriniana)* mit seinen weißen Hochblättern, die wie Taschentücher am Baum hängen, ein herrlicher Blickfang.

Als nächster Schritt – zwei Jahre später – wurde die Umgestaltung einer zu kleinen und inzwischen undicht gewordenen **Teichanlage** in Angriff genommen. Die Abdichtung war ehemals mit Lagen aus Dachpappe erfolgt; eine Renovierung hätte wenig Erfolg gehabt. So wurde der ganze Teich entfernt und vergrößert neu angelegt. Dabei wurde als Abdichtung eine vor Ort verschweißte schwarze Teichfolie verwendet. Bei der Umgestaltung galt es, die vorhandene solitäre Sumpfzypresse *(Taxodium distichum)* optisch einzubeziehen. Die stattliche Größe dieses Prunkstückes verlangte geradezu nach einer großen Wasserfläche.

Ein skurril geformter, großer Findling aus einer rheinischen Kiesgrube ragt vom Rand her in den Teich hinein. Im Sommer sonnen sich dort eingewanderte Schildkröten. Daneben fand die Bronzeplastik „Mädchen mit Taube" von dem inzwischen verstorbenen Hamburger Bildhauer Jörn Pfab einen neuen Platz. (Sie hatte früher auf der Atrium-Terrasse gestanden.) Wie an mehreren Stellen im Garten gehen auch hier Natur und Kunst eine innige Verbindung ein.

Dekorative Blatt- und Blütenstauden begleiten die Uferpartie: *Gunnera*, *Hosta*, *Ligularia*, *Iris*, *Rodgersia* und *Alchemilla*. Die leichte Böschung zur Schwimmhalle ist mit Katzenminze *(Nepeta × faassenii)* und Strauchrosen 'Apricot Nectar' bepflanzt. Eine runde Buchsbaumkugel bildet auch im Winter einen dekorativen Blickpunkt am Wasser.

Durch die oben beschriebenen Umgestaltungen hat dieser nahezu vierzig Jahre alte Garten in Teilbereichen einschneidende Verände-

rungen erfahren, die sich aus geänderten Ansprüchen der Benutzer und auch sich wandelndem Geschmack ergeben haben.
Die Gartenbesitzerin läßt sich vom Planer der Umgestaltungen während des Jahres bei Umpflanzungen, Ankauf von Stauden und Gehölzen sowie der Auswahl von Blumenzwiebeln, Rosen und Sommerblumen beraten. Durch gemeinsame Besichtigung von Gärten und Parks in Deutschland, Großbritannien, den Niederlanden und Belgien werden Pflanzenkenntnisse immer weiter vertieft und Anregungen für neue, ungewöhnliche Zusammenstellungen von Stauden – insbesondere in farblicher Hinsicht – gesammelt.
Als letztes Projekt wurde der sehr große Vorgarten umgestaltet, der aber noch nicht genügend eingewachsen ist. Die Umgestaltung des ehemaligen Gemüsegartens zu einem klassischen Schnittblumengarten steht als nächstes Vorhaben an.

Ein moderner englischer Garten

Der hier vorgestellte Garten hat wenig von den Strukturen, Formen und Farben, die man mit einem „englischen Garten" verbinden würde. Der britische Garten- und Landschaftsarchitekt Michael Branch verwirklicht seine eigenen schöpferischen Gestaltungen. Doch können die von ihm entworfenen Gärten – wie auch sein eigener Garten – ihr Herkunftsland nicht verleugnen.

Ein nonkonformer Gartengestalter

Großbritanniens jüngere Generation von Garten- und Landschaftsarchitekten scheint oft recht unsicher und voreingenommen gegenüber ihren Vorgängern. Diese gehörten zwei sehr dominierenden Gruppen an. Die einen hatten Grandeur im Auge; sie beschäftigten sich hauptsächlich mit enormen Landmassenbewegungen, wie zum Beispiel Capability Brown (siehe Seite 18) oder William Kent im 18. Jahrhundert. Die zweite Gruppe zog es vor, sich mit perfektionistischer Hingabe der Pflanzen-

Umgeben von Buchshecken ist der Pleasure Garden wie ein Haus unterteilt. Die Abbildung zeigt das „Wohnzimmer" mit seiner teppichähnlichen Bodenbedeckung. ▷

auswahl zu widmen, wie zum Beispiel Gertrude Jekyll. Gemeinsam hatten diese zwei Gruppen nur eines, und das war ihre Liebe und Ergebenheit zur Kunst, meistens zur Malerei.
Drei Jahrhunderte haben den englischen Landschaftsgarten zu dem gemacht, was er heute ist – oder vielmehr, was wir unter ihm verstehen. Als junger Landschaftsarchitekt aus diesen Doktrinen auszubrechen und trotzdem originell zu sein, ist außerordentlich schwierig. Nur wenige Gartengestalter in Großbritannien entwickeln neue Ideen; die meisten verfallen dem gefragten „englischen Gartenstil".
Michael Branch ist einer der wenigen Garten- und Landschaftsarchitekten, die ihre kreativen Gestaltungen entwickeln und durchsetzen konnten. Wie in allen englischen Gärten, so spielt auch in den von ihm geplanten Privatgärten die Pflanze die Hauptrolle, doch ganz anders als gewohnt. Sein eigener Garten „Lephins" ist nicht, wie so viele andere Gärten, eine Ansammlung von unzähligen Pflanzensorten und auch keine Geburt des Zufalls. Alles ist geplant und ausgelegt nach Bewegungen, Schattenwurf, Praktikabilität und Lebensentwicklung. Die Individualität einer jeden Pflanze wird konsequent ausgenutzt, und ihre Simplizität wird zur Attraktion.
Das Resultat, das diesen Garten in Großbritannien so bekannt gemacht hat, ist nur einer idealen Teamarbeit zwischen Michael Branch und seiner Frau Pat zu verdanken. Er ist der Architekt und sie die perfektionistische Gärtnerin. Er zeichnet die Pläne; gemeinsam wählen sie den Pflanzentyp, und sie fällt die Entscheidung über die jeweilige Art oder Sorte.
Mike und Pat Branch kauften 1968 dieses Grundstück, damals ein Feld, mit recht modernem Holzhaus. Es liegt auf der Krone einer der vielen Hügel, die den Reiz Wiltshires und Oxfordshires ausmachen, und bot daher von Anfang an schlechte Voraussetzungen für Pflanzen aller Art. Die umgebende Landschaft war so offen und windig, daß es in den ersten Jahren nicht möglich war, Pflanzen wie Rosmarin,

Essigbaum, Blasenstrauch, Mahonie oder jegliche Stauden zu halten. Alle diese Kriterien bestimmten Teile des Grundplanes. Die wesentlichen Gestaltungsprinzipien waren: Der Garten sollte etwas von der Offenheit des Grundstücks verlieren, ohne die schöne umgebende Landschaft auszuschließen. Dies bedeutete, Hecken und hohe Gebüsche zu pflanzen, die den Wind fernhalten, damit die Pflanzen aufrecht stehen bleiben.

Das Haus am Rande einer recht abgelegenen Ortschaft ist im Nordwesten von hohen Hecken umgeben, die es vor der Öffentlichkeit und den starken Westwinden schützen. Schon der erste Blick zeigt, daß um das Haus außer einer Terrasse und vereinzelten Pflanzen kein Garten zu finden ist. Nichts durchbricht den Blick vom Haus in die freie Landschaft; die Felder und Pferdekoppeln sind Gestaltungselemente mit dem Wohnhaus als Zentrum.

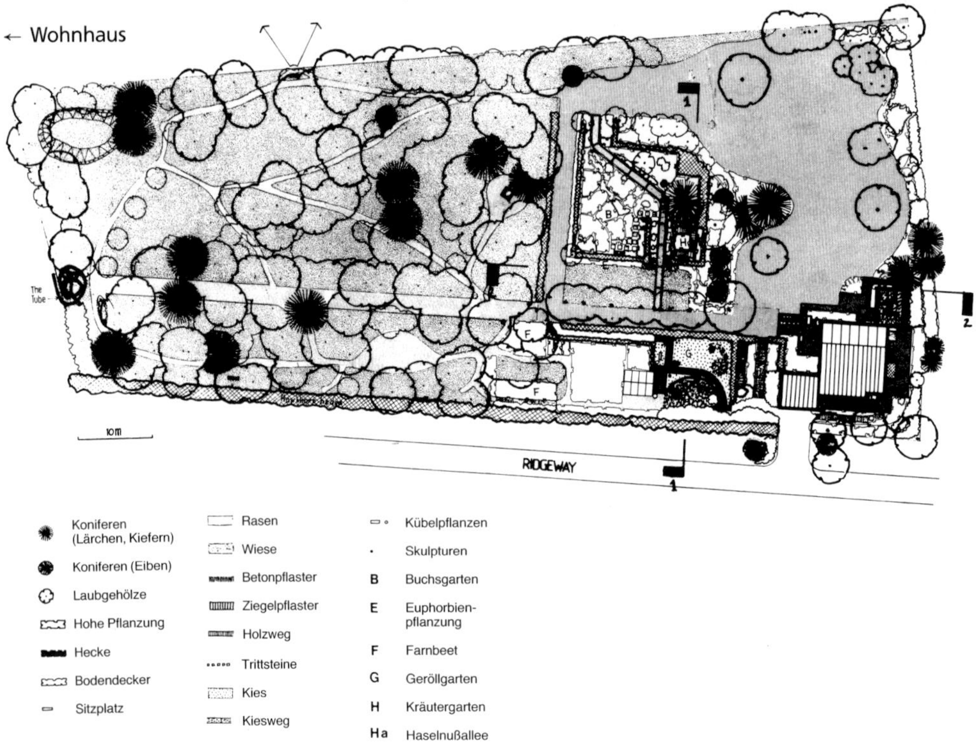

Grundriß des Gartens Lephins.

Schnitt 1/1 durch den Garten. Die Schnittachse ist im Gartengrundriß markiert.

Schnitt 2/2 durch den Garten. Die Schnittachse ist im Gartengrundriß markiert.

An genau diesem Punkt läßt sich auch der Einfluß der englischen Landschaft nicht mehr verleugnen. Der Blick über die Felder mit den typischen vereinzelten Eichen, Knicks anstatt Zäunen und unregelmäßig parzellierten Weiden verrät das Land und seinen so typischen Charakter. Dieser wurde in Lephins elegant eingefangen und zu einem lebenden Aquarell gemacht.

Ein Garten, aufgeteilt wie ein Haus

Der eigentliche Garten liegt etwas südöstlich vom Haus, ein Ort der Ruhe und eingeschlossenen Gemütlichkeit. Durch seine Entfernung vom Haus wird dieser Garten etwas Besonderes, etwas, was man nur bewundern kann, wenn man auch dazu bereit ist, einen kleinen Weg zu gehen. Er wird nicht zur alltäglichen Selbstverständlichkeit. Er ist ein fünfter Raum im Haus, aber weit genug entfernt von der Küche und dem Arbeitszimmer, um als Ruheplatz zu dienen.

Ein Hauptkorridor (Tube) durchzieht das gesamte Grundstück von Westen nach Osten. Er bildet die Achse, die das Haus mit dem Garten verbindet. Nach Norden liegt der Arbeits- und Geröllgarten, nach Süden der „Pleasure Garden", der mit Buchs eingefaßte Gartenraum. Läuft man allerdings auf der Hauptachse Richtung Sonnenaufgang, so befindet man sich auf einem träumerischen Pfad, der durch Jungwald und vorbei an Skulpturen den Betrachter ans andere Ende der Welt führt, nämlich hinaus aus dem Grundstück über Felder und Wiesen. Objekte sind hier wie in fast jedem Teil des Gartens ebenso wichtig wie Pflanzen, denn sie leiten das Auge und verführen so den Wanderer zu weiteren Entdeckungen.

Viele kleine Pfade durchziehen dieses junge Naturwaldstück wie die Arme eines Tintenfisches. Der Wanderer findet am Ende eines jeden Armes einen Anziehungspunkt in Form einer Skulptur oder ein ruhiges Plätzchen zur Kontemplation.

Die Buchshecken bilden rund um den Gartenraum einen immergrünen Schutz gegen die vernichtenden Winde. Die Aufteilung dieses Pleasure Gardens entspricht der eines Hauses. Wieder führt eine Hauptachse wie ein Korridor

Sammelleidenschaft, gepaart mit viel Spürsinn für das Zusammenpassen von Pflanzenarten und -sorten, zeichnet viele englische Gärten aus. In der Gartenanlage von Lephins birgt der Pleasure Garden eine Sammlung delikatester Stauden und Gehölze. Dieser Platz für die Pflanzenliebhaberei steht im Kontrast zum waldähnlichen Parkteil des Gartens und zur umgebenden, herben Heckenlandschaft.

Gar nicht viele Details benötigt der Geröllgarten: Bahnschwellen aus Beton, gewaschene Kiesel, ein überwachsener Poller und einige gut plazierte Gehölze.

vom Eingang zum Ausgang; von ihm gehen alle Seitenzimmer aus. Da bildet ein kleiner Raum die Küche und ist als Kräutergarten genutzt, und ein großer, durchteilter Raum wird zum Wohn- oder Eßzimmer, in dem nur die feinsten Kunstwerke und Liebhaberstücke – in diesem Fall handelt es sich um Pflanzen – zur Schau gestellt werden.
Die fast teppichhafte Bodenbedeckung besteht aus Pflanzen wie Wollziest *(Stachys byzantina)*, Porzellanblümchen *(Saxifraga × urbium)*, Feldthymian *(Thymus serpyllum)* und Wiesenknöterich *(Polygonum bistorta)*. Aus diesem Teppich erheben sich vereinzelte Schönheiten wie das Silberfahnengras *(Miscanthus sacchariflorus)*, der Blaustrahlhafer *(Helictotrichon sempervirens)*, Essigbaum *(Rhus typhina)*, *Achillea filipendulina* 'Gold Plate', *Nepeta* 'Six Hills Giant' und *Acanthus mollis*.
Helle Skulpturen kontrastieren mit perfektionistisch situiertem, dunklem Hintergrund, den zum Beispiel der Perückenstrauch *Cotinus coggygria* 'Royal Purple' abgibt.

Eine Buchenheckenallee, die parallel zur Hauptachse läuft, führt den Wanderer in den Geröllgarten, der seinerseits den Pleasure Garden mit dem Arbeitsgarten verbindet. Dieser Teil bildet einen starken Kontrast zu den vorher beschriebenen Gartenräumen. Er beschreibt in seiner Einfachheit und architektonischen Strenge eine ganz andere Art der beruhigenden Wirkung, die ein Garten ausüben kann. Seine Bepflanzung besteht aus einem efeuüberwachsenen Poller, einigen Bergkiefern *(Pinus mugo)*, einem Essigbaum und wasserfallartig sich ergießenden *Veronica prostrata.*

Unter dem Arbeitsgarten versteht sich natürlich der Teil des Gartens, in dem die Anzucht- und Aufzuchtaktivitäten stattfinden, und selbstverständlich ist dies der Ort, an dem das Herz des englischen Gartens begraben liegt: die Komposthaufen.

So hat dieser Garten durch sein ingeniöses Design für jeden etwas zu beschauen oder zu entdecken: für den Romantiker den Naturwald, für den Pflanzenkenner den Pleasure Garden, für den Inspirationssuchenden den Geröllgarten, und dem Lauffaulen bietet sich ein Landschaftsgarten aus dem Wohnzimmerfenster.

Literaturverzeichnis

Bärtels, Andreas: Gartengehölze. Bäume und Sträucher für mitteleuropäische und mediterrane Gärten. Verlag Eugen Ulmer, Stuttgart 1991, 3. Auflage.

Encke, Fritz, Buchheim, Günther, Seybold, Siegmund: Zander – Handwörterbuch der Pflanzennamen. Verlag Eugen Ulmer, Stuttgart 1984, 13. Auflage.

Feßler, Alfred: Der Staudengarten. Verlag Eugen Ulmer, Stuttgart 1991.

Gothein, Marie-Luise: Geschichte der Gartenkunst. Eugen Diederichs Verlag, Jena 1926. Nachdruck Georg Ollus Verlag, Hildesheim – New York 1977

Graeber, Traut, Betz-Schiel, Witta: Der Vorgarten. Verlag Eugen Ulmer, Stuttgart 1986.

Hobhouse, Penelope: Farbe im Garten. Verlag Eugen Ulmer, Stuttgart 1986.

Jelitto, Leo, Schacht, Wilhelm, Feßler, Alfred u.a.: Die Freiland-Schmuckstauden. Verlag Eugen Ulmer, Stuttgart 1990, 4. Auflage.

Wirth, Peter: Schöne Gärten ohne Mühe. Verlag Eugen Ulmer, Stuttgart 1990.

Bildquellenverzeichnis

Johannes Apel, Elmshorn: Seite 82
Michael Boys, London: Seite 16
Werner Dittrich, Ofterschwang: Seite 109, 110
Horst Ehsen, Osnabrück: Seite 46 alle
Traut Graeber, Bernau: Seite 115
Winfried zur Hausen, Krefeld: Seite 75, 77, 80, 81, 122, 139, 140, 141
Reiner Herling, Dortmund: Seite 17, 19, 35, 37, 39, 40, 41, 42
Marijke Heuff, Amsterdam: Seite 29
Anneliese Hoppe, Grafing: Umschlagrückseite, Seite 2
Klaus Kaiser, Coburg: Seite 101, 102, 103
Peter Kluska, München: Seite 123, 125
Fritz Köhlein, Bindlach: Seite 91
Gottfried Kühn, Landscheid: Seite 25
Irene Lehmann, Kippenheim: Seite 117
Tony Lord, Gloucestershire: Seite 20, 21, 23
Hans Luz, Stuttgart: Seite 86
Jürgen Milchert, Bremerhaven: Seite 14
Gabriella Pape, London: Seite 147, 149, 150
Karlheinz Rücker, Stuttgart: Titelfoto, 13, 33, 43, 44, 50, 56 oben, 58 beide, 59, 67, 71, 144
Ruprecht Rümler, Köln: Seite 27
Siegfried Sammer, Neuenkirchen: Seite 118, 127, 129, 130
Wilhelm Schacht, Frasdorf: Seite 105
Kurt Seeger, Kirchheim: Seite 72
Friedrich Strauss, Au/Hallertau: Seite 143
Frank Taeger, Hamburg: Seite 145
Peter Wirth, Stuttgart: 9, 12, 30, 31, 52, 53, 54, 56 unten, 57, 83, 84, 85, 89, 97, 121, 133, 134 beide
Josef Wohlschlager, Sindelfingen: Seite 61, 62, 63 beide, 64, 65, 66, 69, 73

Die Zeichnungen stammen von den Autoren der jeweiligen Kapitel.

Sachregister

Seitenzahlen mit Sternchen * verweisen auf Abbildungen

Vom Garten-Freund zum Bücher-Fan!

Garten-Anlage. Handwerkliches Arbeiten mit Erde, Stein, Holz. Das Buch ist eine Sammlung praktischer Erfahrungen, die dem Gartenbesitzer bei den vielen kleinen Bauaufgaben, die im Garten anfallen, helfen. Von Peter Wirth. 224 Seiten, 103 Farbfotos, 426 Zeichnungen. ISBN 3-8001-6173-7

Architektonische Gärten und Gartenteile. Entwerfen und Anlegen. Dieses anregende und faszinierende Buch zeigt, daß die formale Gartengestaltung gerade auch für kleine Grundstücke ideale Lösungen bietet. Von Roy Strong. Aus d. Engl. von Ingeborg Ulmer. 159 Seiten, 109 Farbfotos, 100 Zeichnungen und Gartenpläne. ISBN 3-8001-6496-5

Farbe im Garten. Ausführlich werden die Grundsätze der Farbenharmonie erläutert und die wesentlichen Gestaltungsfaktoren, die dem Gärtner helfen, Farben wirkungsvoll zu nutzen. Von Penelope Hobhouse. Aus d. Engl. von Helge Mücke. 240 Seiten, 300 Farbfotos, Skizzen und Pläne. ISBN 3-8001-6182-6

Gestalten mit Pflanzen. Versuch einer Ästhetik des Gartens. Aus dem Inhalt: Hausgärten heute. Gärtnern, ein kreativer Prozeß. Farbe und Form im Garten. Die Kunst des Pflanzens. Von Friedolin Wagner. 125 Seiten, 72 Farbfotos. ISBN 3-8001-6432-9

Schöne Terassen und Sitzplätze. Gartenliebhaber finden für ihre persönlichen Wünsche und Bedürfnisse in diesem Buch zahlreiche Anregungen und Beispiele für eine angepaßte Gartengestaltung. Von Traut Graeber und Witta Betz-Schiel. 112 Seiten, 66 Farbfotos, 34 Zeichnungen. ISBN 3-8001-6446-9

Formale Gärten. Gestaltungselemente und Anlage architektonischer Gärten. Aus dem Inhalt: Gedanken zur Denkmalpflege. Planungsbeispiele. Die Gestaltungselemente des formalen Gartens. Blütenpflanzen für Beete und Sondergärten. Von Hans Meyer, 171 Seiten, 68 Farbfotos, 5 s/w-Fotos, 106 Zeichnungen. ISBN 3-8001-6340-3

Verlag Eugen Ulmer, Stuttgart

E.U.
VERLAG
EUGEN
ULMER